I VIZI CAPITALI
E LE CONTRAPPOSTE VIRTÙ

DELLO STESSO AUTORE:

Magnificat. Il poema di Maria (2002[3]), pp. 160, Euro 18,08

Dies irae. I giorni dell'Anticristo (2003[5]), pp. 176, Euro 18,08

Sguardo sull'eternità. Morte, giudizio, inferno, paradiso (2002[5]), pp. 176, Euro 18,08

Perché credo a Medjugorje (2000[7]), pp. 176, Euro 18,08

Il falsario. La lotta quotidiana contro satana (2002[8]), pp. 200, Euro 18,08

Sui passi di Bernadette (2000[2]), pp. 176, Euro 18,08

I dieci comandamenti (2001[2]), pp. 192, Euro 18,08

La Donna e il drago (2002[3]), pp. 208, Euro 18,50

I doni dello Spirito Santo (2002[2]), pp. 160, Euro 13,00

Il cammino di conversione (2001[2]), pp. 160, Euro 12,91

Il senso del dolore (2001[2]), pp. 160, Euro 12,91

Vangelo Vivo (Ciclo B). Dal Corpus Domini all'Assunta (1997), pp. 144, Euro 12,91

Vangelo Vivo (Ciclo B). Dall'Assunta a Cristo Re (1997), pp. 144, Euro 12,91

ISBN 88-7198-465-X

PADRE LIVIO FANZAGA

I VIZI CAPITALI

E LE CONTRAPPOSTE VIRTÙ

SUGARCOEDIZIONI

PRESENTAZIONE

Questo nuovo libro di padre Livio Fanzaga nasce da una lunga serie di conversazioni sui vizi capitali tenute a Radio Maria qualche tempo fa.

Si tratta di un quadro ampio e sistematico della vita morale, che prende le mosse dalla situazione concreta dell'uomo peccatore, descritta secondo lo schema tradizionale dei sette vizi capitali, e passa poi ad offrire una prospettiva di superamento del male, per mezzo delle virtù che si oppongono a ciascuno dei vizi e ne sono il rimedio.

Realismo e speranza costituiscono pertanto l'anima di queste pagine, in cui l'Autore richiama e recupera un patrimonio di dottrina, di esperienza ascetica e di sapienza pastorale elaborato dalla Chiesa nel corso di duemila anni. È una ricchezza — oggi un po' dimenticata — la cui sola contemplazione intellettuale riempie di meraviglia, tanto molteplici, diversi e concordi sono gli apporti che la costituiscono: dalla filosofia greca alla Bibbia, ai Padri della Chiesa orientale ed occidentale, alla vita dei Santi di ogni tempo, alle definizioni dei Concili, ai documenti del Magistero, alle riflessioni e ai consigli di tante anime illuminate dalla sapienza dello Spirito Santo.

Se poi, dal piano intellettuale e culturale, passiamo al confronto diretto tra i temi che sono trattati qui e la nostra vita, la lettura di questo libro ci tocca molto intimamente. Chi non ha sperimentato — magari senza individuarne chiaramente i motivi — l'incertezza paralizzante del dubbio, l'inquietudine della tentazione, la mortificante tristezza del peccato, la nostalgia dell'innocenza? C'è esperienza più dolorosa di quella del male che sta dentro di noi e ci avvelena?

Nonostante possano sembrare per qualche aspetto inattuali, queste pagine nascono da una profonda conoscenza della natura umana, immutata nel tempo. Perciò ci aiutano a prendere coscienza di noi stessi e rispondono al nostro disperato bisogno di guarigione: il cuore di queste pagine è la buona notizia che il Signore ci ama. In lui ci conosciamo per quel che siamo, in lui otteniamo la salvezza e la forza di parteciparvi attivamente.

A ciascuno di noi si accosta Cristo, incarnando in gesti di gentile amicizia la sua potenza redentrice: ci salva silenziosamente, come l'adultera, dalla condanna a morte dovuta ai nostri peccati, e ci manda liberi verso la pace; ci guarisce, come la suocera di Pietro, e ci solleva prendendo-

ci per mano: metterci a servirlo, con umile e felice riconoscenza, è nello stesso tempo segno della salvezza che abbiamo ricevuto da lui e cooperazione personale al suo dono di grazia.

È Filocalìa*: richiamo della bellezza eterna, costante tensione a conseguirla e contemplarla già negli anni bui e faticosi della nostra vita terrena.*

Maria Luisa Cigada

INTRODUZIONE

« Conosci te stesso! »

La dottrina tradizionale della Chiesa sui vizi capitali più di ogni altra ci aiuta a conoscere noi stessi per quanto riguarda le radici del male che sono in noi; inoltre, dal punto di vista pedagogico, attraverso l'applicazione concreta su questo o quel vizio capitale e su quelli che ne derivano, ci aiuta in modo molto pratico nel cammino di purificazione.

Non ci soffermeremo solo sui vizi capitali, ma su tutto il complesso degli argomenti che riguardano ciò che san Paolo contrassegna come « il passaggio dall'uomo vecchio all'uomo nuovo », cioè quel lavoro di trasformazione di noi stessi in Cristo che costituisce una delle tappe fondamentali nel cammino di santità.

Solo san Tommaso conduce una trattazione sistematica di tutti i vizi, soffermandosi in particolare sui sette vizi capitali; ma l'esplorazione di quella che potremmo chiamare la potenza delle tenebre nell'uomo ha avuto la sua formulazione più profonda, oltre che nell'opera di san Tommaso, in quella di san Paolo e di sant'Agostino, che sono chiamati i « Dottori della grazia », proprio perché la grazia è vittoria sul male, e più di tutti essi hanno scandagliato il mistero del male nel cuore umano.

Vorrei aggiungere a questi un altro genio dell'umanità, il filosofo francese Blaise Pascal, che ha indagato la potenza del male morale, pur senza darne una descrizione organica, e nei *Pensieri* ha scritto pagine stupende sulla miseria dell'uomo e sulla sua grandezza, paragonandolo a un re decaduto.

La dottrina sui vizi capitali ci permetterà di mettere a fuoco una tappa fondamentale del cammino di santità, la purificazione dal male, che prevede l'identificazione delle sue radici nel nostro cuore e la loro estirpazione.

In fondo, essa rappresenta un tentativo di comprendere chi è in realtà l'uomo: questa domanda ha mosso tutte le più grandi religioni, che si sono interrogate non soltanto su Dio e sul mondo, ma anche — alcune soprattutto, come il buddismo — sull'uomo.

Grandezza e miseria dell'uomo

La riflessione filosofica e religiosa, indagando la natura dell'uomo, ha dovuto cercare una spiegazione ad alcuni dati fra loro contraddittori, che tutti abbiamo davanti agli occhi: come percepisce anche la persona più semplice, o con l'intelligenza, o con il cuore, nell'essere umano si intrecciano tenebre e luce, grandezze e bassezze.

Le varie religioni e filosofie, pur tenendo conto di questi elementi contraddittori, hanno messo in evidenza alcune la grandezza dell'uomo, altre la sua miseria; ma, nell'indagine sul profondo mistero che è l'uomo, la verità consiste in primo luogo nel dare una valutazione complessiva equilibrata, cogliendo e tutto il male che è nell'uomo e tutta la possibilità di bene che è in lui; in secondo luogo, nel tentativo di spiegare questa contraddizione.

San Paolo al riguardo ha scritto pagine famose, specialmente nella *Lettera ai Romani* in cui, riferendosi anche a se stesso, descrive come una spina che egli porta nella sua carne la lotta fra il bene e il male: « Io non compio il bene che voglio, ma il male che non voglio » (*Rm* 7, 19): parole che ricordano quelle di un poeta pagano, Orazio: « *Meliora video proboque, deteriora sequor* (Vedo il bene, lo approvo, ma seguo il male) ».

Una visione equilibrata dell'uomo coglie in lui le ragioni della sua grandezza, ma identifica anche le radici del male, spiega questa compresenza e indica nel medesimo tempo una via d'uscita.

Questo è stato il compito delle grandi religioni, che hanno affrontato l'impegno di definire e illustrare la realtà dell'uomo e anche di indicare ai loro seguaci una via morale, quella che noi cristiani chiamiamo una via di santità.

Nessuna religione è andata così a fondo come il cristianesimo nel tentativo di comprendere l'uomo nella sua grandezza e nella sua bassezza. Ne concludiamo che soltanto la parola di Dio poteva svelare le profondità di tenebre e lo splendore di luce dell'essere umano.

L'antropologia biblica

Nella Sacra Scrittura cogliamo le ragioni della nobiltà e della miseria dell'uomo in un discorso molto equilibrato che, oltre a spiegarci questa contraddizione, ci offre anche una prospettiva morale, indicando la possibilità di un cammino spirituale che la superi.

Questo discorso è preliminare alla trattazione dei vizi capitali e naturalmente alla dottrina ascetica e mistica il cui fine è, per usare la terminologia paolina, il passaggio dall'uomo vecchio all'uomo nuovo.

La dottrina sui vizi capitali che ci accingiamo ad esporre presuppone dunque in primo luogo il tentativo di spiegare chi è l'uomo. Non tratteremo compiutamente l'antropologia biblica; ci limiteremo ad alcuni tratti sintetici e decisivi.

Anzitutto, la Sacra Scrittura conosce la grandezza e la dignità dell'uomo, e ne dà in moltissimi testi un'immagine straordinaria: tra tutti, possono essere sufficienti quelli della *Genesi* 1, 26: «Facciamo l'uomo a nostra immagine, a nostra somiglianza» e ancora: «Dio creò l'uomo a sua immagine; a immagine di Dio lo creò; maschio e femmina li creò» (*Gn* 1, 27); il *Salmo* (8, 6) commenta: «Lo hai fatto poco meno degli angeli». Sono parole che rivelano la consapevolezza della grandezza dell'uomo, immagine di Dio, soprattutto perché è spirito, ha una volontà, è libero, è capace di amare, è capace di parlare con Dio, è interlocutore di Dio: non per sua natura ma per partecipazione, egli è della stessa sostanza di Dio, difatti Dio soffia nell'uomo la sua *ruah*, cioè il suo spirito, e questa è la ragione vera della sua grandezza.

Ma la Bibbia conosce anche la miseria e la cattiveria dell'uomo, la sua perversione; per tutti i testi biblici che ne trattano, valga l'affermazione di ghiaccio del *Salmo 116* (11): «Ogni uomo è inganno».

Bastano questi sintetici riferimenti testuali dall'Antico Testamento ad inquadrare compiutamente la visione biblica dell'uomo, che è immagine di Dio e male, potenza di luce e potenza di tenebre, grandezza e miseria (per esprimerci con Pascal).

Questo appare anche nell'analisi del Nuovo Testamento, che però presenta già un'antropologia di redenzione, dove all'uomo è già segnalata la traccia perché si rinnovi e si trasformi.

Perché il male nell'uomo?

Il testo biblico non si ferma alla descrizione dell'uomo nelle sue due componenti di grandezza e di miseria, che ci impediscono sia di disperarci sia di insuperbirci, ma ci dà la spiegazione della presenza del male nell'uomo.

Per quanto riguarda la componente di male che è in lui, il testo biblico mette in evidenza che non è creazione di Dio. Il male è venuto nel mondo per colpa dell'uomo stesso, su istigazione del demonio ma per decisione dell'uomo, che disobbedendo a

Dio ha voluto conoscere l'albero del bene e del male, ossia autodeterminarsi contro Dio e la sua volontà.

Già nei primi tre capitoli della *Genesi*, dove c'è tutta l'antropologia della Bibbia, Dio ha creato l'uomo sano, senza inquinamenti di male, integro, dotato di sanità fisica, psichica, spirituale, privo di spinta al male. Adamo parlava con Dio, era aperto a Dio, era suo interlocutore e familiare, la sua mente era una mente di luce, essendo libero poteva obbedire o disobbedire a Dio, ma non aveva la spinta al male.

Il male non ha origine in Dio

Affermazione chiave dell'antropologia biblica è che l'origine del male non è Dio, il quale ha creato l'uomo a sua immagine, sano ed integro; il male viene dalla libertà umana che decide di andare contro Dio.

Naturalmente, sullo sfondo, c'è anche la presenza del maligno, ma anche per lui vale ciò che si dice per l'uomo: il maligno in origine era stato creato come creatura sana, addirittura santa; prima di peccare era Lucifero, cioè l'angelo della luce e della presenza di Dio; secondo la tradizione, era la più bella delle creature di Dio.

Il male è nato dal desiderio, suo e di coloro che lo hanno seguito, di opporsi a Dio e di farsi simili a lui; è nato da una creatura buona che ha scelto se stessa al posto di Dio, che ha voluto rendersi indipendente da lui e sostituirsi a lui. Quindi il male ha avuto origine da un atto libero di una creatura buona.

Anche nell'uomo il male è nato per un atto libero di disobbedienza a Dio su istigazione del maligno. Da quel momento l'uomo, da creatura sana, santa, trasparente alla luce di Dio, ha generato in sé il tarlo della corruzione, il male le cui conseguenze hanno inquinato e impoverito tutto l'essere umano: con la decisione di seguire il proprio giudizio e la propria volontà, l'uomo ha perso l'amicizia e la grazia di Dio.

Con la perdita della grazia originaria, egli non è ritornato allo stato di pura natura, ma ha inquinato il suo essere introducendovi una malattia spirituale, che potremmo chiamare, con un termine adottato dal Concilio di Trento, « concupiscenza », cioè l'inclinazione al male. Quanto è costata la scelta originaria di Adamo ed Eva! È costata la perdita di Dio e l'insorgere della concupiscenza.

Tuttavia, questa spinta non ha tolto il libero arbitrio, che, con l'aiuto della grazia, è sempre capace di signoreggiare il male. Il libero arbitrio non è stato reso servo, né eliminato: dice il Concilio di Trento che è stato solo ferito. Sta di fatto che, dopo il peccato originale, Adamo ed Eva hanno fatto l'esperienza dell'inclinazione al male che prima non avevano. È proprio questa spinta, o concupiscenza, che successivamente è stata chiamata anche amore proprio, amore di sé, egoismo, la radice di tutti i vizi capitali.

Quindi, la *Genesi*, raccontando nei primi tre capitoli la creazione e la catastrofe originaria, spiega magistralmente la grandezza e la miseria dell'uomo: a Dio è attribuita la grandezza dell'uomo, e alla libera scelta umana la miseria che l'uomo sperimenta dentro di sé.

Benché grandissimi scrittori abbiano cercato di decifrare le tenebre dell'animo umano, la realtà del male e della perversione è molto peggiore di quanto non sia stata descritta nella letteratura: non c'è limite a ciò che l'uomo può fare di male. Questa è anche la consapevolezza della *Genesi*: dal capitolo sesto in poi, vv 1-13, l'autore biblico, dopo aver narrato la catastrofe originaria, scrive la storia dell'umanità come un fiume di perversità in continua crescita, per cui l'inclinazione dell'uomo al male, già forte a causa della prima caduta, si accentua sempre più. Al peccato originale, che è il peccato personale di Adamo ed Eva, si aggiungono i peccati personali che rendono sempre più decisa la spinta al male. Col tempo, il succedersi delle vicende storiche porta l'uomo alla totale perversità.

La Bibbia vede la storia umana delle origini come un decadere dall'integrità originaria e un acuirsi della malattia spirituale, psichica e fisica dell'uomo. Egli diventa sempre più malvagio: in *Genesi* 6, 5, l'uomo si è talmente pervertito che Dio decide di distruggere l'umanità. Questo passo ci dà la misura della potenza di tenebre che si è accumulata nel genere umano. Ci colpisce l'affermazione: «Il Signore vide che la malvagità degli uomini era grande sulla terra e che ogni disegno concepito dal loro cuore non era altro che male»: l'uomo era arrivato quasi ad oscurare lo spirito immortale che Dio aveva soffiato in lui.

La visione biblica dell'uomo è forse troppo pessimistica?

Leggendo soprattutto i *Salmi*, sono compresenti la potenza di tenebre e la potenza di luce; ma nell'insieme la storia è vista come un precipitare di abisso in abisso, una progressiva corruzione del genere umano, tanto che potremmo dar credito a quei Padri della Chiesa che affermano che Dio si è fatto uomo nel momento in cui l'umanità era giunta al culmine della sua perversione. Anche nel vangelo possiamo trovare un accenno in tal senso, quando Zaccaria, nel suo cantico, dice che il Messia è stato mandato nel momento in cui gli uomini giacevano « nelle tenebre e nell'ombra della morte » (*Lc* 1, 79).

L'analisi di san Paolo

San Paolo, che è il più acuto analista della natura umana, per illustrare la grandezza della redenzione e presentare « l'uomo nuovo », deve descrivere la realtà della corruzione. In due passaggi della *Lettera ai Romani* egli delinea il livello di insondabile depravazione a cui sono giunti sia il mondo pagano, sia il popolo ebraico, racchiudendo tutti sotto il peccato, per dirci che tutti abbiamo bisogno della redenzione.

Innanzitutto egli individua nell'idolatria l'inizio della decadenza: « In realtà l'ira di Dio si rivela dal cielo contro ogni empietà ed ogni ingiustizia, di uomini che soffocano la verità nell'ingiustizia, poiché ciò che di Dio si può conoscere è loro manifesto; Dio stesso lo ha loro manifestato. Infatti, dalla creazione del mondo in poi le sue perfezioni invisibili possono essere contemplate con l'intelletto nelle opere da lui compiute, come la sua eterna potenza e divinità; essi sono dunque inescusabili, perché, pur conoscendo Dio, non gli hanno dato gloria né gli hanno reso grazie come a Dio, ma hanno vaneggiato nei loro ragionamenti e si è ottenebrata la loro mente ottusa. Mentre si dichiaravano sapienti, sono diventati stolti e hanno cambiato la gloria incorruttibile di Dio con l'immagine e la figura dell'uomo corruttibile, di uccelli, di quadrupedi e di rettili. Perciò Dio li ha abbandonati all'impurità, secondo i desideri del loro cuore, sì da disonorare fra di loro i propri corpi, poiché essi hanno cambiato la verità di Dio con la menzogna, ed hanno venerato e adorato la creatura al posto del creatore, che è benedetto nei secoli » (*Rm* 1, 18-25).

Segue poi, nella lettera, l'enumerazione di tutte le passioni che dall'idolatria traggono origine: « Per questo Dio li ha abbandonati a passioni infami, le loro donne hanno cambiato i rapporti naturali in rapporti contro natura, ugualmente anche gli uomini, lasciando il rapporto naturale con la donna, si sono accesi di passione gli uni per gli altri, commettendo atti ignominiosi uomini con uomini, ricevendo così in se stessi la punizione che si addiceva al loro traviamento e poiché hanno disprezzato la conoscenza di Dio, Dio li ha abbandonati in balia di un'intelligenza depravata, sicché commettono ciò che è indegno, colmi come sono di ogni sorta di ingiustizia, di malvagità, di cupidigia, di malizia; pieni di invidia, di omicidio, di rivalità, di frodi, di malignità; diffamatori, maldicenti, nemici di Dio, oltraggiosi, superbi, fanfaroni, ingegnosi nel male, ribelli ai genitori, insensati, sleali, senza cuore, senza misericordia. E, pur conoscendo il giudizio di Dio, che cioè gli autori di tali cose meritano la morte, non solo continuano a farle ma anche approvano chi le fa» (*Rm* 1, 26-32).

È la descrizione — di un realismo straordinario, tutt'altro che esagerata — della potenza di tenebre, della concupiscenza, dell'inclinazione al male che c'è nell'uomo.

Tuttavia, questa è la realtà non solo dei pagani, ma anche degli ebrei: sempre nella stessa lettera, Paolo raccoglie e cita vari passi dell'Antico Testamento che illustrano il grado di perversità a cui è giunto il popolo eletto: «Che dunque? Dobbiamo noi ritenerci superiori? Niente affatto! Abbiamo infatti dimostrato precedentemente che giudei e greci sono tutti sotto il dominio del peccato, come sta scritto: Non c'è nessun giusto, nemmeno uno, non c'è sapiente, non c'è chi cerchi Dio! Tutti hanno traviato e si son pervertiti, non c'è chi compia il bene, non ce n'è neppure uno. La loro gola è un sepolcro spalancato, tramano inganni con la loro lingua, veleno di serpenti è sotto le loro labbra, la loro bocca è piena di maledizione e di amarezza. I loro piedi corrono a versare il sangue; strage e rovina è sul loro cammino, e la via della pace non conoscono. Non c'è timore di Dio davanti ai loro occhi» (*Rm* 3, 9-18). Paolo è perentorio nel descrivere il grado di traviamento raggiunto dall'umanità al tempo della redenzione. Anche lui avalla la visione della storia umana come progressiva corruzione, anche per lui la grazia ha sovrabbondato nel momento in cui la misura del peccato era colma.

Questa concezione rappresenta il tentativo di spiegare la forza e la gravità delle tenebre nell'uomo, ma è anche il presupposto per scoprire l'altra faccia della realtà umana, la luce: essa è andata affievolendosi, con il passare dei secoli, ma la venuta di colui che è la luce, la vita, la salvezza dà all'uomo la possibilità di redimersi.

Miserere!

Occorre tuttavia sottolineare che, mentre la perversione progrediva e si estendeva, gli uomini non hanno mai cessato di elevare la loro invocazione a Dio perché venisse a salvarli e a liberare dalla schiavitù del peccato non solo il suo popolo, ma ogni essere umano.

Prima di addentrarci nella potenza di riscatto introdotta da Cristo, concludiamo questa prima descrizione del degrado e della miseria in cui siamo stati ridotti dal peccato con l'invocazione a Dio dell'umanità corrotta, perché Dio, per sua iniziativa, crei nell'uomo un cuore puro: il *Salmo 51*, il *Miserere.*

Pietà di me, o Dio, secondo la tua misericordia;
nella tua grande bontà cancella il mio peccato.
Lavami da tutte le mie colpe,
mondami dal mio peccato.
Riconosco la mia colpa,
il mio peccato mi sta sempre dinanzi.
Contro di te, contro te solo ho peccato,
quello che è male ai tuoi occhi, io l'ho fatto;
perciò sei giusto quando parli,
retto nel tuo giudizio.
Ecco, nella colpa sono stato generato,
nel peccato mi ha concepito mia madre.
Ma tu vuoi la sincerità del cuore
e nell'intimo m'insegni la sapienza.
Purificami con issopo e sarò mondato;
lavami e sarò più bianco della neve.
Fammi sentire gioia e letizia,
esulteranno le ossa che hai spezzato.
Distogli lo sguardo dai miei peccati,
cancella tutte le mie colpe.
Crea in me, o Dio, un cuore puro,
rinnova in me uno spirito saldo.
Non respingermi dalla tua presenza
e non privarmi del tuo santo spirito.
Rendimi la gioia di essere salvato,
sostieni in me un animo generoso.
Insegnerò agli erranti le tue vie
e i peccatori a te ritorneranno.
Liberami dal sangue, Dio, Dio mia salvezza,
la mia lingua esalterà la tua giustizia.
Signore, apri le mie labbra
e la mia bocca proclami la tua lode;
poiché non gradisci il sacrificio
e, se offro olocausti, non li accetti.
Uno spirito contrito è sacrificio a Dio,
un cuore affranto e umiliato,
tu, o Dio, non disprezzi.
Nel tuo amore fa' grazia a Sion,

rialza le mura di Gerusalemme.
Allora gradirai i sacrifici prescritti,
l'olocausto e l'intera oblazione,
allora immoleranno vittime sopra il tuo altare.

Sono invocazioni da ripetere frequentemente; dicono tutta la miseria dell'uomo che è caduto in basso ma dicono anche che in lui è rimasta la traccia dell'antica grandezza, cioè la possibilità di ricorrere a Dio e di invocarlo.

Si può ancora parlare di libero arbitrio dopo il peccato?

« Nel peccato mi ha concepito mia madre » (*Sal* 51, 7): l'essere umano, concepito nel peccato originale, a cui assomma anche i suoi peccati personali, questo essere umano così come è stato ridotto dalla libera scelta di Adamo ed Eva, dall'accumularsi dei peccati nella sua vicenda personale e dalla travolgente crescita del male nella storia dell'umanità intera, è ancora capace di fare il bene?

Da un passo drammatico della *Lettera ai Romani* (se lo leggiamo isolatamente, fuori del contesto di tutto il documento), sembrerebbe proprio che l'uomo sia incapace di fare il bene, che con il peccato egli abbia colpito a morte il suo libero arbitrio: « Sappiamo infatti che la legge è spirituale, mentre io sono di carne, venduto come schiavo del peccato. Io non riesco a capire neppure ciò che faccio: infatti, non quello che voglio io faccio, ma quello che detesto. Ora, se faccio quello che non voglio, io riconosco che la legge è buona; quindi non sono più io a farlo, ma il peccato che abita in me. Io so infatti che in me, cioè nella mia carne, non abita il bene; c'è in me il desiderio del bene, ma non la capacità di attuarlo; infatti, io non compio il bene che voglio, ma il male che non voglio. Ora, se faccio quello che non voglio, non sono più io a farlo, ma il peccato che abita in me. Io trovo dunque in me questa legge: quando voglio fare il bene, il male è accanto a me. Infatti acconsento nel mio intimo alla legge di Dio, ma nelle mie membra vedo un'altra legge, che muove guerra alla legge della mia mente e mi rende schiavo della legge del peccato che è nelle mie membra. Sono uno sventurato! Chi mi libererà da questo corpo votato alla morte? Siano rese grazie a Dio per mezzo di Gesù Cristo nostro Signore! Io dunque, con la mente, servo la legge di Dio, con la carne invece, la legge del peccato » (*Rm* 7, 14-25).

Ci chiediamo se l'uomo poteva opporsi al male anche prima

della redenzione, cioè prima che Cristo ci donasse la sua grazia con cui siamo liberati dal peccato.

In altre parole: il peccato originale ha estinto il libero arbitrio — per cui, dopo il peccato originale fino alla redenzione, l'uomo non poteva più fare il bene — oppure il peccato originale ha soltanto indebolito e ferito il libero arbitrio, lasciando tuttavia all'uomo di buona volontà la capacità di fare il bene?

Domanda che ci aiuta a comprendere le conseguenze del peccato sull'uomo, sulla sua capacità di scegliere fra il bene e il male. Anche dopo la redenzione, e dopo che Cristo ci ha dato la sua grazia, molti ancora affermano che fare il bene è difficile, addirittura impossibile. La forza del peccato è preponderante.

È proprio vero?

Anche per rispondere a questo interrogativo cruciale, partiamo dalla riflessione sui testi biblici: dapprima vedremo se nell'Antico Testamento, dopo il peccato originale e il dilagare del peccato nel mondo, l'uomo appare ancora capace di compiere libere scelte tra bene e male.

Infine ci domanderemo quale libertà di fronte al bene e al male ha l'uomo, al quale viene in soccorso la sovrabbondante grazia di Cristo.

La libertà di fronte al bene e al male nell'Antico Testamento

Se seguiamo la *Genesi*, nonostante il pessimismo con cui viene registrata l'inarrestabile avanzata del peccato, la vicenda dell'umanità appare percorsa da un filo d'oro che, nel dilagare del male, lega attraverso i tempi alcuni uomini i quali rimangono fedeli a Dio: nel diverso comportamento dei figli di Adamo ed Eva, la *Genesi* mette in evidenza come, anche dopo la colpa originale, sia rimasta la libertà di scegliere tra il bene (come ha fatto Abele) e il male (la scelta di Caino). E, proprio al culmine della corruzione, cioè al tempo del diluvio, alcuni uomini hanno saputo andare contro corrente: Noè e la sua famiglia vengono preservati dalla punizione di Dio in quanto gli si sono mantenuti fedeli.

Possiamo dire che questo filo d'oro della fedeltà a Dio continua lungo tutta la storia sacra e lo vediamo affiorare nella vita di Abramo, Isacco e Giacobbe, come pure nell'elezione dei profeti, che a volte ci vengono presentati come i soli fedeli a Dio in un periodo di smarrimento o di peccato di tutto il popolo.

Naturalmente queste figure rimangono fedeli a Dio con l'aiuto di Dio stesso, cioè con quella grazia che Dio non ha mai negato neanche ai tempi dell'antica alleanza; ma, d'altra parte, questa grazia non è stata loro negata perché, nel fiume vorticoso e crescente del peccato, è emerso l'eroismo con cui essi hanno saputo opporsi al male e restare fedeli a Dio.

Nonostante la spinta al male che condiziona tutta l'umanità, l'uomo ha dunque in sé la capacità di fare il bene.

Ezechiele, narrando la propria vocazione, mette in evidenza l'emergere dalla palude del male di uomini fedeli a Dio: « "Figlio dell'uomo, alzati, ti voglio parlare". Ciò detto, uno spirito entrò in me, mi fece alzare in piedi e io ascoltai colui che mi parlava. Mi disse: "Figlio dell'uomo, io ti mando agli Israeliti, a un popolo di ribelli, che si sono rivoltati contro di me. Essi e i loro padri hanno peccato contro di me fino ad oggi. Quelli ai quali ti mando sono figli testardi e dal cuore indurito. Tu dirai loro: Dice il Signore Dio: Ascoltino o non ascoltino — perché sono una genia di ribelli — sapranno almeno che un profeta si trova in mezzo a loro. Ma tu, figlio dell'uomo, non li temere, non aver paura delle loro parole; saranno per te come cardi e spine, e ti troverai in mezzo a scorpioni; ma tu non temere le loro parole, non ti impressionino le loro facce, sono una genia di ribelli. Tu riferirai loro le mie parole, ascoltino o no, perché sono una genia di ribelli" » (*Ez* 2, 1-7). Vi è dunque, da una parte, la perversione non solo dell'umanità, ma addirittura del popolo eletto, che è definito un popolo di ribelli, e dall'altra la fedeltà del profeta che è pronto a sacrificare la sua vita per Dio.

Se è vero che il bene è più difficile, perché il mondo è indurito nel male ed è sotto lo scettro di satana, colui che Cristo chiamerà « il principe di questo mondo », tuttavia non mancano spiriti fedeli a Dio fino all'eroismo: figure della storia sacra, ma anche figure di altissima spiritualità che emergono nelle altre religioni che sono ancora in attesa di Cristo. Sono una testimonianza che, se dopo il peccato originale il bene è più difficile, non è diventato impossibile.

In base a queste testimonianze bibliche così convincenti e agli esempi offerti da altre religioni e culture, con sicurezza possiamo affermare che anche dopo il peccato originale, nonostante i condizionamenti della storia e della società, se l'uomo non vuole, non pecca.

Un testo del *Deuteronomio* ci illustra la forza del libero arbitrio anche dopo il peccato originale: « Vedi, io pongo oggi davanti a te la vita e il bene, la morte e il male; poiché io oggi ti comando di amare il Signore tuo Dio, di camminare per le sue vie, di osservare i suoi comandi, le sue leggi e le sue norme, perché tu viva e ti moltiplichi e il Signore tuo Dio ti benedica nel paese che tu stai per entrare a prendere in possesso» (30, 15-16).

Nell'Antico Testamento un altro aspetto evidenzia il permanere del libero arbitrio: se l'uomo ha peccato — perché lo ha voluto, perché si è lasciato ingannare dal demonio, perché ha ceduto alla propria debolezza — tuttavia può ritornare di nuovo a Dio. Per quanto in basso sia caduto con i suoi peccati personali in aggiunta al peccato originale, conserva intatta la capacità di tornare a Dio, sia pure attraverso un cammino di conversione estremamente faticoso e doloroso. L'esempio di Davide sintetizza i sentimenti della presa di coscienza del peccato (adulterio ed omicidio) e del ritorno a Dio: il *Miserere* esprime il pentimento di Davide, ma, per gli accenti di universalità che egli ha saputo conferirgli, può esprimere la conversione di ogni uomo, la possibilità che si apre davanti a lui di ritornare a Dio.

Dio non si stanca di chiamare l'uomo alla conversione

E d'altra parte, attraverso i profeti e i salmi, Dio ripete infinite volte ai singoli o al suo popolo l'appello a ritornare a lui:

«Se ti convertirai al Signore Dio tuo...»; «Rivolgete il cuore verso il Signore»; «Tornate al Signore con tutto il cuore...»; «Se tu ritornerai a me...»; «Ritorna al Signore e cessa di peccare...»; «Hai peccato? Non farlo più»; «Cessate di fare il male»; «L'empio abbandoni la sua via»; «Convertitevi dalla vostra condotta perversa».

Se Dio rinnova questi inviti, significa che, nonostante l'uomo senta le catene della colpa, conserva integra, se vuole, la capacità di tornare: anche dopo il più grave dei peccati, anche dopo il cumulo dei peccati, anche se l'esercizio del libero arbitrio sarà molto faticoso, perché non è facile eliminare le abitudini quando il cuore si è indurito nel male, non si deve mai disperare. È sempre possibile convertirsi.

Naturalmente Dio dà l'aiuto della sua grazia in questo processo: è Dio che volge il cuore a lui e lo muta, ma solo se noi acconsentiamo e se collaboriamo con lui. Perciò, la risposta agli appelli del Signore è diversa: ci sono quelli che si convertono e quelli che non si vogliono convertire. Davide, nel *Miserere*, chiede a Dio di aiutarlo nel cammino di penitenza e di purificazione: la guarigione dal peccato è graduale; il libero arbitrio, colpito dal peccato originale e dai peccati personali, è come affetto da una gravissima malattia spirituale, quindi debole; la guarigione sarà lenta e faticosa. I tentativi di fare il bene, forse, all'inizio falliranno, ma attraverso l'esercizio del libero arbitrio applicato a compiere il bene, e attraverso l'invocazione a Dio, il libero arbitrio si rafforza e guarisce da quell'infermità che l'aveva indebolito, ma non ucciso.

Chi vuol fare il bene ma ha l'impressione di non esserne più capace, non deve disperare: se *vuole volere* il bene, questo è il segno che il suo libero arbitrio non è morto, e che si è già distaccato dall'affezione al male.

Nell'Antico Testamento vediamo che questa possibilità di conversione coinvolge non solo i singoli, ma anche popoli interi: è il caso, ad esempio, degli abitanti di Ninive, come racconta il libro di *Giona*.

Ma ci sono anche tanti esempi di rifiuto: quante volte i profeti esprimono a Dio lo scoraggiamento perché il popolo non vuole convertirsi!

Quindi, il fatto che, di fronte agli appelli di Dio, siano presenti queste due diverse risposte, indica che, anche dopo il peccato originale e il peccato del mondo (che è la somma fra il peccato originale e i peccati personali di tutti gli uomini), il libero arbitrio è rimasto nell'uomo.

Per quanto opprimente e dolorosa possa essere la schiavitù del peccato, se l'uomo vuole, fino all'ultimo istante della sua vita può convertirsi.

La grazia di Cristo rende liberi

Questa affermazione, che è vera nell'economia dell'Antico Testamento, è tanto più vera nell'economia del Nuovo, dove Cristo dà una grazia sovrabbondante a chi si rivolge a lui per chiedere la liberazione dal peccato: « Sono uno sventurato! Chi mi libererà da questo corpo votato alla morte? », grida con spavento Paolo, concludendo la sofferta analisi della condizione umana; e risponde: « Siano rese grazie a Dio per mezzo di Gesù Cristo nostro Signore! » (*Rm*, 7, 24-25).

Quindi, a partire da Cristo in poi, è molto più facile decidersi per il bene; ma anche prima della redenzione, l'uomo, per quanto indebolito dal peccato, può fare il bene; e, nel caso abbia fatto il male, può convertirsi e ritornare a Dio. Se è vero, come dice la *Genesi* (8, 21), che « l'istinto del cuore umano è incline al male » (il Concilio di Trento lo chiamerà concupiscenza), tuttavia il libero arbitrio rimane, anche se condizionato e indebolito. Anche nell'Antico Testamento, l'uomo che fa il male, lo fa liberamente, come l'uomo che fa il bene, lo fa liberamente; e l'uomo che vuole risalire dall'abisso del male, con l'aiuto della grazia di Dio, lo può fare.

Il potere delle tenebre sull'uomo ha dei confini: per quanto il peccato sia grave e per quanto corrompa la natura umana, tuttavia l'uomo può non fare il male e ritornare a Dio. La corruzione del peccato non è tale da annullare in lui l'esercizio delle sue facoltà spirituali essenziali: l'intelligenza, per giungere a conoscere il suo Creatore, la capacità di scegliere, la capacità di amare.

«Libero arbitrio» e «servo arbitrio»: il Concilio di Trento

È una dottrina di fondamentale rilevanza, ed è stata codificata in due canoni del Concilio di Trento, che correggono la dottrina di Lutero, il quale parlava di «servo arbitrio», sostenendo che, dopo il peccato originale, non esisteva più nell'uomo un arbitrio capace di scegliere liberamente tra bene e male.

«Se qualcuno afferma che il libero arbitrio dell'uomo dopo il peccato di Adamo è perduto ed è estinto, o che esso è cosa di sola apparenza, anzi, nome senza contenuto e finalmente inganno introdotto nella Chiesa da satana, sia anàtema» (canone 5° della sessione sesta del 13 gennaio 1547).

«Se qualcuno afferma che non è in potere dell'uomo rendere cattive le sue vie, ma che è Dio che opera il male come il bene, non solo permettendoli, ma anche volendoli in sé e per sé, di modo che possano considerarsi opera sua propria il tradimento di Giuda non meno che la chiamata di Paolo, sia anàtema» (canone 6°).

Questi due canoni del Concilio di Trento sono due capisaldi dell'antropologia cristiana.

La tragedia del peccato

Da dove viene il male? Sulla scia dei primi capitoli della *Genesi* e dell'insegnamento della Chiesa, abbiamo messo in chiaro che il male è stato introdotto nel mondo per libera scelta dei progenitori, che hanno prestato fiducia a satana anziché a Dio.

Hanno introdotto il male morale, perdendo così la grazia e la destinazione alla visione beatifica, l'amicizia e la comunione con Dio; con la perdita contemporanea dei doni preternaturali, è stato introdotto anche il male psico-fisico, soprattutto l'oscuramento mentale riguardo le verità morali e religiose.

L'uomo originario — Adamo, che è un uomo reale ma è anche il rappresentante di tutta l'umanità — ha corrotto se stesso e si è inquinato: in lui è rimasta l'inclinazione al male, che non è ancora peccato ma è spinta al peccato. Essa è diventata sempre più forte con i peccati personali che si sono accumulati nel corso dell'umanità. La somma dei peccati degli uomini lungo la storia costituisce quel «peccato del mondo» nel quale nasciamo e dal quale non possiamo uscire senza la grazia.

Quindi, dai testi biblici e dall'insegnamento della Chiesa che si è espresso in termini dogmatici nel Concilio di Trento, ricaviamo l'affermazione importantissima che, se in seguito al peccato originale l'uomo è debole e incline al male, il libero arbitrio di fronte al male e al bene è rimasto. L'uomo rimane libero di decidersi di fronte al male e al bene, anche se c'è in lui una certa fragilità nei confronti del bene ed una certa tendenza nei confronti del male.

Resta il fatto che, anche prima della redenzione di Cristo, Dio dà all'uomo la grazia sufficiente per sostenere la sua scelta e la sua perseveranza sulla via del bene; e se ha commesso il male, con l'aiuto della grazia e con la sua buona volontà, l'uomo può convertirsi e tornare a Dio.

Non ci sono dunque giustificazioni per il male fatto, né prima della grazia della redenzione di Cristo, né tanto meno dopo, quando ci viene data, come dice san Giovanni, «grazia su grazia» (1, 16).

La liberazione dalla schiavitù del peccato

Ora vogliamo mettere in luce quali sono le condizioni dell'essere umano dopo che Cristo lo ha redento, donandogli la sua grazia; cioè le condizioni del combattimento spirituale dell'uomo concreto e attuale. In questo modo possiamo avere una prospettiva realistica del cammino di perfezione, con le sue difficoltà, ma anche con le sue straordinarie possibilità.

Incominciamo col porci un interrogativo: perché Cristo si è fatto uomo ed è morto in croce?

Lo ha fatto per riportare la natura umana, decaduta a causa del peccato di Adamo, alla sanità e all'integrità della creazione.

La sua opera è indicata nel Nuovo Testamento, e poi nei Padri della Chiesa, con molte immagini: *restaurazione* dello splendore primitivo, restaurazione dell'uomo come immagine di Dio; *liberazione* dell'uomo dalla schiavitù del male; *guarigione* della natura umana malata; *salvezza* della creatura perduta; *redenzione*, cioè riacquisto, a prezzo di sangue, della creatura che era stata rapita a Dio dal demonio. San Paolo descrive l'opera di Cristo specialmente come opera di *giustificazione*, per cui la creatura umana viene ricolmata della giustizia di Dio, e da ingiusta che era diviene giusta; spesso l'opera di Cristo è presentata in termini di *illuminazione* per la creatura umana che giace nelle tenebre, e che Cristo introduce nella sua luce; e anche di *vivificazione*, per cui Cristo, che è la vita, vivifica le creature che giacciono nelle tenebre e nell'ombra di morte; è opera di *pace*, perché Cristo riconcilia l'uomo con Dio; è *santificazione*, cioè purificazione della natura umana dal peccato e dono della stessa santità di Dio; è *rigenerazione*, cioè nuova nascita (cfr. *Gv* 3, 1-21); è *remissione*, ossia perdono delle colpe.

Sono tutte espressioni che variamente sottolineano come l'opera di Cristo sia volta a riportare la creatura umana allo splendore primitivo: « Se in Adamo tutti abbiamo peccato, in Cristo tutti siamo riconciliati, giustificati ». L'opera di Cristo è filantropica, volta cioè alla guarigione della natura umana e addirittura alla sua elevazione a partecipare della stessa natura di Dio.

Cristo ha attuato questa opera innanzitutto attraverso il mistero della sua incarnazione. Era necessario che il Verbo si facesse carne per salvare la carne: Cristo ci ha riconciliato con Dio vivendo lui stesso il combattimento spirituale nella natura umana. L'incarnazione è già santificazione della natura umana: il Verbo di Dio, facendosi uomo, ha dato all'uomo che era Gesù stesso, vero uomo — oltre che vero Dio —, la possibilità di riconciliarsi con Dio. Ma con tutta la sua vita Cristo ha cooperato all'opera della redenzione. Ha iniziato la redenzione con l'incarnazione, l'ha continuata con tutta la sua vita, anche quella nascosta, l'ha continuata con la preghiera ininterrotta, con cui intercedeva per l'uomo presso il Padre, l'ha continuata vivendo santamente, essendo per noi esempio di santità, facendosi maestro, pastore, seminatore del Verbo di Dio nel cuore degli uomini. Le Scritture e l'insegnamento della Chiesa mettono in evidenza che Cristo ha operato questa restaurazione con la sua passione, morte, resurrezione, che sono il culmine della sua opera di salvezza. Patì, espiò per i nostri peccati, come scrive il teologo protestante Karl Barth: al nostro posto, per causa nostra.

Questa opera di restaurazione ed elevazione della natura umana ci è comunicata mediante la fede e i sacramenti della Chiesa. Per mezzo della fede e dei sacramenti, noi siamo raggiunti dal perdono dei peccati, dalla grazia dello Spirito Santo, dalla vita nuova in Cristo e, con la cooperazione della nostra buona volontà, da uomini « vecchi » diventiamo nuove creature. Il teologo per eccellenza che approfondisce il tema della salvezza di Cristo è san Paolo, che specialmente nella *Lettera ai Romani* illustra il concetto di giustificazione: come tutti abbiamo peccato in Adamo, tutti ci siamo riconciliati in Cristo e come tutti in Adamo eravamo uomini «vecchi», cioè di peccato, in Cristo siamo nuove creature. L'uomo, sotto il dominio del peccato, è *sarx*, cioè carne, ed è portato per la debolezza della *sarx* all'*hamartia*, cioè al peccato. Anche le opere che egli compie secondo il *nomos*, cioè secondo la legge, non lo portano alla salvezza, sono infruttuose. Ma l'uomo nuovo ha la *charis*, cioè l'amore di Cristo, che è il punto di partenza della nostra salvezza. Questo amore passa a noi attraverso lo *pneuma*, cioè lo Spirito, che è l'amore del Padre e del Figlio: il movimento iniziale della salvezza è il dono che Dio fa a noi del suo amore. Il frutto della redenzione, come ci rivela san Giovanni, è il dono dello Spirito Santo il quale viene ricevuto in noi mediante la *pistis*, cioè la fede, mediante la quale ci è comunicata la grazia dello Spirito Santo. Paolo dice che grazie a quest'opera dello Spirito Santo in noi, noi diventiamo creature nuove, rivestite di *dikaiosyne*, cioè di giustizia. La salvezza che Cristo ci ha ottenuto è il dono dello Spirito Santo nel quale abbiamo la remissione dei peccati, la purificazione del cuore, siamo rivestiti di santità, grazia e giustizia, siamo resi conformi a quell'immagine nella quale Dio ci aveva creati all'inizio.

Il perdurare della concupiscenza

Come abbiamo detto, mediante la fede, nel battesimo, noi otteniamo la remissione dei peccati. Eppure, nonostante che il battesimo ci tolga il peccato, nonostante che gli altri sacramenti accrescano in noi la grazia o ci permettano di recuperarla se l'abbiamo perduta, noi facciamo esperienza in noi stessi, avvertiamo in noi una tendenza al male. La grazia di Cristo ci toglie il peccato originale e i peccati personali, ma non ci toglie subito quella che Paolo e il Concilio di Trento chiamano *concupiscenza*. Essa rimane in noi anche quando siamo in grazia di Dio. Non è peccato, ma è una certa qual tendenza al peccato: come se fossimo usciti vittoriosi da una malattia mortale, che è stata debellata, ma ci ha lasciati più deboli. La grazia ci toglie il peccato, ma rimane in noi la conseguenza, quella che il monaco inglese Walter Hilton del 1300, nella *Scala della perfezione*, chiama una macchia oscura: è fragilità, amore di sé, che permane anche dopo che la grazia dello Spirito Santo ci ha rimesso i peccati.

Allora la grazia di Cristo non ha operato a fondo? Non è veramente efficace?

Dio, mediante la conversione — fede, pentimento, santo proposito —, ci rimette i peccati, e noi passiamo dalla morte alla vita. Ma la concupiscenza rimane, e Dio la lascia a noi da estirpare, con l'aiuto della sua grazia e con la nostra buona volontà, attraverso un lungo cammino spirituale.

Dobbiamo quindi distinguere il momento della conversione dal momento della purificazione, che è l'intero cammino della vita, in cui, mediante l'aiuto della grazia di Dio, e il libero arbitrio, cioè la nostra buona volontà, estirpiamo e bruciamo le radici del male.

Queste sono le condizioni del combattimento spirituale: la concupiscenza, che resta in noi dopo che abbiamo ricevuto la vita nuova della grazia, deve essere eliminata con una diuturna e faticosa pratica della virtù, mediante la buona volontà, la pazienza, la perseveranza e la preghiera, in cui ci viene data la grazia. Pertanto, noi cooperiamo con Cristo nella restaurazione della natura umana: se è vero che, mediante la conversione, Cristo ci toglie il peccato, egli ci restituisce nella sua perfetta immagine solo se accettiamo questo lungo cammino di santità, mediante cui viene eliminata anche quella debolezza, e diventiamo davvero creature nuove.

Questi concetti sono stati messi a fuoco nella sessione quinta del 17 giugno 1546 del Concilio di Trento: si tratta di formulazioni della massima importanza.

Il 1° canone riguarda ciò che Adamo ha perso con la catastrofe del peccato originale:

« Chi non ammette che il primo uomo Adamo, avendo trasgredito nel paradiso il comando di Dio, ha perso subito la santità e la giustizia, nelle quali era stato creato, che è incorso per questo peccato di prevaricazione nell'ira e nell'indignazione di Dio e quindi nella morte, che Dio prima gli aveva minacciato, e con la morte nella schiavitù di colui che in seguito ebbe il potere della morte, e cioè il demonio, e che Adamo per quel peccato di prevaricazione sia peggiorato nell'anima e nel corpo, sia anàtema ».

Il 2° afferma che le conseguenze si sono rovesciate sui discendenti:

« Chi afferma che la prevaricazione di Adamo nocque a lui solo e non anche alla sua discendenza, che perdette per sé soltanto e non anche per noi la santità e giustizia, che aveva ricevuto da Dio, o che egli, inquinato dal peccato di disobbedienza, abbia trasmesso a tutto il genere umano solo la morte e le pene del corpo e non invece anche il peccato che è la morte dell'anima, sia anàtema. Contraddice infatti all'Apostolo che afferma: "Per mezzo di un solo uomo il peccato è entrato nel mondo, e a causa del peccato la morte, e così la morte si trasmise a tutti gli uomini, perché in lui tutti peccarono"».

Il 3° afferma invece una verità consolante, cioè che in Cristo noi siamo stati salvati:

«Chi afferma che il peccato di Adamo, uno per la sua origine, trasmesso con la generazione e non per imitazione, che aderisce a tutti e che è proprio di ciascuno, possa essere tolto con le forze della natura umana o con altro mezzo al di fuori dei meriti dell'unico mediatore, il Signore nostro Gesù Cristo, che ci ha riconciliati con Dio per mezzo del suo sangue, diventato per noi giustizia, redenzione e giustificazione, o nega che lo stesso merito di Gesù Cristo venga applicato sia agli adulti che ai bambini col sacramento del battesimo rettamente conferito secondo il modo proprio della Chiesa, sia anàtema: perché non esiste sotto il cielo altro nome dato agli uomini nel quale è stabilito che possiamo essere salvi, da cui l'espressione: "Ecco l'agnello di Dio, ecco colui che toglie i peccati del mondo", e l'altra: "Tutti voi che siete stati battezzati vi siete rivestiti di Cristo"».

Infine il canone 5° spiega gli effetti del battesimo:

«Chi nega che, per la grazia del Signor nostro Gesù Cristo conferita nel battesimo, sia rimesso il peccato originale, o anche se asserisce che tutto quello che è vero e proprio peccato non viene tolto, ma solo cancellato o non imputato, sia anàtema. In quelli infatti che sono rinati a nuova vita, Dio non trova nulla di odioso, perché non vi è dannazione per coloro che con il battesimo sono stati sepolti con Cristo nella morte, i quali non camminano secondo la carne, ma spogliandosi dell'uomo vecchio, e rivestendosi del nuovo che è stato creato secondo Dio, sono diventati innocenti, immacolati, puri, senza macchia, figli cari a Dio, eredi di Dio e coeredi di Cristo, di modo che assolutamente nulla li trattiene dall'ingresso nel cielo. Questo santo Concilio confessa che tuttavia nei battezzati rimane la concupiscenza o passione, ma essendo questa lasciata per la lotta, non può nuocere a quelli che non acconsentono e che le si oppongono virilmente con la grazia di Gesù Cristo, anzi, chi avrà combattuto secondo le regole sarà coronato. Il santo Sinodo dichiara che mai la Chiesa cattolica ha inteso che venga chiamato peccato la concupiscenza, qualche volta chiamata dall'Apostolo peccato per il fatto che nei rinati alla grazia non è un vero e proprio peccato, ma perché ha origine dal peccato e ad esso inclina. Chi pensasse il contrario sia anàtema».

Questa dottrina getta un fascio di luce sull'esperienza attuale dell'uomo e stabilisce i termini del combattimento spirituale: anche dopo la conversione e il ritorno a Dio, da una parte abbiamo la grazia e il libero arbitrio, dall'altra la tendenza al male che va combattuta ed estirpata. Proprio in questo combattimento consiste il cammino di santità, proprio per la vittoria conseguita in esso saremo coronati.

La guarigione della natura umana

Abbiamo dunque visto che, nonostante le conseguenze del peccato che coinvolgono tutti i discendenti della prima coppia, cioè la perdita dell'amicizia con Dio, che è la grazia, e la perdita dei quattro doni preternaturali (immortalità, impassibilità, scienza infusa e, perdita più grave di tutte, in quanto comporta per l'uomo una innata spinta al male, perdita dell'integrità), la redenzione operata da Cristo ci ridà il dono più importante, cioè il perdono, la riconciliazione, l'amicizia con Dio, quindi la grazia, la presenza di Dio in noi e il diritto di entrare nella piena comunione con Dio in paradiso: Cristo ci ha ridato il dono soprannaturale decisivo, per dirla con san Pietro, la partecipazione della natura divina, che comincia in questa vita con la grazia e poi si consumerà nell'altra vita nella visione faccia a faccia.

Per quanto riguarda gli altri doni perduti da Adamo, quelli preternaturali, l'*immortalità* ci è data in speranza: sappiamo infatti che alla fine del mondo tutti i corpi risorgeranno.

Il dono della *scienza* ci è ridato mediante la fede e la parola di Dio.

Per quanto riguarda l'*impassibilità,* cioè l'assenza del dolore, certo il dolore continua ad essere presente nella nostra vita, ma diventa strumento di redenzione.

Invece, per quanto riguarda il dono dell'*integrità,* dominio dello spirito sulla carne, dominio della volontà sulle passioni disordinate, la dottrina della Chiesa è molto chiara al riguardo: anche dopo i sacramenti del battesimo e della penitenza, quindi anche dopo il dono della grazia, rimane la spinta al male, quella che la *Lettera ai Romani* (cfr. 7-8) descrive con indimenticabile incisività. Essa tuttavia non è mai tale da togliere il libero arbitrio: come dice giustamente santa Caterina da Siena, non si fa il male se non si vuole farlo: « Satana ti uccide con quel coltello che tu volontariamente e scioccamente gli metti in mano ».

La sintesi di una dottrina millenaria

Il Concilio di Trento si è occupato con molta profondità di questi temi, soprattutto in relazione alle affermazioni di Lutero e alla Riforma protestante, stabilendo con molta chiarezza che, pur rimanendo in noi la spinta al male anche dopo la grazia dei sacramenti, tuttavia essa non toglie il libero arbitrio. La nostra volontà è più fragile di quella di Adamo, ma è pur sempre libera, e la grazia illumina, fortifica, sostiene questa volontà libera.

Ora, il dono dell'integrità va costruito attraverso il cammino spirituale. A mano a mano che progrediamo nel cammino spirituale, sempre più diventiamo signori di noi stessi. Come Gesù diceva: «Chi fa il peccato è schiavo del peccato», così chi fa il bene sempre più si libera e il dono dell'integrità consiste nella ricostruzione dell'armonia interiore, nell'esercizio, giorno dopo giorno, delle virtù; in questo cammino conseguiamo un dominio sempre più vasto delle nostre passioni disordinate. Il dono dell'integrità ci viene quindi restituito attraverso una fatica quotidiana coadiuvata e sostenuta dalla grazia. La spinta al male, dice il Concilio di Trento, ci è stata lasciata «*ad agonem et ad gloriam*», ossia per il combattimento e per la gloria: Dio vuole che noi combattiamo e diamo il contributo della nostra buona volontà all'opera della nostra redenzione, e vuole anche coronare la nostra vittoria con i suoi doni, il paradiso e il dono di se stesso. Nella sua grande sapienza, Dio non ci ricostituisce immediatamente nell'integrità di Adamo mediante i sacramenti del battesimo e della penitenza, ma vuole che con un cammino di collaborazione alla grazia che dura tutta la vita realizziamo la purificazione del nostro essere, ricostituendo l'armonia e la trasparenza in cui l'essere umano era stato concepito al momento della creazione.

La dottrina del Concilio di Trento presenta in termini sintetici la riflessione millenaria della Chiesa a partire dalla Sacra Scrittura.

La concupiscenza è la spinta al male di cui ogni uomo — anche in grazia di Dio! — fa esperienza dentro di sé.

Innanzitutto è conseguenza del peccato originale e di tutti i peccati personali che hanno inquinato la natura umana, come una melma in cui siamo immersi. Nessuno è indenne (eccetto la Vergine Immacolata).

La concupiscenza spinge al peccato; indubbiamente l'uomo ha anche molte spinte ad operare il bene, ma certo l'inclinazione al peccato, per lo meno all'inizio del cammino spirituale, è più forte. Tuttavia, pur essendo conseguenza del peccato e pur spingendo al peccato, essa non è peccato. Il Concilio di Trento lo sottolinea molto chiaramente. Sentirci spinti al male non ci deve portare allo scoraggiamento o alla disistima di noi stessi: questa è la condizione in cui l'uomo ora si trova; tutti gli uomini, ad eccezione di Gesù e della Madonna, nascono con questa spinta al male. Diviene peccato quando la facciamo nostra, acconsentendo con un consenso libero, lucido e volontario.

Inoltre il Concilio sottolinea che il nostro libero arbitrio è più debole rispetto a quello di Adamo, perché è ferito (*vulneratus*), ma non è morto, mentre Lutero sosteneva che l'arbitrio dell'uomo non è più *libero* ma *servo*, in quanto totalmente assoggettato al peccato.

Il termine *concupiscenza*, che di per sé indica desiderio, senza connotazioni negative, come termine teologico significa desiderio di fare il male, inclinazione a trasgredire la legge di Dio, brama di avere cose contrarie alla volontà di Dio; è quel complesso di desideri per attuare i quali siamo disposti a violare la legge morale che è la legge di Dio. Il Concilio di Trento ci dice che, anche se in certi momenti la seduzione del male è fortissima, aizzata com'è dal mondo e dal demonio, tuttavia, con la preghiera e con la grazia, può essere vinta. Questa dottrina giustifica lo sforzo per diventare santi: se seguiamo la dottrina di Lutero, per il quale non abbiamo un libero arbitrio e non possiamo mettere una barriera alle nostre cattive tendenze, togliamo i presupposti del cammino spirituale, cioè la libertà e la buona volontà che consentono di migliorare.

Ma non è neppure accettabile la dottrina di Pelagio, secondo il quale il nostro arbitrio è talmente sano e vigoroso per cui non c'è neanche bisogno della grazia.

Il Concilio di Trento si colloca con grande equilibrio fra queste due posizioni estreme.

La vita come lotta spirituale

Questa dottrina ci offre una visione della vita come cammino di santità e come lotta, quanto mai valida e coerente con l'impostazione del vangelo. La lotta non è fuori di noi, ma innanzitutto dentro di noi. Dobbiamo impugnare il coltello dell'odio di noi stessi ed uccidere il nostro io egoistico, come dice santa Caterina da Siena. Certamente il mondo e il demonio sollecitano al male, ma né il mondo né il demonio riescono a scalfirci se non trovano in noi una certa complicità. La lotta spirituale è sempre nel cuore: quando abbiamo vinto — estirpando le radici delle passioni, cioè la nostra volontà egoistica — siamo nella pace, e invece di essere sedotti dal mondo, siamo noi che seduciamo il mondo con la nostra capacità di bene.

È lotta di tutta la vita: attraverso il cammino di santità noi costruiamo il dono dell'integrità, ma solo dopo la morte con l'immersione in Dio ritroveremo la perfetta trasparenza e divinizzazione.

Adesso abbiamo chiari tutti gli elementi del combattimento spirituale:

— ogni uomo nasce con la spinta al male (eccetto Maria Santissima);
— tutti hanno il libero arbitrio, sia pure fragile e vulnerato;
— a tutti (anche ai non cristiani) Dio dona il sostegno della grazia nel combattimento spirituale.

Ci domandiamo allora: perché alcuni diventano santi ed altri no?

Dipende non dalla grazia, che è data a tutti, non dalla spinta al male, che è comune a tutti; la differenza sta nella volontà, nella diversa corrispondenza alla grazia.

Da una parte quindi il cattolicesimo ci difende da un ottimismo infondato che, eliminando la nozione di peccato, considera la natura umana sana ed esente dalla spinta al male (tale è, ad esempio, la posizione dell'eresia pelagiana del IV sec. d.C.; o la teoria del «buon selvaggio» di Rousseau, per cui esisterebbe uno stato di natura di completa innocenza).

Questa mentalità è presente anche in alcuni scritti di autori cattolici in cui, per esempio, si parla di battesimo dei bambini solo in quanto mezzo per diventare membri della Chiesa, e non in quanto lavacro del peccato originale.

D'altra parte, la concezione cattolica evita anche la posizione opposta, sostenuta dai riformatori protestanti ma anche da molti pensatori laici moderni, che vedono nell'uomo una presenza così forte ed inevitabile del male da renderlo incapace di operare il bene. È la giustificazione del peccato e la rinuncia preventiva a qualsiasi lotta: la convinzione che il male sia comunque invincibile rappresenta in pratica la sfiducia nel libero arbitrio dell'uomo e anche nella grazia di Dio.

La dottrina cattolica, tenendosi lontana da questi due estremi, ci propone in termini molto realistici e validi dal punto di vista morale e pedagogico sia la consapevolezza della malattia dell'uomo, sia la possibilità della guarigione mediante l'aiuto della grazia e l'impegno della buona volontà.

Ora siamo in grado di esplorare veramente il mistero di tenebra che è in noi, affrontando la dottrina dei vizi capitali: indagheremo come si concretizza e come si ramifica in noi la spinta al male di cui abbiamo esaminato la natura e l'origine, osservando come essa diventa vizio con il nostro libero consenso, solidificandosi attraverso il cumulo dei peccati; ma soprattutto cercheremo di vedere come possiamo contrastare i vizi e liberarcene, e con la pratica delle virtù edificare noi stessi ad immagine di Cristo.

Il cuore centro della vita morale

Ora vogliamo mettere in luce un concetto essenziale: dove avviene il combattimento spirituale.

Non è tanto con dei nemici esterni che dobbiamo combattere: il mondo con le sue seduzioni e il demonio con le sue tentazioni non avrebbero nessuna forza se non avessimo il nemico interno rappresentato dall'egoismo, dall'« uomo vecchio » (san Paolo), il nostro io ripiegato su se stesso.

Tuttavia, dire che il combattimento spirituale si svolge dentro di noi è ancora una definizione vaga; due misteriose realtà, diverse ma complementari, indicano con maggiore precisione il luogo del combattimento: la tradizione al riguardo usa due parole.

Innanzitutto *anima*, cioè lo spirito dell'uomo, quella realtà misteriosa che viene direttamente da Dio, per cui l'uomo è simile a Dio, libero, capace di intendere e di amare. È una nozione preziosa perché contrassegna senza ombra di dubbio la dimensione spirituale e divina dell'uomo; essa è presente anche nella Bibbia, soprattutto nel Nuovo Testamento. Anche Gesù ricorre a questa parola per indicare la nostra dimensione più profonda e più divina. La grande tradizione spiritualistica sia dell'Oriente sia dell'Occidente cristiano ha fatto dell'anima il luogo per eccellenza del combattimento spirituale, il cui fine è appunto quello di restituire all'anima, creata da Dio ed offuscata dal peccato, il suo splendore originario.

Ma la Bibbia, sia nel Vecchio sia nel Nuovo Testamento, ci presenta, molto più spesso che la nozione di anima, la nozione di *cuore* come luogo in cui avviene il combattimento spirituale. Anche la grande spiritualità cristiana orientale e occidentale ricorre a questo termine: basti ricordare la tradizione esicastica per l'Oriente e sant'Agostino per l'Occidente.

Per lo più, la parola *anima* sostituisce e riprende i significati che la parola *cuore* ha nella Bibbia, e per indicare la realtà profonda e misteriosa dell'uomo queste due espressioni vanno conservate ed approfondite entrambe perché hanno ricchezze complementari.

Gesù afferma, in polemica con i farisei che facevano consistere la purezza in atteggiamenti di osservanza esteriore, che è dal *cuore* dell'uomo che procedono « i propositi malvagi, gli omicidi, gli adulteri, le prostituzioni, i furti, le false testimonianze, le bestemmie » (*Mt* 15, 19); sono queste le cose che rendono impuro un *cuore*. Nel cuore dell'uomo non ancora risanato dal fuoco divoratore della grazia ci sono, dunque, come in una palude, le radici di tutti i vizi. E nelle beatitudini (cfr. *Mt* 5, 8) Gesù proclama beati i puri di *cuore* perché vedono Dio. Quindi Gesù, raccogliendo la grande tradizione dell'Antico Testamento, specialmente dei Salmi e dei Profeti, vede il cammino spirituale all'interno del cuore dell'uomo, dove le radici del male germinano grazie al nostro consenso; è di lì che il male deve essere estirpato, tanto che il cuore, divenuto trasparente alla luce divina, possa contemplare la bellezza e la santità di Dio; lì si combattono fra loro le tenebre e la luce, il peccato e la grazia, la schiavitù e la libertà, il maligno e Dio.

Il cuore nella Bibbia

L'Antico Testamento vede nel cuore, innanzitutto, la sede della vita fisica, in quanto è il propulsore del sangue che irrora tutto l'organismo. Molto spesso lo considera come il centro della vita psichica, il centro delle facoltà spirituali, e in primo luogo della vita affettiva: nel cuore risiedono l'amore o l'odio, i desideri e le gioie, tutto il ricco mondo emotivo e passionale, in una concezione che per qualche verso ci ricorda quella romantica del cuore come luogo degli affetti.

Ma c'è molto di più: per tutta l'area semitica e per la cultura egiziana, il cuore è la sede del pensiero, dell'attività intellettuale. L'uomo che ha cuore è l'uomo saggio e prudente, mentre l'uomo stolto e privo di intelligenza è senza cuore. Col cuore si capisce, si riflette, si ragiona, si fanno progetti; è nel cuore la sede dei pensieri, dei ricordi, della coscienza, soprattutto delle decisioni, perché il cuore è l'organo non solo dell'intelligenza ma anche della piena responsabilità. È dunque il cuore il centro della vita morale, della libera scelta tra bene e male, pertanto è il centro del ravvedimento, della vita religiosa poiché è lì il luogo del timore di Dio, della riverenza, dell'obbedienza, dell'amore totale verso Dio, e perfino della misteriosa presenza di Jahve.

Quindi il cuore è centro della vita fisica, dell'affettività, della vita intellettuale, della vita morale e della divina presenza. Il cuore è la fonte stessa della personalità dell'uomo: cosciente, intelligente e libera; è il centro delle sue opzioni decisive, è il luogo dove l'uomo incontra Dio, quindi il luogo per eccellenza della chiusura o dell'apertura a Dio.

I testi dell'Antico Testamento che ci parlano del cuore mostrano come esso sia inclinato al peccato ed oppresso dal male, sia nei rapporti dell'uomo con i suoi simili, sia nei rapporti con Dio.

Quello che importa nei rapporti con il prossimo è l'atteggiamento interiore: ma l'uomo può sottrarre il suo cuore agli sguardi e coprirlo, così che le sue labbra, i suoi gesti, il suo comportamento dissimulino le sue vere intenzioni. Il cuore dell'uomo, con la terribile possibilità della doppiezza, può comandare una determinata espressione esteriore opposta ai suoi reali sentimenti (« con la bocca benedicono, e maledicono nel loro cuore », *Sal* 62, 5): invece di purificare il suo cuore, spesso l'uomo preferisce dissimularne la malvagità.

La tendenza a dissimulare investe anche i rapporti con Dio. Dio, dice il *Deuteronomio*, è un fuoco divoratore; pone all'uomo delle esigenze radicali di conversione e l'uomo che non vuole fare la fatica di mutare il cuore e di essere puro, giusto, santo, cerca di accontentare Dio con un culto esteriore o con belle parole (cfr. ad esempio *Amos* 5, 21; *Salmo* 28, 36). Ma non possiamo ingannare Dio: « L'uomo guarda l'apparenza, Dio guarda il cuore » (*1 Sam* 16, 7); « Io, il Signore, scruto la mente e saggio i cuori » (*Ger* 17, 10). Dio smaschera la menzogna constatando: « Questo popolo mi onora con le labbra, mentre il suo cuore è lontano da me » (*Is* 29, 13). Il tentativo di ingannare il prossimo nascondendo le tenebre del proprio cuore riesce, ma nei confronti di Dio non riesce. Poiché Dio legge nel cuore, l'unica possibilità che l'uomo ha è di cambiare il cuore. Il *Deuteronomio* invita Israele ad amare Dio con tutto il cuore, a cercarlo con tutto il cuore. Di fronte al fallimento e all'incapacità del popolo che ha voluto assecondare l'inclinazione del suo cuore malvagio invece di seguire gli appelli vibranti dei profeti che parlavano in nome di Dio (cfr. *Ger* 7, 24), Dio stesso, che sempre fa prevalere la sua misericordia, promette un cuore nuovo: è la grande promessa che Dio fa attraverso il profeta Ezechiele: « Io vi purificherò da tutte le vostre sozzure..., vi darò un cuore nuovo, metterò dentro di voi uno spirito nuovo, toglierò da voi il cuore di pietra e vi darò un cuore di carne » (*Ez* 36, 25-26).

Emerge da questi passi come, di fronte all'inclinazione del

cuore umano verso il peccato, di fronte alla difficoltà di aprire il cuore a Dio, e di farne il luogo della giustizia, della purezza, dell'amore, di fronte al tentativo di coprire il cuore, Dio non cede: vuole il cuore dell'uomo, non si stanca di chiedere un cuore puro e non rinuncia a fare di esso la sua dimora. A questa esigenza di Dio risponde l'invocazione dell'uomo riassunta dallo stupendo *Salmo 51*, dove re Davide peccatore esprime l'invocazione di tutti coloro che non si accontentano di una giustizia esteriore: « Crea in me, o Dio, un cuore puro... ».

Da questi testi appare con chiarezza che il cuore è la sede della vita morale, il luogo dove si decide il destino di santità o di peccato di una creatura; e ne emerge con chiarezza che per l'uomo è difficile mutare il suo cuore, tant'è vero che egli si accontenta di nascondere quel che ha nel cuore, per non fare la fatica di cambiarlo: lo nasconde al prossimo, cerca anche di nasconderlo a Dio, presentandogli un culto puramente esteriore. Ma Dio non si accontenta, e di fronte all'impotenza dell'uomo, dovuta anche a cattiva volontà personale, oltre che alla spinta verso il male, promette un cuore nuovo, un cuore puro, un cuore di carne al posto del cuore di pietra: promessa che si è adempiuta mediante l'effusione dello Spirito Santo nei nostri cuori.

Quando fa riferimento al cuore come fonte di ogni malvagità e quando afferma che bisogna amare Dio con tutto il cuore, con tutta l'anima, con tutte le forze, proclamando la beatitudine dei puri di cuore perché vedranno Dio, e nello stesso tempo presentandosi come colui che è mite ed umile di cuore, come colui che veramente ha un cuore nuovo e ripieno di Spirito Santo, Cristo raccoglie e realizza pienamente tutta l'esigenza di santità dell'Antico Testamento.

Quindi, nella Bibbia, il cuore è la sede del combattimento spirituale. Questo cuore viene definito, negativamente, come malvagio, perverso, doppio, falso, duro, ostinato, di pietra, incirconciso: il peccatore ha questo cuore, noi nasciamo con questo cuore, il combattimento spirituale consiste nel lavorare sul cuore mediante la buona volontà e la potenza della grazia, così da trasformarlo in un cuore mite, umile, afflitto, umiliato, intenerito, puro, semplice, in un cuore di carne, in un cuore che cerca Dio, gioioso, esuberante, fedele, saggio, retto, saldo; caratteristiche che tutte si riassumono nei due aggettivi con cui Cristo definisce il proprio cuore: mite ed umile.

Non basta che ci liberiamo dal peccato, occorre che ci liberiamo dalle radici della concupiscenza che sono in noi. Con lo sforzo di tutta la vita il nostro cuore deve diventare mite, umile, santo come il cuore divino e umano di Cristo.

La radice di ogni peccato

Ora ci poniamo una domanda radicale: prima ancora dei vari peccati è possibile identificare un atteggiamento interiore, una radice del male dalla quale germogliano tutti i peccati? Ci chiediamo se esiste in noi un fondo del peccato, un atteggiamento esistenziale che dà origine ai vari peccati a seconda delle circostanze in cui ci troviamo.

È una domanda basilare per il combattimento spirituale: per eliminare i vari peccati è indispensabile conoscere la radice da cui tutti provengono, così da aggredire il male non solo nelle sue espressioni, ma nella sua sorgente. Per contro, se esiste un atteggiamento fondamentale da cui sgorgano i vari peccati, è pur vero che può esistere nell'essere umano anche un atteggiamento sano da cui sgorgano le varie virtù, ed anche questo deve essere identificato per costruire la vita spirituale in tutte le sue espressioni.

Per rispondere a questa domanda passeremo in rassegna diversi testi biblici, perché è la parola di Dio che rivela Dio all'uomo e l'uomo a se stesso.

Nel Nuovo Testamento ci sono espressioni esplicite in cui si parla di peccato al singolare, come di una realtà primordiale da cui emanano gli altri peccati: Giovanni Battista, parlando di Cristo, afferma che è l'agnello di Dio che viene a togliere *il peccato* (non *i peccati*) del mondo (cfr. *Gv* 1, 29), quasi che all'interno del cuore dell'uomo agisse una realtà misteriosa, che include poi tutte le espressioni del male; una realtà solida, magmatica, da cui emana una potenza ostile a Dio e al suo regno, e si manifesta poi nei singoli atti.

Ma soprattutto san Paolo, nella *Lettera ai Romani* (7), parla del peccato al singolare, come di una potenza personificata, per cui l'uomo si trova nella situazione tragica di essere venduto alla forza e alla potenza del peccato.

Gli autori del Nuovo Testamento fanno dunque riferimento a un fondo del peccato che è la radice di tutti i peccati, a un atto interno, che Cristo colloca nel fondo del cuore, da cui germogliano tutti i vizi, tutte le negazioni di Dio.

In che cosa consiste questo atteggiamento interiore che è in tutti i peccati come un denominatore comune?

L'essenza del peccato nella *Genesi*

Le risposte fondamentali si trovano nei primi tre capitoli del libro della *Genesi*, che affrontano tutti i problemi chiave su Dio, il mondo, l'uomo, la condizione umana.

Dall'analisi del peccato di Adamo ed Eva ricaviamo ciò che Dio ci dice a proposito dell'essenza stessa del peccato. Esso si configura come una manifestazione di disobbedienza, con cui l'uomo si oppone coscientemente e deliberatamente a Dio, violando uno dei suoi precetti (cfr. *Gn* 3). Al di là dell'atto esterno di ribellione e di disobbedienza a un preciso comandamento, la Sacra Scrittura manifesta un atto interiore da cui procede questa disobbedienza. Adamo ed Eva hanno disobbedito perché, dietro la suggestione del serpente, hanno voluto essere « come dèi », pretendendo di sostituirsi a Dio che li ha creati, per decidere del bene e del male: prendendo se stessi per misura, hanno preteso di essere i soli padroni del loro destino e di disporre di se stessi a modo loro.

Così hanno rotto il rapporto con Dio, che secondo la *Genesi* non era solo la dipendenza fra creatura e Creatore, ma una relazione di amicizia: all'uomo creato a sua immagine e somiglianza, Dio non aveva rifiutato nulla, non riservando a sé neppure l'albero della vita: « Dio ha creato l'uomo per l'immortalità; lo fece a immagine della propria natura » (*Sap* 2, 23). Prima Eva poi Adamo cominciano a dubitare di questo Dio infinitamente generoso. Sulla spinta della tentazione, sospettano che Dio abbia dato quel comando non per il loro bene ma per salvaguardare i suoi privilegi; la minaccia che Dio ha aggiunto al precetto non sarebbe che una menzogna, per gelosia nei loro confronti: « Non morirete affatto! Anzi, Dio sa che, quando voi ne mangiaste, si aprirebbero i vostri occhi e diventereste come Dio, conoscendo il bene e il male » (*Gn* 3, 4-5). Questo è l'atteggiamento da cui è nata la disobbedienza: gli uomini diffidano di Dio e diventano suoi rivali.

Prestando fede al serpente, in loro la nozione stessa di Dio viene ad essere pervertita. Alla nozione del Dio sovranamente disinteressato perché sovranamente perfetto, sostituiscono quella di un essere tutto interessato a proteggersi gelosamente dalla sua creatura e a impedirle di crescere. Prima di provocare la disobbedienza esterna, il peccato ha dunque corrotto lo spirito di Adamo ed Eva. Prima di essere un atto materiale, il peccato è l'atteggiamento interiore per cui l'uomo diffida di Dio, non crede in lui e teme che sia un suo rivale. La sorgente interiore del peccato si configura dunque come mancanza di fede, di fiducia, di abbandono in Dio. Questa è, secondo il libro della *Genesi*, la radice di ogni peccato.

Ed ecco le conseguenze del peccato: fra l'uomo e Dio tutto è mutato. È il verdetto della coscienza: ancora prima che intervenga il castigo, Adamo ed Eva, che fino ad allora avevano fruito della familiarità divina, si nascondono dinanzi a Jahve che viene fra gli alberi. L'uomo non ha più voluto saperne di Dio e adesso lo fugge. L'espulsione dal paradiso terrestre ratifica questa volontà dell'uomo di fuggire da Dio. Ma allora scopre la menzogna del serpente: si accorge che lontano da Dio non c'è più possibilità di accesso all'albero della vita e quindi che va incontro alla morte.

La radice profonda del peccato dunque è sempre un diffidare di Dio, mettere se stessi al posto di Dio e rompere il rapporto filiale e di amicizia con lui: è quello che dice il vangelo nella parabola del figliol prodigo (cfr. *Lc* 15): il peccato è una mancanza di fiducia nel padre e uno scappare di casa, prestando orecchio ai falsi amici.

La *Genesi* ci mostra come il peccato introduca poi subito la rottura anche con gli uomini. Innanzitutto introduce il dissidio nella coppia primordiale: Adamo accusa Eva e rinnega la solidarietà con lei, che pure aveva chiamato, prima del peccato, « carne della sua carne e ossa delle sue ossa »; poi la rottura si estende anche ai figli di Adamo, ed ecco l'uccisione di Abele; poi in tutta la società, ed ecco la legge di violenza che troviamo nel canto selvaggio di Lamech (cfr. *Gn* 4, 24).

In questi stupendi capitoli riusciamo veramente a percepire l'essenza del peccato.

Il dramma del peccato nella storia del popolo ebraico

Il dramma iniziale che si è consumato nel paradiso terrestre rivive poi nella sua essenza anche nel popolo ebraico: al pari di Adamo, ed ancor più gratuitamente, Israele è stato colmato dei benefici di Dio; senza alcun merito — poiché era un popolo peccatore come gli altri —, ma in virtù dell'amore di Dio, Israele viene scelto per essere il popolo privilegiato fra tutti i popoli della terra, costituito come figlio primogenito di Dio (cfr. *Es* 4, 22), e gode di un'elezione ancora più generosa di quella di Adamo. Ecco che per liberare Israele dalla schiavitù del faraone, quindi dalla terra del peccato, Dio moltiplica i prodigi. Poi Dio stringe l'alleanza e dà al suo popolo infiniti segni di amore. E il popolo d'Israele risponde a Dio nello stesso modo in cui gli ha risposto Adamo: dopo che ha stipulato per mezzo di Mosè l'alleanza e si è impegnato ad osservarla, chiede ad Aronne: « Facci un dio che cammini alla nostra testa » (*Es* 32, 1); quindi, nonostante le prove della fedeltà di Dio, Israele non ha fede in lui e pretende un dio al suo livello, da portare a suo piacere qua e là, invece di un dio che egli sia obbligato a seguire, un dio che vuole il sacrificio della volontà dell'uomo. Subito dopo la vicenda del vitello d'oro, Israele ha fame, Dio gli dà il suo cibo, la manna, ma Israele lo rifiuta e vuole un cibo di sua scelta («Chi ci potrà dare carne da mangiare?», *Nm* 11, 4): questa cupidigia di carne rappresenta il rifiuto di piegarsi a ciò che nel pensiero di Dio doveva costituire l'esperienza spirituale del deserto. Dio darà soddisfazione a questa brama, ma Israele dovrà poi, alla pari di Adamo, rendersi conto che costa assai caro preferire la propria cupidigia alla volontà di Dio.

Il peccato originale dei progenitori e il peccato di Israele sono dunque simili nella loro essenza, avendo ambedue in comune il rifiuto non solo di obbedire a Dio, ma addirittura di credere in lui e di abbandonarglisi.

Dall'atteggiamento fondamentale di orgogliosa affermazione di sé davanti a Dio, sgorgano tutti gli altri peccati che ne sono una specificazione concreta. Quando i profeti fanno gli elenchi dei peccati lo fanno in questo senso; e nel vangelo (cfr. *Mc* 7, 21-23) Gesù dice che quando nell'uomo c'è questa decisione di staccarsi da Dio, di preferire alla volontà di Dio la propria, allora dal suo cuore escono i disegni perversi, le fornicazioni, i furti, gli omicidi, gli adulteri, le cupidigie, le malvagità, le frodi, la lascivia, l'invidia, la diffamazione, l'orgoglio, la stoltezza. Sono tutte queste cose cattive che escono dal di dentro e contaminano l'uomo. «Dal di dentro» indica appunto il cuore incredulo che non ha più fiducia in Dio.

L'essenza del peccato nel Nuovo Testamento

Anche nel Nuovo Testamento troviamo spunti per definire l'essenza del peccato.

San Giovanni parla di un atteggiamento interiore che è il rifiuto volontario della luce. Ogni peccato possiede l'opacità delle tenebre: la luce è venuta nel mondo e gli uomini hanno preferito le tenebre alla luce perché le loro opere erano malvagie (cfr. *Gv* 1). Il peccatore dunque teme la luce, la odia perché ha paura che le sue opere siano svelate: «Chiunque infatti fa il male, odia la luce» (*Gv* 3, 20). Ogni peccato nasce da un atteggiamento interiore volontario, un accecamento ostinato e amato, perché non si riconosce come tale: «Se foste ciechi, non avreste alcun peccato; ma siccome dite: Noi vediamo, il vostro peccato rimane» (*Gv* 9, 41). Quindi, secondo l'analisi di Giovanni, che presenta una certa affinità con l'analisi della *Genesi* e dell'*Esodo*, la radice di ogni peccato è la volontaria, orgogliosa chiusura del cuore alla luce di Dio perché c'è il rifiuto di prendere coscienza del male che è in noi: in definitiva è un atteggiamento di superbia, è la pretesa di affermare noi stessi come giusti, il rifiuto di misurarsi con la luce e di accettare che la luce ci riveli a noi stessi.

Un altro contributo importante e originale ci viene da san Paolo: il fondo del male è la *pleonexìa*, cioè la cupidigia, la fame di mondo. Nel desiderio di avere sempre di più starebbe la radice di ogni peccato. Mentre, secondo la visione della *Genesi* e di san Giovanni, nel peccato l'uomo mette se stesso al posto di Dio, secondo la prospettiva di san Paolo il fondo di tutti i peccati consiste nel mettere al posto di Dio gli onori, le ricchezze, i piaceri...: ma siccome queste cose altro non sono che il soddisfacimento del proprio io egoistico, le due prospettive finiscono per coincidere, e il peccato nella sua essenza consiste sempre e in ogni caso nel mettere il proprio io al posto di Dio.

San Tommaso ci offre una definizione stupenda: il peccato è « *aversio a Deo et conversio ad creaturas* », ogni peccato realizza il distacco da Dio della mente e del cuore, che convergono sull'io e sulle creature.

Diventare adoratori del proprio io e delle sue voglie è la radice del male: questa dev'essere tagliata, per eliminare le male erbe che proliferano nel nostro cuore.

Il criterio di verifica personale

Quando cerchiamo di comprendere noi stessi alla luce di Dio, quando vogliamo sapere la verità su ciò che sta realmente nel nostro cuore — al di là degli abili inganni con cui tentiamo di rappresentarci a noi stessi, ed anche al di là dei singoli peccati di cui possiamo essere vittime per delle debolezze momentanee — il punto della verifica è proprio questo atteggiamento radicale: ci fidiamo di Dio o di noi stessi? Vogliamo abbandonarci a lui o siamo adoratori del nostro io?

Difficilmente sappiamo conoscere noi stessi, e ci riusciamo soltanto mediante la luce che Dio ci dona; ma Gesù, con la sua luce interiore di Verbo di Dio, conosce quel che c'è nel cuore di ogni uomo: sa vedere se, al di là dei difetti e delle fragilità umane, un cuore è aperto e desideroso di migliorarsi, oppure se, camuffato sotto una giustizia puramente esteriore, è un cuore indurito. Egli accorda fiducia ai pubblicani e alle meretrici, la cui vita è immersa nel peccato, perché vede in loro — forse — la consapevolezza della propria fragilità e la disponibilità ad abbandonarsi a Dio perché li guarisca. Il pubblicano è peccatore, ma desidera guarire e si affida a Dio come il malato fa con il medico; questo è indice di guarigione incipiente, benché resti ancora tutta la corposità del male. Invece, quando una persona è formalmente giusta, ma il suo cuore è indurito — è l'atteggiamento degli scribi, o del fariseo pieno di sé che prega nella sinagoga — cova i peccati più gravi, quelli di coloro che, non credendo in Cristo, l'hanno condannato e messo in croce.

Anche noi, per conoscere noi stessi, al di là delle nostre virtù attuali e dei nostri difetti attuali, dobbiamo saper scorgere il nostro atteggiamento di fondo, la radice da cui verranno i nostri comportamenti.

I frutti che nascono dalla radice del peccato

Quali frutti nascono dalla radice del peccato che abbiamo appena esaminato? Sulla scia dei profeti, dei vangeli e delle lettere apostoliche, esaminiamo la proliferazione del male dall'atteggiamento interiore di un cuore incredulo, indurito, perverso.

Le liste dei peccati che troviamo nella Bibbia sono molto interessanti: sia i profeti, sia Gesù, sia gli apostoli ci mostrano come dalla medesima radice provengono tutte le più svariate manifestazioni del male.

I profeti descrivono con molta concretezza le conseguenze negative derivate al popolo d'Israele dall'abbandono di Jahve. Dal cuore che si chiude a Dio per aver fiducia in se stesso vengono tutti i disordini sociali e ogni genere di male: violenze, rapine, giudizi iniqui, menzogne, adulteri, spergiuri, omicidi, usura, vilipendio dei diritti. Tutto il capitolo 59 di *Isaia* è significativo e particolareggiato: la mancanza di fede in Dio genera mancanza di sincerità e ogni sorta di colpe; gli stessi concetti compaiono in *Osea* 4, 2: « Si giura, si mentisce, si uccide, si ruba, si commette adulterio, si fa strage e si versa sangue su sangue ». Pure i *Salmi* hanno in proposito espressioni incisive; cfr. anche *Is* 1, 17; 5, 8; 65, 6; *Am* 4, 1; 5, 7-15. Tutti questi testi con le liste dei peccati ci insegnano sempre che chi pretende di costruirsi da solo indipendentemente da Dio cade in ogni forma di male e dà origine anche al male sociale.

Cristo ci insegna che tutti i mali vengono dal cuore perverso e incredulo. Le affermazioni di Gesù riportate dal *Vangelo secondo Marco* (7, 21-23, cit.) si completano con quello che Gesù dice nel *Vangelo secondo Giovanni*: al di là del fondo del peccato che è l'incredulità, dalla quale promanano le varie espressioni del male, c'è una tenebra profonda, una tenebra personificata, ed è satana. È questa presenza inquietante del maligno che nel peccato ci istiga a scegliere noi stessi al posto di Dio, anzi, addirittura a scegliere lui al posto di Dio.

Questa analisi radicale è il contributo proprio del vangelo di san Giovanni sul problema: il peccato asservisce a satana, chiunque commette il peccato è uno schiavo: « Chiunque commette il peccato è schiavo del peccato » (*Gv* 8, 34); come il cristiano è figlio di Dio, il peccatore è figlio del demonio che è peccatore fin dall'origine, e quando commettiamo il peccato, commettiamo le opere del demonio (cfr. *1 Gv* 3, 8-10). Giovanni mette anche in luce quali sono le opere del demonio, che noi riproduciamo quando pecchiamo, e ne sottolinea in particolare due: l'omicidio e la menzogna, perché il demonio « è stato omicida fin da principio e non ha perseverato nella verità, perché non vi è verità in lui. Quando dice il falso, parla del suo, perché è menzognero e padre della menzogna » (*Gv* 8, 44).

Quanto all'odio omicida di satana, già la Scrittura, nel libro della *Sapienza*, parla dell'invidia del demonio che aveva attirato Adamo ed Eva sulla via del male (cfr. 2, 24, cit.). Anche Gesù nel vangelo di Giovanni, parlando delle opere che riproducono un atteggiamento tipicamente demoniaco, cita proprio l'odio, e non esita a configurare l'odio dei giudei nei suoi confronti e nei confronti di Dio Padre come l'odio di satana stesso. Nel vangelo di Giovanni arriviamo alla spiegazione radicale di ciò che sta al di là dei vari peccati: la scelta dello spirito delle tenebre e delle sue opere anziché la scelta di compiere le opere della luce. Si tratta di una vera e propria filiazione satanica: « Voi avete per padre il diavolo, perché fate le opere di vostro padre » (8, 44). È importante esserne consapevoli per renderci conto di ciò che avviene davvero nel nostro cuore tutte le volte che facciamo il male.

Per completare il panorama del Nuovo Testamento, vale la pena di dare uno sguardo alla ricchissima teologia di san Paolo riguardo al peccato e alla sua proliferazione. Egli parla dei singoli peccati, e ne dà più volte degli elenchi molto particolareggiati; ma parla anche del peccato (al singolare), come di una potenza personificata: è la *hamartìa*, che arriva a svelare la presenza di satana, il dio di questo mondo (*2 Cor* 4, 4). Dall'*hamartìa*, sul cui sfondo c'è satana, proliferano i diversi peccati, che san Paolo chiama *paraptòmata*, cioè cadute, oppure *parabàseis*, cioè trasgressioni, conducendo un'insuperata analisi delle diverse forme del male. Le numerose liste dei peccati che egli presenta costituiscono uno specchio straordinario del male nel mondo e sono utili ai fini di una analisi personale: *1 Cor* 5, 10; *2 Cor* 12, 20; *Gal* 5, 19-21; *Rm* 1, 29-31; *Col* 3, 5-8; *Ef* 5, 3; *Tt* 3, 3; *2 Tm* 3, 2-5. Esse ci mostrano come dall'unica radice può venire ogni peccato. Una in particolare vale la pena di leggere, in cui sono elencate le opere della carne, cioè le opere dell'uomo peccatore che non si lascia permeare dallo Spirito Santo. « Del resto, le opere della carne sono ben note: fornicazione, impurità, libertinaggio, idolatria, stregonerie, inimicizie, discordia, gelosia, dissensi, divisioni, fazioni, invidie, ubriachezze, orge e cose del genere » (*Gal* 5, 19-21). Paolo dà diversi nomi alla radice di tutti questi peccati: cupidigia, concupiscenza o idolatria; in altre parole, preferire a Dio se stessi.

I vizi capitali

Ora abbiamo i presupposti per affrontare la tematica dei vizi capitali.

Da quanto abbiamo visto, nella Bibbia c'è l'indicazione di uno sfondo del male, dietro cui si profila l'ombra oscura del maligno; troviamo varie liste di peccati; ma non troviamo l'elenco dei sette peccati fondamentali. C'è tuttavia un tentativo di raggruppare intorno ad alcune categorie fondamentali i diversi peccati. Il testo più interessante in proposito è nella *Prima lettera di Giovanni* (2, 15-16), dove sono indicate le tre concupiscenze: « Non amate né il mondo, né le cose del mondo! Se uno ama il mondo, l'amore del Padre non è in lui; perché tutto quello che è nel mondo, la concupiscenza della carne, la concupiscenza degli occhi, la superbia della vita, non viene dal Padre, ma dal mondo ». C'è dunque, a partire dall'incredulità, una triplice radice del male, che dà origine a tre filoni di peccato. Dalla concupiscenza della carne vengono tutti i peccati carnali, alla concupiscenza degli occhi va connessa la brama delle cose — e quindi i peccati di avarizia, la sete di potere — mentre la superbia della vita è, ben più della vanagloria e della sete di lode, l'esaltazione del proprio io al di sopra di Dio e degli altri.

L'origine più profonda da cui si dipartono queste tre tentazioni — che sono anche quelle subite da Cristo nel deserto — è il cuore incredulo, chiuso, che vuole seguire le sue ragioni e non quelle di Dio; sullo sfondo si profila la presenza del maligno, antagonista di Dio e padre della menzogna.

La Bibbia dunque ci offre questo ingente patrimonio di riflessione morale: i profeti, i vangeli, le lettere apostoliche presentano un ampio e ben dettagliato panorama delle proliferazioni del male; san Giovanni raggruppa le diverse espressioni del male in tre radici fondamentali, cioè la concupiscenza della carne, la concupiscenza degli occhi e la superbia della vita.

Vizio e peccato

Come si è arrivati, dunque, a questa ripartizione settenaria, per cui si parla di sette peccati capitali e di sette vizi capitali?

Innanzitutto bisogna precisare i concetti di peccato e di vizio.

Il peccato è un atto singolo, mentre il vizio indica un comportamento abitudinario, che risulta dalla ripetizione di numerosi atti peccaminosi dello stesso genere e diventa quasi una seconda natura. La nozione di vizio aggiunge questo alla nozione di peccato: il vizio è il peccato ripetuto tanto da diventare un'abitudine, che non solo è radicata nella nostra anima, ma anche nella nostra psiche e nel nostro corpo. Il vizio della gola, ad esempio, certamente parte dal cuore, poi impregna la psiche e crea abitudini corporali, per cui il goloso è riconoscibile anche dal suo corpo. Il vizio è il peccato consolidato, che ha messo radici nella nostra natura psico-fisica, oltre che spirituale. Per questo il vizio è veramente difficile da estirpare: non si tratta solo di rompere la radice del cuore, ma anche di purificarlo dai veleni che sono nella psiche e nel corpo. Per vincere il vizio della gola, non basta arrivare alla determinazione interiore, è necessaria una perseverante ripetizione di atti di sobrietà perché la psiche e il corpo si adattino. Se noi vogliamo rompere con il peccato, quando esso è ormai diventato vizio, le passioni urlano e come spire ci avvolgono. L'atto di peccare è momentaneo, il vizio resta anche dopo che abbiamo deciso di non peccare più. Sradicare le abitudini richiede un lungo cammino spirituale.

In Occidente gli autori che hanno trattato in modo più sistematico e approfondito il tema dei vizi sono san Gregorio Magno e san Tommaso d'Aquino.

Quest'ultimo identifica nell'uomo sette tendenze peccaminose: quattro sono desideri peccaminosi (superbia, avarizia, gola, lussuria); tre sono opposizioni peccaminose (ira, invidia, accidia).

Secondo san Tommaso si ha la *superbia* quando si desidera in modo disordinato la propria eccellenza; quando si desidera in modo disordinato il bene corporale del singolo, si ha la *gola*; quando si desidera in modo disordinato il bene della specie, si ha la *lussuria*; si ha il vizio dell'*avarizia* quando ci si attacca oltre la dovuta misura alle ricchezze; si ha l'*accidia* quando si fugge per pigrizia e oziosità il proprio bene spirituale; si hanno l'*invidia* o l'*ira* quando si ritiene lesivo della propria eccellenza il bene altrui (*Summa theologica, Prima secundae, quaest. 84*).

Poi questa ripartizione settenaria è passata alla tradizione.

Analizziamo ora uno per uno i vizi capitali; e, poiché non intendiamo limitarci a questo aspetto negativo della vita morale, ma ci proponiamo di tracciare un cammino di santità, che consiste nell'esercizio delle virtù, alla descrizione di ognuno dei vizi faremo seguire la trattazione delle virtù ad esso contrarie.

Capitolo 1

LA SUPERBIA

Il primo e più importante dei vizi capitali è la superbia.

Per descriverla, faremo riferimento innanzitutto ai testi biblici, perché è nella parola di Dio che scopriamo sia la potenza di tenebre che è nell'uomo, sia la grandezza della virtù; poi passeremo in rassegna l'insegnamento dei Padri della Chiesa e dei maestri di spirito, insegnamento che si propone normalmente come una riflessione sulla parola di Dio.

La superbia è considerata il più importante dei vizi capitali perché, sia nella Bibbia, sia nella patristica, sia nei maestri di spirito, viene presentata non solo come uno dei vizi capitali, ma come la radice di tutti e sette, e addirittura di ogni peccato.

Per contro, l'umiltà viene presentata come la base, il terreno («umile» da *humus*, il terreno) da cui germogliano tutte le virtù a partire dalla carità.

Per capire il significato di «superbia» è bene innanzitutto capire l'etimologia della parola: si tratta di un vocabolo latino che viene da *super*, cioè «sopra», un avverbio-preposizione entrato anche in molte espressioni del nostro linguaggio corrente, tanto che ne cogliamo immediatamente il senso. Il sostantivo «superbia» e l'aggettivo «superbo» indicano l'atteggiamento dell'autoelevazione, dell'io che colloca se stesso sopra gli altri.

Spesso, come sinonimo di superbia, si usa la parola «orgoglio», il cui significato non è tuttavia perfettamente coincidente con quello di «superbia»: infatti può presentare anche — e lo vedremo in seguito — delle sfumature positive, nella misura in cui è percezione del valore del proprio io. Questo vocabolo deriva da una parola germanica, *urgoli*, indicante l'atto di innalzare se stessi al di sopra degli altri.

La superbia nella Bibbia

La superbia è ritenuta la radice di tutti i vizi, sulla scia di un testo del *Siracide* (10, 12-13): «Principio della superbia umana è allontanarsi dal Signore, tenere il proprio cuore lontano da chi l'ha creato. Principio della superbia infatti è il peccato». La superbia dunque allontana dal Signore, e siccome il peccato è l'allontanamento dal Signore, partendo da questo testo possiamo dire che è la superbia la radice di ogni peccato.

Ma è soprattutto nell'analisi della *Genesi* (cfr. 3, 1-19) che possiamo vedere come il primo peccato, il peccato originale, sia un peccato di superbia. Infatti Adamo ed Eva hanno desiderato, nonostante il divieto divino, di avere una conoscenza che li rendesse simili alla divinità. Non c'è nel testo biblico quell'atteggiamento di rivolta che è tipico, ad esempio, dei miti cananei per cui l'uomo primitivo ha voluto rovesciare Dio e liberarsi della sua sovranità; è chiaro, nel peccato di Adamo, il tentativo di emanciparsi dalla dipendenza da Dio, negare il suo *status* di creatura, ed è evidente il desiderio di appropriarsi di un sapere che supera l'uomo stesso. Quindi il peccato dei progenitori è un peccato di superbia: « Se mangerete di quell'albero sarete simili a Dio ».

Il peccato degli angeli

Non solo il primo peccato degli uomini è di superbia (ed anche di disobbedienza, perché Dio aveva proibito di mangiare di quell'albero; ma la spinta alla disobbedienza è venuta dalla superbia); anche il peccato di Lucifero e degli angeli che lo hanno seguito viene spiegato dalla tradizione come un peccato di superbia. La Chiesa non si è mai pronunciata su questo tema, tuttavia la tradizione ha cercato di identificare il peccato di satana specialmente nella superbia: a partire dal teologo alessandrino *Origene* (ca. 185-253), a Lucifero vengono attribuite le parole che Isaia riferiva alla superbia del re di Babilonia: « Voglio salire fino al cielo, porre il trono sulle stelle, voglio salire sulle nubi più alte, diventando uguale all'Altissimo » (*Is* 14, 13); del resto, il nome di Michele, cioè dell'angelo che secondo questa tradizione ha rovesciato Lucifero dal cielo, scaraventandolo nell'inferno (purtroppo con una sosta sulla terra), significa: « Chi è come Dio? », nome che suona come una risposta alla pretesa di Lucifero di essere come Dio.

La superbia quindi è la radice del peccato di Adamo e, secondo la tradizione, anche del peccato di una parte del mondo angelico.

Genesi della superbia: la menzogna su noi stessi

Come può nascere questo peccato?

L'uomo si guarda in Dio; anche Adamo si contemplava in Dio, e così pure gli angeli, che poi diventarono ribelli: è il momento della fede. In questo momento in cui l'uomo si vede creatura di Dio, totalmente dipendente da lui, ha davanti a sé la possibilità di due scelte decisive, fra loro opposte.

Può pensare che prima non c'era, e ora esiste; si rende conto che esiste perché Dio lo ha pensato, lo ha voluto, lo ha amato. Dal suo cuore sgorgano la lode, il ringraziamento, l'amore per Dio; egli esulta in Dio per la dignità in cui lo ha creato, cioè a sua immagine e somiglianza, capace di pensare, di scegliere come lui; vede la magnificenza del suo destino che è di essere partecipe della natura divina (cfr. *2 Pt* 1, 4). Allora l'uomo, piccola creatura, riconoscendo quanto Dio ha fatto per lui, dischiude il cuore alla gratitudine.

Questo è l'atteggiamento che nasce dalla fede, procede nella fede, si consolida nella fede. Oppure, sempre partendo da quell'atteggiamento iniziale di fede in cui ogni uomo si conosce in Dio — perché anche per negare Dio è necessario conoscerlo —, l'uomo, mentre si rende conto che è una creatura, che non si è fatto da solo, che dipende da Dio, cova nel suo cuore il risentimento perché gli dispiace di dipendere da Dio; non vuole dipendere da nessuno, vuole pensare con la sua testa e fare quello che gli piace.

Assecondando questo vapore di superbia che è nato nel suo cuore, l'uomo si stacca da Dio e si guarda al di fuori di Dio, si compiace con se stesso di essere libero e intelligente, elimina Dio dalla sua vita, decide lui che cosa è il bene e che cosa è il male, mette il suo io al posto di Dio, e invece di essere adoratore di Dio adora se stesso.

Quindi la superbia nasce dalla menzogna che l'uomo stesso ha pronunciato sulla sua origine e sul suo essere, affermando di essere indipendente quando invece è dipendente, perdendo Dio e sostituendolo con il proprio io.

Dalla prima scelta, quella che nasce dall'accettazione della dipendenza e crea un atteggiamento di adorazione e di amore, nasce l'obbedienza alla legge di Dio e alla sua volontà. È la via del bene.

Dalla seconda scelta, in cui l'uomo si proclama indipendente da Dio e signore del bene e del male, nasce la disobbedienza alla legge di Dio, nasce quindi ogni peccato.

Questo è veramente il dramma che si è consumato nel cuore

di Adamo ed Eva, nel cuore di Lucifero e degli angeli suoi compagni, e che si consuma nel cuore di ogni uomo. Mentre ogni bene nasce dall'accettazione della dipendenza da Dio, ogni peccato nasce dalla negazione di essa, cioè dalla superbia. Il grande scrittore inglese Chesterton osserva che la superbia è un veleno così mortale che avvelena non solo le virtù, ma anche gli altri vizi.

Le varie espressioni della superbia nella Bibbia

La superbia è una realtà interiore che si manifesta con molte maschere a seconda degli uomini, dei caratteri, delle situazioni di vita, e che si presenta anche con diversi gradi di gravità.

Vediamo ora, sulla scia della Bibbia, le varie forme di superbia, alcune delle quali possono interessarci da vicino.

Una prima forma è la *vanità*, innanzitutto la vanità di chi ha sete di onori.

Gesù l'ha presa in considerazione e stigmatizzata quando ha parlato di coloro che, invitati, scelgono i primi posti (cfr. *Lc* 14, 7-11); il brano si conclude con una frase che rivela la filosofia del vangelo a proposito della superbia e dell'umiltà: «Chiunque si esalta sarà umiliato e chiunque si umilia sarà esaltato».

È la grande satira, la grande invettiva contro gli scribi e i farisei: «Tutte le loro opere le fanno per essere ammirati dagli uomini:... amano i posti d'onore nei conviti, i primi seggi nelle sinagoghe, i saluti nelle piazze, come anche sentirsi chiamare "maestri" dalla gente» (*Mt* 23, 5-12): il Signore denuncia non solo il male che facciamo, ma anche il bene che facciamo non per amore di Dio ma per essere ammirati dagli uomini; condanna la ricerca del consenso sociale e della lode, stigmatizza questa sete di vanità e questa brama di rispettabilità. Egli conclude questo passaggio indicando invece a coloro che nella Chiesa saranno i maestri e i capi un atteggiamento totalmente diverso: «Il più grande tra voi sia vostro servo; chi invece si innalzerà sarà abbassato e chi si abbasserà sarà innalzato».

La vanagloria è una forma forse meno grave di superbia, tuttavia questa sete di onori e di applausi deve essere vista nella sua pericolosità. In fondo, è una forma di idolatria per cui l'io sta al posto di Dio e si agisce non per Dio ma per avere una lode; pertanto Dio è eliminato dalla vita, e siamo di fronte a un ateismo pratico, potremmo dire a un ateismo psicologico, in cui l'io non è più polarizzato da Dio. Gesù stesso ha frasi molto dure, è pungente e graffiante a riguardo della sete di onori. Rivolgendosi ai suoi avversari, dice: « Come potete credere, voi che prendete gloria gli uni dagli altri e non cercate la gloria che viene da Dio solo? » (*Gv* 5, 44). Quando noi, invece di cercare la gloria di Dio, cerchiamo la gloria che viene dagli altri, ci mettiamo nell'impossibilità di credere, e anche se diciamo di credere, la nostra fede è vuota: in realtà non ci interessa nulla di Dio.

Una forma più sottile di superbia, abbastanza diffusa ai nostri giorni, è la *sete di grandezze spirituali.* Consiste nella pretesa di avere un posto specialissimo nel piano di Dio.

È vero che Dio ha un grande piano su ogni essere umano, ma è una grandezza tutta divina, che a volte non ha nessuna rilevanza umana. Invece a noi piace essere strumenti prescelti da Dio per qualche compito particolare. È orgoglio spirituale. In realtà, chi ha veramente da Dio una missione speciale, si ritiene un nulla; al contrario, questa sete di essere quasi strumenti indispensabili di Dio è un'esaltazione di se stessi, spesso camuffata di umiltà, ed è pericolosa, se san Paolo ha ritenuto di dover mettere in guardia la comunità: « Non aspirate a cose troppo alte, piegatevi invece a quelle umili. Non fatevi un'idea troppo alta di voi stessi » (*Rm* 12, 16). Prima che siano gli altri a dircelo, chiediamoci sovente, davanti a Dio: « Io, chi credo di essere? ».

Un'altra tipica manifestazione della superbia è la *gelosia,* cioè quella malattia spirituale per cui non si sopportano la bontà e la santità degli altri, perché ci oscurano.

Come vedremo parlando dell'invidia, il superbo, che è geloso, diventa facilmente omicida. Si uccidono gli altri con la lingua, ricorrendo all'insinuazione, alla diffamazione, alla calunnia; si cerca di danneggiarli e di eliminarli, almeno moralmente. È l'atteggiamento di Caino che elimina Abele; è l'atteggiamento dei figli di Giacobbe che eliminano il loro fratello Giuseppe; è l'atteggiamento dei farisei che eliminano Gesù « per invidia », come dice il vangelo di Giovanni.

È un'imitazione particolarmente funesta del maligno, omicida perché invidioso della situazione dell'uomo nel paradiso terrestre: a causa della sua invidia, dice il libro della *Sapienza* (cfr. 2, 24), la morte è entrata nel mondo. Perciò san Paolo ci mette in guardia: « Non cerchiamo la vanagloria, provocandoci e invidiandoci gli uni gli altri » (*Gal* 5, 26).

Altra manifestazione della superbia è l'*arroganza,* cioè il trattare gli altri dall'alto in basso. Nella Bibbia, « gli occhi alteri » (*Prv* 6, 17) sono fra le sette cose che il Signore ha in abominio. È l'atteggiamento tipico di chi è riuscito finalmente ad addentare un pezzetto di potere e lo usa per gonfiare se stesso e per schiacciare il prossimo.

L'*arroganza di chi è ricco*, e fa ostentazione di ciò che possiede, senza avere pietà per i poveri è una forma particolarmente odiosa della superbia. A riguardo dei ricchi che fanno sfoggio del loro lusso per schiacciare gli altri, la famosa *Lettera di Giacomo* ha espressioni di grande severità: « E ora a voi, ricchi: piangete e gridate per le sciagure che vi sovrastano! Le vostre ricchezze sono imputridite, le vostre vesti sono state divorate dalle tarme, il vostro oro e argento divorati dalla ruggine » (5, 1-3). Del resto, Maria, l'umilissima, nel *Magnificat* dice: « Ha mandato i ricchi (cioè gli arroganti) a mani vuote ». Così Dio riduce gli arroganti, così getta nella polvere chi crede di essere perché possiede.

Un modo più sottile di manifestarsi della superbia è l'*ipocrisia*, tipica di chi ci tiene ad essere stimato virtuoso, e perfino santo, senza fare la fatica (fatica del cuore!) per diventarlo. Costui prende atteggiamenti esteriori di virtù o di santità, ma il suo cuore è corrotto. Cristo bolla questa superbia incarnata nell'ipocrisia con una durezza inaudita: « Guai a voi, scribi e farisei ipocriti, che pulite l'esterno del bicchiere e del piatto, mentre all'interno sono pieni di rapina e di intemperanza... Guai a voi, scribi e farisei ipocriti, che rassomigliate a sepolcri imbiancati: essi all'esterno sono belli a vedersi, ma dentro sono pieni di ossa di morti e di ogni putridume. Così anche voi apparite giusti all'esterno davanti agli uomini, ma dentro siete pieni di ipocrisia e di iniquità » (*Mt* 23, 25-28). Anche qui c'è un ateismo di fondo: non importa quel che si è davanti a Dio, ma come si appare davanti al prossimo.

Abbiamo visto le diverse espressioni della superbia nei confronti degli altri: sete di onore, vanagloria, sete di grandezza spirituale, gelosia, alterigia, iattanza dei ricchi, ipocrisia dei falsi santi.

La superbia nei confronti di Dio

Passiamo in rassegna ora alcuni aspetti della superbia nei confronti di Dio.

Innanzitutto la *presunzione*: uno si compiace davanti a Dio perché si crede buono, migliore degli altri. La parabola del fariseo e del pubblicano (cfr. *Lc* 18, 9-14) mette in luce questo atteggiamento, che blocca tutto il cammino spirituale: chi è presuntuoso non sente il bisogno di cambiare, non è aperto alla conversione.

Ma la Bibbia mette a fuoco quella che potremmo dire l'essenza della superbia, il suo apice, la sua manifestazione suprema:

l'*empietà* dell'uomo che rigetta la sua dipendenza da Dio e pretende di essere uguale a lui. È stato il peccato di Adamo e di Lucifero, il peccato più grande. Esso si ripete anche nel cuore degli uomini: è l'atteggiamento tipico di chi non tiene in nessun conto Dio, di chi pecca non per debolezza, ma sfrontatamente, facendosi beffe, come dice la Bibbia, dei comandamenti di Dio e dei servi di Dio, di chi si vanta di fare il male, di chi ha in orrore l'umiltà. Questa è la figura biblica dell'empio, che è diversa dalla figura del peccatore: il peccatore, secondo la Bibbia, è colui che cade per la sua fragilità; l'empio invece è colui che pecca con cuore incredulo e arrogante, con avversione a Dio.

L'empio per eccellenza, secondo san Paolo (*2 Tess* 2, 3), sarà l'Anticristo.[1] Questo uomo malvagio guiderà la ribellione finale dell'umanità (ad esclusione di un piccolo gregge che si manterrà fedele) contro Dio; il suo programma sarà quello di « mettersi contro tutto ciò che gli uomini adorano e chiamano Dio. Egli andrà fin dentro il tempio di Dio, si metterà in trono con la pretesa di essere Dio ». Questa è l'espressione perfetta della superbia, è il peccato dell'uomo che divinizza se stesso e si mette al posto di Dio: è il peccato nella sua intima essenza.

L'atteggiamento di Dio nei confronti della superbia

Qual è l'atteggiamento di Dio nei confronti della superbia?

Lo sintetizziamo in alcune frasi della Bibbia. Nel *Siracide* (10, 7) la superbia viene definita « odiosa al Signore e agli uomini ».

« Dio si fa beffe degli orgogliosi », dichiara il libro dei *Proverbi* (3, 34).

Ma soprattutto è Maria Santissima che ci descrive l'atteggiamento di Dio nei confronti dei superbi: « Ha spiegato la potenza del suo braccio, / ha disperso i superbi nei pensieri del loro cuore; / ha rovesciato i potenti dai troni, / ha innalzato gli umili » (*Lc* 1, 51-52).

Questo vale per l'orgoglio dei singoli come per l'orgoglio collettivo: quello dell'Egitto, di Babilonia, dell'Assiria e di tutti quegli imperi che prevaricano. Loro e i loro tiranni che si divinizzano, tutti — come la storia ci dimostra — hanno masticato la polvere. A volte Dio, per far masticare la polvere, si serve degli umili: si è servito di Davide per abbattere Golia, si è servito dell'umile ancella di Nazaret per schiacciare la testa al dragone infernale.

---

[1] Vedi il mio libro *Dies irae. I giorni dell'Anticristo*, pp. 176, Sugarco Edizioni, Milano 2003[5].

Questo è il grande insegnamento biblico che dobbiamo iscrivere nel nostro cuore: la prepotenza morde la polvere, dell'umile sono la forza e la vittoria, perché Dio è con lui. Alla fine dei tempi — scrive san Paolo — «sarà rivelato l'empio e il Signore Gesù lo distruggerà con il soffio della sua bocca» (*2 Ts* 2, 8). E anche la grande Babilonia sarà abbattuta, e il popolo degli umili glorificherà per sempre le grandi opere del Signore (cfr. *Ap* 14, 8-13).

L'insegnamento dei Padri della Chiesa sulla superbia

Dopo aver passato in rassegna i brani biblici che ci sembravano più utili per cogliere l'essenza della superbia, prendiamo ora in considerazione l'insegnamento dei Padri della Chiesa, cioè di quegli scrittori cristiani dei primissimi secoli — quasi tutti anche santi — che crearono l'ossatura della riflessione cristiana: essi, infatti, elaborarono in modo sistematico il patrimonio dogmatico e morale a partire dai testi biblici e dalla fede della Chiesa, e svilupparono anche l'ascetica e la mistica.

È molto interessante conoscere il loro insegnamento su questo tema morale. La riflessione sulla superbia si è sviluppata soprattutto negli autori che si rivolgevano all'ambiente monastico: infatti, la tentazione di questo vizio è sempre in agguato nel cammino di crescita spirituale dei monaci. Perciò la riflessione dei Padri della Chiesa lascia un po' in ombra le forme più vistose e mondane della superbia — ben rappresentate e biasimate dalla Bibbia — ed amplia l'insegnamento della Scrittura, prendendo in considerazione gli atteggiamenti di chi è già a un grado avanzato del cammino spirituale.

Daremo la precedenza ad alcuni autori della Chiesa d'Oriente, che sono i più antichi.

I Padri della Chiesa orientale

Tra i Padri della Chiesa d'Oriente, la prima grandissima personalità che prendiamo in considerazione è *Origene* (ca. 185-253), un autore che si dedicò con tale impegno e passione all'elaborazione dogmatica da cadere anche in alcuni errori.

Egli introduce nel pensiero cristiano un filone destinato ad avere grande rilevanza: per primo afferma che l'orgoglio è il peccato del diavolo, la causa della sua caduta. Pertanto, Origene definisce l'essenza di questo peccato nel mettere il proprio io al posto di Dio, ed inaugura la lunga tradizione teologica che interpreta il primo peccato, quello di Lucifero, come un peccato di superbia.

San Basilio (ca. 330-379) completa e approfondisce questo pensiero: il diavolo, il primo che ha peccato di orgoglio, è riuscito a far cadere l'uomo dandogli la speranza di una gloria menzognera, quella di diventare simile a Dio. Ora, il demonio non cessa di far peccare gli uomini con le medesime sollecitazioni: con il denaro, gli onori, i fasti dell'esistenza, le dignità mondane, perfino con la forza e la bellezza fisica. Per raggiungere lo scopo di indurli in superbia, egli si serve anche delle azioni buone che essi compiono. San Basilio scrive che il demonio ripete con ognuno di noi il tentativo riuscito che ha messo in atto con Adamo ed Eva.

San Giovanni Crisostomo (ca. 345-407) sviluppa un concetto che avrà grande seguito nella spiritualità monastica: il demonio attacca proprio chi compie opere buone, inducendo astutamente il giusto a compiacersi con se stesso di essere ritenuto santo dal prossimo e a cercare il plauso della gente. Egli scrive: « Gli altri vizi crescono in noi a causa della nostra negligenza; l'orgoglio si sviluppa anche quando noi agiamo bene. Nulla è così propizio alla crescita dell'orgoglio come la compiacenza di essere giusti, per cui occorre stare continuamente in guardia ». Perfino l'umiltà, quando non è veramente sincera, e invece di cercare l'approvazione di Dio cerca quella degli uomini, apre spiragli all'orgoglio. A volte pratichiamo l'umiltà per essere lodati e perché si abbia una buona opinione di noi. Ecco le parole di san Giovanni Crisostomo in proposito: « Hai compiuto un atto di umiltà: non esserne fiero, perché il frutto sarebbe bacato. Infatti, inorgoglirsi per le buone azioni compiute significa perderne il beneficio, come se si gettassero tutte le ricchezze dalla finestra ».

Con *Evagrio Pontico* (345-399) ci addentriamo nella specifica riflessione monastica, perché egli tratta il tema dell'orgoglio come pericolo legato soprattutto alla condizione degli eremiti e dei cenobiti. Per primo egli distingue teologicamente tra orgoglio e vanagloria. Questa spinge l'uomo virtuoso, che già sta percorrendo il cammino spirituale, a far conoscere le sue lotte e i suoi successi, per avere la considerazione e l'elogio degli uomini. L'orgoglio invece è più radicale: spinge il giusto, che ormai ha eliminato gli altri vizi, a considerarsi causa delle proprie buone azioni, senza ammettere e riconoscere l'aiuto di Dio nel compierle. Pertanto, Evagrio introduce nella riflessione sulla superbia un tema che sarà fecondissimo di sviluppi: l'orgoglio è l'ultima tentazione che resta da debellare; giunti alla vetta della santità, satana ci tenta con l'orgoglio, e il santo che, arrivato a vincere tutti i vizi, dice con compiacimento: « Ormai sono santo », ha ceduto all'ultima tentazione che satana ha messo in gioco, quella del compiacimento per la propria virtù.

Un discepolo di Evagrio Pontico, *Palladio* (ca. 363-430 ca.), presenta alcune notazioni acutissime sull'orgoglio: esso conduce spesso alla follia. L'orgoglio, esaltazione del proprio io e perdita della misura di se stessi, porta a forme di pazzia e di squilibrio. Viene in mente Nietzsche con la sua teoria del superuomo: passò gli ultimi anni della sua vita in manicomio. Palladio inoltre osserva che spesso coloro che sono giunti alle alte vette nel cammino di santità e se ne compiacciono, cadono in peccati carnali miserabili proprio perché Dio li vuole umiliare, riconducendoli a una considerazione realistica dei loro limiti.

Un interessantissimo scritto di autore ignoto, *La vita di santa Syncletica*, sviluppa l'intuizione di Evagrio Pontico, che l'orgoglio è il pericolo supremo, l'ultima arma che il demonio usa contro chi, ormai avanti nel cammino di santità, ha dominato tutte le altre passioni. Il demonio ti persuade che sei riuscito a far questo grazie alle tue penitenze. Ti fa dimenticare i tuoi peccati passati perché tu non abbia la misura della tua reale miseria, ti rende altero nei confronti dei tuoi fratelli più difettosi. Magari ti prospetta poteri soprannaturali, come quello di guaritore, o altri. Alletta la tua fantasia facendo dire a te stesso che meriteresti cariche o missioni ecclesiastiche importanti, commisurate alla tua santità. In questo modo il demonio riesce a vincere con l'orgoglio chi è giunto ad un alto grado nel dominio degli altri vizi capitali. Al contrario, osserva l'autore, « l'umiltà è una perfezione così alta che il diavolo potrebbe fingere di imitare tutte le virtù, ma questa non potrebbe, perché non la conosce assolutamente. Non sa neppure in che cosa consista ».

Doroteo di Gaza (VI sec.) introduce un'idea nuova, distinguendo due forme di orgoglio. La prima consiste nel disprezzare il proprio fratello, o nel non fare nessun caso a lui, come se fosse un nulla, credendosi superiore a lui; se non si è vigilanti, si perviene alla seconda e più grave forma di orgoglio, che consiste nell'erigersi contro Dio e nell'attribuire a se stessi e non a Dio il bene compiuto. Anche Doroteo insiste sulla vanagloria tipica di chi sta percorrendo il cammino di perfezione: gloriarsi delle veglie e dei digiuni, della propria pietà, dello zelo nell'osservare i comandamenti. Alcuni, osserva gustosamente Doroteo, arrivano ad umiliarsi per vanagloria, cioè per far dire agli altri: « Vedi com'è umile! ».

Un altro grande maestro spirituale, *Giovanni Climaco* (579-649 ca.), autore della *Scala della perfezione*, istituisce una correlazione fra la vanagloria, che è un vantarsi delle buone opere, e l'orgoglio, che consiste nell'attribuire le buone opere a se stessi. Si incomincia con la prima, per poi arrivare al secondo. Giovanni dice che bisogna fin da principio evitare l'ostentazione delle proprie buone opere, non bisogna avere compiacenza per le lodi e insofferenza per i rimproveri: diversamente, si finisce per negare l'aiuto di Dio e nell'esaltare i propri sforzi. Questo autore nota che «la maggioranza degli orgogliosi ignora se stessa; anzi, magari essi pensano di essere umili e solo all'ora della morte scoprono la miseria della loro vita». Un'altra osservazione interessante è che la bestemmia è l'espressione più funesta dell'orgoglio: mediante la bestemmia l'essere umano viene strettamente assimilato al demonio.

Massimo il Confessore (580-662) dice che il demone dell'orgoglio segue due tattiche: o suggerisce di attribuire a se stessi le buone opere, invece di ringraziare Dio, fonte di ogni bene e aiuto in ogni progresso spirituale, oppure ispira disprezzo per i nostri fratelli ancora imperfetti. Ora, argomenta finemente Massimo, disprezzare gli altri perché non sanno agire bene come noi significa attribuire implicitamente a noi stessi le nostre buone opere, come se le compissimo con le nostre forze. Quindi l'orgoglio è il pericolo di chi è progredito nel cammino di perfezione.

Massimo il Confessore aggiunge anche dei consigli pratici: dobbiamo combattere la vanagloria nascondendo le nostre buone azioni (sarà Dio, se vorrà, a farle conoscere a edificazione della sua Chiesa), e dobbiamo sconfiggere l'orgoglio attribuendo il bene che compiamo a Dio.

I Padri della Chiesa latina

Dopo questa rapida panoramica sui Padri della Chiesa orientale, passiamo in rassegna i Padri latini, che sono meno numerosi perché la Chiesa in Occidente si è sviluppata più tardi che in Oriente. Tra questi ne prendiamo in considerazione due.

Il primo è *Giovanni Cassiano* (ca. 360-435) il cui merito principale è di aver introdotto e innestato nella Chiesa occidentale la tradizione e la pratica monastica orientale.

È bene ricordare che il monachesimo non ebbe inizio in Occidente con *san Benedetto* (ca. 480-547 ca.). Esso era incominciato circa due secoli prima in Oriente (Siria, Palestina, Egitto), assumendo due forme: l'eremitismo (vita solitaria) e il cenobitismo (vita comunitaria); poi si diffuse in Occidente, dove san Benedetto compendiò e consegnò al Medioevo incipiente, in una sintesi efficacissima ed originale, una tradizione già consolidata.

Giovane, benestante, colto, Cassiano (originario, forse, della Dobrugia), abbandonate le prospettive di un brillante avvenire mondano, si ritirò a vivere per undici anni con l'amico Germano nel deserto della Tebaide, facendo esperienza della spiritualità monastica d'Oriente. Trasferitosi a Roma, venne ordinato sacerdote e nel 415 si recò a Marsiglia, dove fondò il monastero maschile di san Vittore, di cui fu abate, e un monastero femminile. Tra questi monaci e queste monache egli mise a frutto gli insegnamenti acquisiti negli anni che aveva trascorso in Oriente. A questi insegnamenti fanno riferimento le due opere che egli ci ha lasciato, le *Institutiones* e le *Collationes*, che riassumono per l'Occidente la grande tradizione monastica orientale.

Fra i grandi Padri monastici occidentali, Giovanni Cassiano raccoglie il meglio delle riflessioni precedenti riguardo al vizio della superbia, aggiungendovi molti contributi personali.

Egli distingue fra orgoglio carnale e orgoglio spirituale. Il primo è tipico di chi è all'inizio del cammino di perfezione ma si crede a torto già molto avanti, tanto da ritenersi superiore agli altri e da farsi loro maestro. Non è raro, anche nella nostra esperienza, imbattersi in questi neo-convertiti, che subito si mettono in cattedra e si sentono già maestri, prima di aver cominciato ad essere discepoli.

Il secondo, l'orgoglio spirituale, è di chi è andato molto avanti nel cammino della santità, e si crede qualcuno di fronte a Dio, compiacendosi dei propri sforzi e della propria applicazione. Cassiano aggiunge, come altri Padri orientali, che sovente Dio umilia con peccati della carne queste persone che si credono perfette in virtù delle proprie forze.

Egli osserva che, mentre gli altri vizi non rovinano che una sola virtù, quella che è loro opposta, l'orgoglio intacca tutte le virtù come una malattia contagiosa che rovina completamente la salute della vita spirituale.

Il più grande dei Padri latini, *sant'Agostino* (nato nel 354 a Tagaste — oggi Suk Akras, in Algeria — e morto nel 430 ad Ippona — oggi Bona, in Algeria), uscendo dagli schemi del combattimento spirituale come viene descritto all'interno dell'ambiente eremitico e cenobitico, propone una riflessione estremamente originale. Essendo un vescovo, si rivolge a dei cristiani normali, ed approda a un'analisi ricchissima di annotazioni psicologiche sul problema dell'orgoglio. Ogni creatura dotata di ragione — l'angelo e l'uomo — è portata per natura a compiacersi di se stessa, essendo la più perfetta di tutte. Ora, questa tendenza a percepire il valore del proprio io, in sé e per sé non è cattiva; tuttavia costituisce un pericolo finché la creatura ragionevole non è pervenuta alla visione beatifica e al perfetto possesso del bene supremo, perché in quel momento tutto il resto ci apparirà vile ed anche il nostro io ci apparirà in Dio in tutta la sua piccolezza. Ma, finché la creatura è come affascinata dal valore del suo io, rischia di porre in se stessa le sue compiacenze, fino a preferirsi a Dio: il che è l'origine dell'orgoglio. Quindi l'orgoglio è innanzitutto il compiacersi in se stessi in modo eccessivo, fuori di una misura giusta: *sibi nimis placére* (piacersi troppo). È dunque un amore sregolato di se stessi: *perversus sui amor*, un amore egoistico, chiuso su se stesso, che si origina quando la creatura si lascia andare a compiacersi di se stessa sino a mettere in se stessa la propria beatitudine invece che in Dio, cioè in colui che la creatura dovrebbe amare più di se stessa per pervenire alla vera felicità. Perciò, osserva acutamente sant'Agostino, l'orgoglio è un'imitazione viziosa di Dio, che ha in sé la propria beatitudine: noi pure vorremmo porre la nostra beatitudine nel nostro io ripiegato su se stesso e messo al posto di Dio.

Questo fa dell'orgoglio il *delictum magnum*, il peccato capitale per eccellenza. Non è soltanto un peccato, ma un vizio che ne trascina un'infinità di altri.

Ecco l'invidia, che accompagna la superbia come la figlia accompagna la madre; infatti, essendo la superbia amore disordinato per la propria eccellenza, colui che è orgoglioso è geloso dei propri eguali, appunto perché sono pari a lui; è geloso di chi è inferiore, perché teme che divenga uguale a lui; è geloso di chi è superiore, perché non riesce ad uguagliarlo.

Dall'orgoglio poi nasce l'avarizia: infatti gli uomini non amerebbero tanto il denaro se non pensassero che tanto eccellono quanto sono ricchi.

L'orgoglio produce l'amore degli onori e il desiderio delle lodi umane.

Questo desiderio, a sua volta, induce all'ipocrisia, che consiste nel voler essere lodati dagli altri nonostante la testimonianza contraria della coscienza.

L'orgoglio, ancora, fa germinare lo spirito di vendetta e quello di prepotenza...

Insomma, dice sant'Agostino, non si finirebbe più di enumerare i vizi che l'orgoglio genera: esso è *caput atque causa omnium delictorum* (principio e causa di tutti peccati e di tutti i vizi).

Con questa espressione lapidaria di sant'Agostino concludiamo la rassegna dei Padri della Chiesa che hanno saputo esplorare più di qualsiasi filosofo questa malattia radicale della natura umana decaduta, proprio perché muniti della luce della fede: solo la luce della fede, infatti, ci fa scoprire la potenza di tenebre che è nell'uomo.

La riflessione medievale

Passando ai grandi autori del Medioevo, in primo luogo incontriamo *san Gregorio Magno* (ca. 540-604), papa.

Autore di diverse opere di edificazione morale, Gregorio è uno dei padri del Medioevo, con san Benedetto e con Severino Boezio.

Seguendo sant'Agostino, egli afferma che l'orgoglio non è il primo dei vizi capitali, ma è la radice di tutti e sette: « *Ipsa namque vitiorum radix superbia* (La superbia è l'origine di tutti i vizi) ». In quanto radice, la superbia sta in profondità e in modo occulto genera gli altri vizi, così come la radice di una pianta produce all'esterno i germogli, pur restando nascosta sotto terra. Dunque, per san Gregorio come per sant'Agostino — e sarebbe una tradizione da riscoprire —, la superbia non è un vizio a sé ma è la *radix* di tutti e sette, mentre il primo dei vizi è la vanagloria, cioè l'agire in vista degli onori da parte degli altri.

Tuttavia in Gregorio la parola superbia come radice di tutti i vizi è sinonimo di amor proprio, e nella speculazione successiva, da santa Caterina da Siena a santa Caterina da Genova, l'amor proprio, che consiste nel mettere al centro dei propri interessi e delle proprie scelte l'io egoistico, diventerà la radice di tutti i vizi capitali.

Abbiamo quindi due tradizioni: la prima, che fa capo ad Agostino e a Gregorio, considera la superbia radice di tutti e sette i vizi, di cui il primo è la vanagloria. Secondo l'altra tradizione è l'amor proprio la radice di tutti i vizi, di cui la superbia è il più importante. Non c'è in realtà una differenza significativa fra le due posizioni, perché amor proprio e orgoglio fanno riferimento alla esaltazione del proprio io.

Secondo san Gregorio, essendo la superbia la radice di tutti i vizi, essa non rovina soltanto una virtù, quella dell'umiltà, ma contamina anche le altre (e del resto tutti quanti lo percepiamo: una persona superba ci è immediatamente antipatica, perché tutto il suo modo di comportarsi risulta inquinato). San

Gregorio molto acutamente enumera quattro specie di orgoglio: considerare come provenienti da se medesimi i beni, i doni, le qualità che si hanno; pensare che si è meritato quanto si è avuto gratuitamente; attribuirsi qualità, doni, perfezioni che non si possiedono; oppure attribuirsi tutto ciò come se solo noi lo avessimo.

Un altro luminare del pensiero medievale, *sant'Isidoro di Siviglia* (ca. 560-636), teologo e scienziato, distingue tre specie di orgoglio: la prima forma consiste nel disprezzo dei comandamenti di Dio; la seconda, nel compiacersi e nell'esaltarsi per il fatto di osservarli; la terza, nel rifiuto di sottomettersi agli ordini dei superiori, preferendo il proprio giudizio a quello della Chiesa.

Isidoro dice a questo proposito che il vizio capitale della superbia si può trovare anche in persone che hanno fatto un cammino spirituale, che praticano la virtù e compiono opere di giustizia: ma molte volte passa inavvertito dalla coscienza, per cui spesso un orgoglioso pensa e afferma di essere umile. Certo, osserva Isidoro con una considerazione che avrà grande seguito e sarà ripresa dalla riflessione morale successiva, la lussuria è un peccato più vergognoso della superbia; ma Dio ha voluto che fosse meno grave di essa, e sovente permette che l'orgoglioso cada in peccati di lussuria perché divenga umile sotto i flutti della confusione e dell'umiliazione.

Anche per Isidoro l'orgoglio è la rovina di tutte le virtù e resta l'ultimo nemico da combattere.

Ora, entrando nel vivo della speculazione medievale, incontriamo *san Bernardo* (1090-1153), che elabora ingegnosamente dodici gradini dell'orgoglio, a ciascuno dei quali fa inversamente corrispondere un gradino dell'umiltà.

Questa scala inizia con la curiosità: essa, staccando l'uomo dalla retta conoscenza di sé e di Dio, è la radice delle altre forme di orgoglio, che sono: la leggerezza di spirito, l'allegria dei fatui, l'altezzosità, il voler essere singolari, la millanteria, la presunzione, il rifiuto di ammettere i propri difetti, il voler nascondere le proprie mancanze, fino ai comportamenti più gravi che sono la rivolta contro Dio e l'autorità ecclesiastica, il peccare liberamente, decidendo noi che cosa è bene e che cosa è male, e, il gradino più pericoloso, l'abitudine di peccare che conduce all'impenitenza finale di coloro che dicono di non aver bisogno di conversione.

L'analisi di san Tommaso d'Aquino

Il più grande pensatore del Medioevo è *san Tommaso d'Aquino* (ca. 1225-1274), che porta avanti la speculazione teologica, filosofica ed anche psicologica di sant'Agostino. Sulla scia di questo maestro, san Tommaso cerca di cogliere l'orgoglio nella sua genesi. L'uomo desidera la pienezza e la realizzazione, cioè la perfezione, del proprio essere; ciò è un bene, ma il desiderio naturale in sé buono può sconfinare: e l'orgoglio è appunto un desiderio smodato della propria eccellenza, un'esaltazione del proprio valore al di là della retta ragione. È, quindi, un peccato per eccesso.

Esso si oppone alla magnanimità, con cui non deve essere confuso: infatti questa, che è una virtù, spinge l'anima, nonostante la percezione della propria debolezza, a intraprendere cose grandi in conformità a ciò che sente essere sua vocazione, confidando nella forza di Dio.

Ma la virtù a cui più radicalmente si oppone la superbia è l'umiltà, che ha la funzione di imbrigliare i desideri smodati di autoaffermazione, di sottomettere l'uomo a Dio e di rendere ognuno conforme al progetto che la volontà divina ha su di lui.

Antiteticamente, lo specifico dell'orgoglio è l'insubordinazione a Dio, cioè la pretesa di oltrepassare la condizione di cui lui ha fissato la misura e tracciato i limiti: perciò si disprezza la sua legge, anzi, si disprezza lui stesso e ci si separa da lui.

In questo, appunto, l'orgoglio si distingue da tutti gli altri peccati: questi separano da Dio per debolezza, per ignoranza, per il desiderio di un bene creato al posto di Dio, ma in essi il disprezzo della legge di Dio non è diretto; in questi peccati la disobbedienza è accettata perché è inevitabile per ottenere determinati piaceri che la legge di Dio proibisce. Mentre in tutti gli altri peccati staccarsi da Dio è solo una conseguenza, per l'orgoglio è qualcosa di essenziale: il disprezzo di Dio è l'atto proprio dell'orgoglio.

Altri vizi procedono dall'orgoglio: la *vanagloria*, cioè il desiderio disordinato della stima altrui; l'*ambizione*, desiderio disordinato di potere, onori, prestigio; la *presunzione*, desiderio di fare cose che sono al di là delle proprie forze; la *iattanza*, cioè il vanto di possedere ciò che invece non si possiede. Si tratta di vizi che non coincidono con l'orgoglio, la cui essenza propria è, come abbiamo già visto, non il desiderio di gloria o di considerazione attribuita dagli altri, ma la pretesa di attribuire alla nostra persona una eminenza ed una elevazione che essa non possiede. Perciò l'orgoglio è mancanza di retta intelligenza, causata da una volontà disordinata: ciò che si desidera ardentemente, lo si crede facilmente. Così, desideriamo essere grandi e crediamo di esserlo, perché il desiderio disordinato della volontà offusca la capacità di giudizio. E, in verità, l'orgoglio è cieco.

Peccato dello spirito, l'orgoglio è meno vergognoso ma più grave che i peccati della carne. Quindi Dio, come un saggio medico, a volte, per guarire l'orgoglioso, permette che cada in altri peccati, per esempio in quelli carnali, che sono meno gravi per l'anima ma comportano una vergogna più manifesta agli occhi degli uomini: in questo modo, l'orgoglioso si rende conto di quanto è miserabile, lui che riteneva di essere così in alto.

Secondo *santa Caterina da Siena* (1347-1380), alla radice di tutti i vizi capitali c'è l'amor proprio, che fa di se stessi e non di Dio il centro di gravitazione della propria vita. Di lì nascono tre vizi fondamentali: l'impurità, l'avarizia e l'orgoglio, che è, secondo Caterina, il primo e l'ultimo dei vizi, perché tutti i vizi sono conditi di orgoglio, come tutte le virtù sono condite di carità. E, come il midollo della carità è la pazienza, il midollo dell'orgoglio è l'impazienza, che porta alla mormorazione, alla disubbidienza e alla ribellione a Dio. L'orgoglio impaziente oscura l'occhio dell'anima, e all'orgoglioso è preclusa la conoscenza della verità. È una macchia che impedisce di vedere e di credere: gli orgogliosi sono ciechi e non conoscono né se stessi né la verità.

La superbia nella riflessione dei secoli successivi

Ora, facendo una veloce rassegna attraverso i secoli, cercheremo di cogliere gli insegnamenti e i contributi più originali su questi argomenti.

Fra i grandi mistici che hanno trattato il tema, incontriamo il fiammingo *Jan Ruysbroeck* (1293-1381), il mistico delle nozze spirituali fra l'anima e Dio. Nel cammino verso le nozze mistiche, egli distingue fra l'amore naturale, che ha tendenze egoistiche, e l'amore soprannaturale, la carità, che è amore nello Spirito Santo. Quando l'amore egoistico la vince sulla carità, si originano quattro peccati fondamentali: l'orgoglio spirituale, l'avarizia spirituale, la golosità spirituale, la lussuria spirituale. « È così che Adamo cadde nel Paradiso, e con lui il genere umano intero, perché appunto Adamo amò se stesso di un amore naturale, in una maniera disordinata, e da quel momento si staccò da Dio, di cui disprezzò per orgoglio i comandamenti ».

L'originalità di questo autore sta nell'analisi dell'orgoglio spirituale, che è la caratteristica dei falsi mistici: « Costoro — scrive

Ruysbroeck — sono abbarbicati alla loro propria volontà, e si attaccano con un tale ardore e una tale passione a ciò che desiderano e quasi pretendono con insistenza da Dio, che frequentemente vanno fuori strada e alcuni cadono perfino in possesso del demonio».

È un'osservazione quanto mai attuale: anche oggi alcuni pseudo-mistici conducono dei gruppi di preghiera e deragliano per orgoglio spirituale: pretendono di imporre a Dio la propria volontà, esigono la concessione di particolari doni, cadendo nella presunzione e nella golosità spirituale.

Henrich de Herp (morto nel 1477), discepolo di Ruysbroeck, sviluppa il tema dei pericoli derivanti dall'orgoglio spirituale. Esso nasce in alcuni per l'abuso che essi fanno dei doni di Dio, che non rendono immuni dal peccato: si può anche farne cattivo uso, e non manca l'esperienza concreta di persone che hanno cominciato con Dio ed hanno finito con il demonio. «Avendo alcuni mistici ricevuto qualche grazia sensibile, qualche dolcezza spirituale o qualche visione, essi cadono nell'orgoglio della compiacenza di se stessi e nella vanagloria, pensando di essere qualcosa, benché in verità siano solo dei nulla». Atteggiamenti del genere sono tutt'altro che rari anche oggi: si può parlare di vera e propria epidemia di avarizia spirituale (voler avere per se stessi doni spirituali particolari), di gola spirituale (desiderio di doni e carismi straordinari), di lussuria spirituale (ritenersi dei prediletti, progrediti nella santità). Fra coloro che hanno iniziato un cammino di conversione, satana agisce con questo tipo di inganni, ai quali occorre reagire con una cura di rinuncia allo straordinario, di nascondimento, di schietta umiltà, evitando di rendere noti gli eventuali doni straordinari di Dio, a meno che Dio stesso imponga di riferirli a coloro che ci guidano, per il bene della Chiesa.

Mistico spagnolo carmelitano, *san Giovanni della Croce* (1542-1591) in *La notte oscura*, il suo capolavoro, dispone il cammino di purificazione dei principianti nella vita spirituale secondo lo schema della lotta contro i sette vizi capitali. Egli unifica orgoglio e vanità (come ancora oggi si tende a considerare, mentre sarebbe bene recuperare la distinzione di san Gregorio Magno), ed osserva che i principianti del cammino spirituale trovano nel loro stesso fervore una segreta occasione di compiacenza in se stessi e una spinta alla vanità, perché ricercano in diverse maniere la stima degli altri, specialmente quella del loro confessore e direttore spirituale.

San Francesco di Sales (1567-1622), con il sapiente equilibrio che lo caratterizza, è del parere che l'orgoglio sia la prima e più forte tentazione di chi si accinge al cammino spirituale. Ma fa notare che non è male in sé considerare le grandi cose che l'Onnipotente opera in noi — in fondo lo ha fatto anche la Vergine Maria: « Grandi cose ha fatto in me l'Onnipotente » — purché il fine sia quello di glorificare Dio, senza cedere alla vanità e alla compiacenza di sé: impresa ardua, certamente; tuttavia, afferma il santo, « conoscere l'eccellenza e la dignità della propria anima, rimanendo nei limiti di una santa e amorosa riconoscenza verso Dio, è il miglior mezzo di non avvilirla e non disprezzarla ».

Grande maestro spirituale, dettagliato ed efficace, è *Louis de Lallemant* (1578-1635), che sul tema dell'orgoglio conduce un'analisi vigorosa nel pensiero e nello stile. Tra i nostri vizi, l'orgoglio è il più nascosto, il più radicato, quello che ha le più frequenti occasioni di manifestarsi: « In un giorno — egli osserva con una punta di pia esagerazione — noi facciamo più di cento atti di orgoglio ». Tuttavia, altro è l'orgoglio di chi, vivendo nel mondo, mira a fare fortuna nella carriera e a conseguire beni materiali, altro è l'orgoglio dei religiosi, che si attaccano, come gli angeli ribelli, alla loro eccellenza personale e ai beni interiori (nel senso della golosità spirituale). Come la lussuria inquina il cuore, l'orgoglio acceca particolarmente l'anima: si può fare tutto, anche le azioni più sante, per il fine disordinato della propria reputazione. Perciò Dio, che pesa ogni cuore e vede quanto siamo orgogliosi, a volte ritira le sue grazie, soprattutto quelle che per noi sarebbero occasione di diventare più superbi.

Un grande maestro di spirito cristiano, il laico *Blaise Pascal* (1623-1662), vissuto nel *grand siècle* francese, nell'ottica del disegno apologetico a cui sono ispirati i *Pensieri*, che costituiscono la sua grande opera, dedica molte considerazioni al tema dell'orgoglio. Egli scrive che l'uomo è continuamente esposto a un doppio pericolo: da una parte la disperazione, dall'altra l'orgoglio. La conoscenza che l'uomo ha della sua miseria, quando non si accompagna alla conoscenza della misericordia di Dio, lo sospinge verso la disperazione; al contrario, la conoscenza di Dio e della propria anima, senza la percezione dei propri difetti, lo sospinge verso l'orgoglio. Per evitare sia la disistima di sé, sia la presunzione, occorre che l'uomo abbia sempre presenti le ragioni della sua grandezza e quelle della sua miseria.

Vale la pena di integrare la riflessione cristiana sul tema dell'orgoglio con alcuni contributi significativi di pensatori non credenti o di matrice non cattolica.

Innanzitutto, un contemporaneo di Pascal, un altro moralista francese, un po' miscredente e un po' libertino, *François de la Rochefoucauld* (1613-1689). Nelle *Massime,* con il tono acuto e piccante con cui svolge le sue considerazioni, a proposito dell'orgoglio afferma che « sembra esserci dato per evitare il dolore di conoscere le nostre imperfezioni, le quali ci deprimerebbero troppo. L'orgoglio infatti sembra avere lo scopo di coprire i nostri difetti agli altri e anche a noi stessi. Come un camaleonte, si trasforma in mille modi e può perfino indossare i panni dell'umiltà; in tal caso riesce ad ingannare gli altri nel migliore dei modi su ciò che noi siamo in verità ». Pur essendo un laico miscredente, La Rochefoucauld qui traduce l'espressione di Gesù: « Sepolcri imbiancati ».

« L'accecamento — aggiunge ancora La Rochefoucauld — è il più funesto effetto dell'orgoglio: esso accresce sempre più questo accecamento, togliendoci nello stesso tempo la conoscenza dei rimedi che potrebbero guarirci dei nostri difetti ».

Un contributo alla conoscenza delle passioni umane, notevole, anche se non in tutto condivisibile, ci viene da un filosofo ebraico, *Baruch Spinoza* (1632-1677), che nell'*Etica* definisce l'orgoglio una specie di delirio, perché l'uomo orgoglioso sogna ad occhi aperti. L'orgoglio nasce dall'amor proprio e si può definire « amore o compiacimento di sé in modo tale che l'uomo si attribuisca un valore maggiore di quanto sia giusto ». È quindi una sovrastima di sé, spesso accompagnata dalla sottostima per gli altri. Spinoza osserva finissimamente che l'orgoglio è la gioia che nasce dalla falsa opinione per cui ci si crede superiori agli altri. Dall'orgoglio nascono i mali più grandi, come l'invidia e l'odio, mentre esso uccide alla radice l'amore e la misericordia. La vera umiltà, distingue sottilmente Spinoza, non dev'essere confusa con la sottostima di se stessi: questa non è virtù, ma tristezza che nasce dalla falsa opinione per cui un uomo si sente inferiore agli altri (mentre l'umiltà è la visione del proprio nulla di fronte a Dio, la sottostima di se stessi è un paragone con gli altri misto ad invidia).

E, infine, non possiamo non accennare a un pensatore che ha veramente dominato la speculazione moderna, *Friedrich Nietzsche* (1844-1900). La sua teoria del superuomo è forse l'espressione più impressionante ed esasperata dell'orgoglio considerato non come un vizio capitale, ma come una virtù, cui corrisponde il disprezzo per l'umiltà, vista come una forma di debolezza e di sottosviluppo spirituale. Come abbiamo già detto, Nietzsche, morto in manicomio, tragicamente realizza in se stesso l'osservazione di un maestro della Chiesa antica, Palladio (*vedi* p. 54), secondo il quale l'esasperata esaltazione del proprio io conduce a perdere la retta percezione di se stessi e quindi alla pazzia.

L'UMILTÀ

Il rimedio alla superbia: l'umiltà

Questa vasta panoramica, che, prendendo le mosse dalla parola di Dio, ha abbracciato per sommi capi la storia del pensiero cristiano, ci aiuta a conoscere il vizio della superbia, così sottile e duro a morire. Ma non è sufficiente averne messo in luce la natura, occorre anche suggerire il rimedio, che è l'umiltà.

Anche per cogliere la radice e l'essenza della virtù dell'umiltà, e per conseguirla, ci faremo guidare dalla parola di Dio e dall'insegnamento della grande tradizione spirituale cristiana, tenendo presenti Cristo, Verbo di Dio, mite e umile di cuore, e sua Madre Maria, la Vergine umilissima: loro ci insegnano come si può essere grandi proprio perché si è sommamente umili.

Se la superbia è presentata come radice di tutti i vizi capitali, per contro l'umiltà è presentata come il terreno su cui nasce, secondo una bella immagine di santa Caterina da Siena, il tronco della carità, da cui germogliano tutte le altre virtù. La tradizione vede nel binomio alternativo fra il vecchio Adamo e il nuovo Adamo l'opposizione fra la superbia dell'antico Adamo e l'umiltà del nuovo Adamo, il Cristo.

È la virtù fondamentale della Madre del Verbo incarnato. Virtù difficile da conseguire perché la superbia si nasconde sottilmente sotto le spoglie della falsa umiltà.

L'umiltà nell'Antico Testamento

L'insegnamento dell'Antico Testamento è ricchissimo e profondo. La sua visione dell'uomo presenta affermazioni antitetiche: da una parte esso sottolinea l'eccellenza dell'uomo, che è creato ad immagine e somiglianza di Dio ed è suo interlocutore; dall'altra sottolinea, ancor più spesso, che è una creatura fragile e inconsistente. Poiché l'uomo tende ad esaltarsi come gli angeli ribelli e a competere con Dio, ecco che Dio nasconde la grandezza dell'uomo nella fragilità del fango della terra; è quanto osserva san Paolo: « Noi abbiamo questo tesoro in vasi di creta » (*2 Cor* 4, 7).

Queste componenti antitetiche di grandezza e piccolezza sono ben presenti nel momento della creazione dell'essere umano secondo il racconto della *Genesi*, che accosta la *ruah*, cioè il soffio di Dio, e il fango della terra. La Bibbia richiama la grandezza e dignità dell'uomo perché non si deprima, e mette in evidenza la sua piccolezza perché non si esalti.

Appunto perché tratto dalla polvere del suolo, l'uomo, « nato di donna, breve di giorni e sazio di inquietudine, come un fiore spunta e avvizzisce, fugge come l'ombra e mai si ferma » (*Gb* 14, 1-2); è come l'erba del prato che al mattino germoglia e a sera dissecca (cfr. *Is* 40, 6-8). È totalmente dipendente da Dio sia per quanto riguarda l'anima sia per quanto riguarda il corpo. Perciò non può pretendere una autonomia assoluta, specialmente nell'ordine morale. Anzi, è stato proprio il rifiuto di questa condizione di dipendenza che ha introdotto il peccato e, con il peccato, la malattia e la morte.

La pretesa di varcare i limiti segnati da Dio non riguarda solo l'uomo singolo, ma le potenze politiche, economiche, culturali: tutte le volte che esse prevaricano, Dio abbatte il loro orgoglio e le riduce a mordere la polvere (cfr., ad esempio, l'oracolo contro il re di Tiro, *Ez* 28, 1-19).

Tuttavia, normalmente, il cammino biblico verso l'umiltà passa per l'esperienza della povertà materiale. Colui che è povero materialmente (*ani*) è nella condizione di scoprire la propria piccolezza e dipendenza da Dio, e la mancanza di mezzi e di potere molte volte lo porta a diventare *anaw*, povero di spirito. Non è detto che coloro che appartengono alla categoria sociale dei poveri diventino per ciò stesso degli umili, dei poveri di spirito: occorre un cammino spirituale, per cui coloro che vivono in condizioni di miseria attuale o permanente, di emarginazione sociale, di oppressione, ma anche di malattia o comunque di grave privazione, finiscono (anche se non sempre) per acquisire ed esprimere un'attitudine interiore religiosa, fatta di accettazione, di non resistenza all'oppressione, di dolcezza verso gli altri, di sottomissione confidente alla volontà di Dio. In questo modo, da poveri e oppressi in senso materiale o sociale, divengono i poveri in senso spirituale, cioè gli umili.

Secondo una concezione che ha dominato a lungo in Israele, la ricchezza materiale e la potenza sono una ricompensa per la fedeltà alla legge di Dio (cfr. ad es. *Sal* 112, 1-2). Ne deriva quasi spontaneamente il sospetto che il povero sia tale perché peccatore. Tuttavia, questa mentalità viene spesso smentita dai fatti: ci sono dei poveri che osservano la legge di Dio, ci sono dei ricchi e dei potenti che sono disonesti e infedeli. Anzi, l'esperienza dimostra che la ricchezza è un bene ambiguo, che induce facilmente a voler fare a meno di Dio: « Non darmi né povertà né ricchezza, ma fammi avere il cibo necessario, perché, una volta sazio, io non ti rinneghi e dica: Chi è il Signore? » (*Prv* 30, 8-9).

Affiora, specialmente nei profeti, la tematica dei ricchi cattivi, i quali, per accrescere i loro beni e il loro potere, spogliano ed opprimono i deboli e i piccoli. Individuando il male alla radice, Isaia mette in evidenza il legame esistenziale fra orgoglio, incredulità, ricchezza e potenza: proprio perché si credono forti e potenti, i ricchi orgogliosi non si curano di Dio e delle sue leggi; al contrario, la povertà, proprio perché è priva di mezzi terreni, ha una capacità di accoglienza e di apertura: il povero non può contare che su Dio, e Dio gli risponderà.

In questo modo l'Antico Testamento giunge alla spiritualizzazione della povertà materiale. Essa diventa un atteggiamento religioso che va di pari passo con la giustizia, ossia con l'osservanza della legge di Dio: «Cercate il Signore, voi tutti poveri della terra, voi che eseguite i suoi ordini; cercate la giustizia, cercate l'umiltà» (*Sof* 2, 3). È un'intuizione dell'umiltà di sapore evangelico.

Proprio questa umiltà — che, dalla mancanza di sicurezze umane, confida in Dio e anela a compiere la sua volontà — è la virtù caratteristica degli *anawim* (lett. poveri) che costituiscono il «resto messianico», cioè quella parte di Israele che resterà fedele a Dio e che per questo accoglierà il Messia; anzi, il Messia stesso, come diversi testi profetici annunciano, apparterrà a questa minoranza e il suo compito sarà di rendere giustizia ai piccoli e ai poveri: in questa luce comprendiamo il contesto umano di povertà e umiltà in cui i vangeli ci presentano Gesù e Maria.

L'atteggiamento religioso dell'umiltà, come sentimento dell'impotenza dell'uomo e della sua totale dipendenza da Dio, si esprime con insuperabile ricchezza nella preghiera dei *Salmi*, dove i poveri, che sono tali in senso materiale e spirituale allo stesso tempo, sono coloro che temono Dio, lo cercano, si rifugiano in lui; sono i suoi servitori, i suoi giusti, i suoi santi. Essi possiederanno la terra e otterranno la salvezza. Jahve, dice il *Salmo* 18 (28), salva «il popolo degli umili ma abbassa gli occhi dei superbi»: come non pensare alle parole del *Magnificat*?

Nei *Libri sapienziali* la povertà, interiorizzata e spogliata di ogni connotazione sociale, diventa sinonimo di umiltà, in opposizione con l'orgoglio e in stretto rapporto con il timore di Dio e con la sapienza: «Frutto dell'umiltà è il timore di Dio» (*Prv* 22, 4); «Il timore di Dio è una scuola di sapienza, prima della gloria c'è l'umiltà» (*Prv* 15, 33). Troviamo già qui la correlazione tra sapienza (come conoscenza di Dio) e cuore umile che sarà poi richiamata da Gesù: «Ti benedico, o Padre, Signore del cielo e della terra, perché hai tenuto nascoste queste cose ai sapienti e agli intelligenti e le hai rivelate ai piccoli» (*Mt* 11, 25).

L'umiltà nel Nuovo Testamento

Il Nuovo Testamento riprende il concetto di umiltà come forma interiore della povertà.

Fin dall'inizio della sua predicazione, Gesù mette questo atteggiamento alla base del suo annuncio, applicando a sé la profezia di *Isaia* (61, 1-2) per definire la sua missione: «Lo spirito del Signore è sopra di me; ... e mi ha mandato per annunziare ai poveri un lieto messaggio» (*Lc* 4, 18). Questi poveri (*ptochòi*) sono certamente i poveri dal punto di vista materiale, come risulta anche dai segni messianici che egli ordina di riferire a Giovanni Battista: i ciechi che vedono, gli zoppi che camminano, i lebbrosi risanati (cfr. *Mt* 11, 2-6); ma è chiaro che egli non ha l'intenzione di limitare il suo messaggio alla sola categoria sociale degli emarginati. Sulla scia dei profeti e dei *Salmi*, pensa a tutti i poveri di cuore, a quei piccoli (*nèpioi*), a quegli umili e semplici per i quali benedice il Padre: perché a loro, invece che ai sapienti e agli intelligenti, il Padre ha rivelato il vangelo.

L'opposto di questi poveri sono non tanto i ricchi, quanto gli orgogliosi.

Una profonda affinità di spirito su questo tema fra Gesù e sua Madre affiora dalle parole del *Magnificat*. Quando Maria ringrazia Dio per aver guardato alla *tapèinosis* della sua serva, che valore ha questa parola? Indica l'oscurità della sua condizione sociale o la *piccolezza di fronte a Dio* della sua condizione umana? Significa bassezza o umiltà?

Se si considera questo canto di lode una grande riflessione sull'agire di Dio a partire dai testi dell'Antico Testamento, si comprende che Maria si riferisce alla povertà di spirito, all'atteggiamento biblico di chi si ritiene un nulla davanti a Dio, e tuttavia confida in lui. Dio ha guardato a questo atteggiamento di fondamentale umiltà, quello degli *anawim* di cui parla l'Antico Testamento, mentre rimanda a mani vuote i ricchi, cioè coloro che nella loro superbia si sentono autosufficienti e, non riconoscendosi bisognosi di salvezza, ne restano esclusi. Questo è il criterio con cui Dio sceglie gli strumenti della sua misericordia nel corso della storia.

Sono questi poveri che Gesù proclama beati nella prima delle beatitudini (cfr. *Lc* 6, 20). Completando ed esplicitando il senso del termine, Matteo li chiama poveri in spirito (*ptochòi to pnèumati*, cfr. *Mt* 5, 3): sono gli *anawim*.

Intendere questa beatitudine come un invito a staccare il cuore dalle ricchezze è senz'altro legittimo e corretto, ma insufficiente: ciò che caratterizza i poveri in spirito è, soprattutto, la consapevolezza della propria indigenza spirituale e della necessità dell'aiuto di Dio. C'è affinità fra questi poveri dei quali è il Regno dei cieli, e i bambini, che saranno i più grandi nel Regno dei cieli. Varie affermazioni di Gesù sottolineano come l'umiltà — nel senso di piccolezza, semplicità, povertà interiore, fiducia in Dio — è in definitiva l'atteggiamento spirituale fondamentale del seguace di Cristo.

L'umiltà di Cristo

Questo è vero perché Gesù non si limita a proclamare beati gli umili, ma si offre loro come modello: « Imparate da me, che sono mite ed umile di cuore (*tapeinòs te kardìa*) » (*Mt* 11, 29).

La sua umiltà innanzitutto si manifesta nei confronti del Padre, poi si manifesta come umiltà fraterna davanti agli uomini, piena di comprensione, di modestia, di dolcezza. È proprio l'umiltà fraterna, che si traduce concretamente in spirito di servizio, la pietra di paragone dell'umiltà verso Dio: « Colui che vorrà diventare grande fra voi, si farà vostro servo, e colui che vorrà essere il primo fra voi, si farà vostro schiavo; appunto come il Figlio dell'uomo, che non è venuto per essere servito, ma per servire e dare la sua vita in riscatto per molti » (*Mt* 20, 26-28).

All'umiltà che si dona, fa riscontro anche l'umiltà che sa accettare: Gesù si identifica con i più piccoli e afferma che tutto ciò che viene fatto ad ognuno di loro è come se fosse fatto a lui stesso. Solamente guardando Gesù possiamo intuire che cosa sia l'umiltà: non quella di una creatura, ma quella di Dio. Dio è umile, ed è esempio di umiltà per l'uomo. Questo è l'insegnamento tipico del Nuovo Testamento e, pur nella continuità con l'Antico, rappresenta la sua radicale novità.

San Paolo (cfr. *Fil* 2, 3-11) parla dell'umiltà di Dio in termini di *kénosis*, abbassamento (lett. *svuotamento*, *annullamento*; lat. *exinanivit se*): il rimedio al primo peccato — che fu il tentativo dell'uomo di innalzarsi per essere alla pari di Dio — è l'abbassamento di Dio che si fa carne ed accetta la morte infamante in croce. Facendosi uomo, il Verbo rinuncia ai segni della sua gloria di Figlio ed accetta la vita nascosta, la persecuzione, l'umiliazione della croce. È proprio per questa umiltà sconfinata, tutta e solo divina, che il Padre lo ha innalzato al di sopra di tutte le cose e gli ha dato il nome più grande.

Dopo Gesù, misura perfetta dell'umiltà e della gloria, Maria e poi tutti i seguaci di Cristo: tanto saranno innalzati, quanto saranno stati umili, piccoli, confidenti.

L'umiltà nella riflessione morale del mondo greco e romano

Gettando uno sguardo al mondo pagano antico, osserviamo che il termine «umiltà» (dal latino *humus*, terra, suolo) ha una connotazione per lo più negativa, poiché indica difetto di mezzi o di qualità positive, oscurità di origini, bassezza di condizione sociale.

Tuttavia l'ideale morale classico presenta delle intuizioni che hanno qualche affinità con la virtù dell'umiltà quale emerge dall'insegnamento della Parola di Dio nell'Antico e nel Nuovo Testamento.

L'antropologia classica è imperniata sul valore della ragione, guida e criterio di tutto l'agire dell'uomo. Pertanto, il vertice della vita morale è la virtù della misura — *metriòtes* — che significa dominio di sé e consapevolezza dei propri limiti di uomo: il famoso «conosci te stesso» dell'oracolo di Delfi è in primo luogo un invito a conoscere la propria finitezza davanti alla divinità e a non presumere di oltrepassarla. La pretesa dell'uomo di sfidare gli dèi, mettendosi alla pari con loro, è una *ybris* (arroganza, superbia, tracotanza) intollerabile, destinata ad essere travolta dalla collera divina, lo *fthònos theòn* (lett. «l'invidia degli dèi»).

Tuttavia, proprio in nome della dignità della sua ragione, l'uomo è invitato a non pensare dimessamente di sé, ma, partendo da una esatta conoscenza del proprio valore, a concepire e realizzare grandi ideali, coltivando la virtù della *megalopsychìa* (magnanimità, grandezza d'animo) ed evitando i due eccessi della vanità e della pusillanimità.

Ci sono quindi in questa concezione morale alcuni elementi che richiamano la virtù dell'umiltà, e vedremo che la tradizione cristiana li saprà integrare e valorizzare nella sua riflessione; certo, al mondo spirituale greco-romano è del tutto sconosciuta l'umiltà di Dio, che si manifesta nell'incarnazione e nella croce, e che è un aspetto fondamentale e specifico dell'annuncio cristiano.

L'umiltà nei Padri della Chiesa

I grandi Padri della Chiesa sviluppano una dottrina organica e completa sull'umiltà, consapevoli come sono della sua centralità nel messaggio evangelico e della sua originalità rispetto alle altre religioni. Il loro insegnamento non la considera in modo teorico ed astratto, ma è unanime nel fare di Cristo il modello concreto di questa virtù.

Il primo è *sant'Agostino* (354-430) che rivendica al cristianesimo la virtù dell'umiltà, giudicandola del tutto estranea alla cultura pagana: i libri dei filosofi platonici, stoici od epicurei contengono eccellenti insegnamenti morali, ma invano vi cercheremmo l'evangelico spirito d'infanzia. Noi conosciamo questa virtù conoscendo Cristo, mite ed umile di cuore: egli ci è maestro di umiltà con le sue parole e la sua dottrina, ma soprattutto con i suoi atti e il suo esempio: è « *doctor humilitatis sermone et opere* ». Che Dio si sia fatto uomo, dice sant'Agostino, è in se stesso un fatto di incredibile umiltà; ma egli è andato oltre, ed è morto in croce per noi: « Come si può ancora essere orgogliosi, quando Dio è così umile? ». L'umiltà di Dio rivela all'uomo il suo orgoglio e mostra quanto uno spirito d'infanzia spirituale sia indispensabile per credere.

In che cosa consiste questa virtù secondo i maestri di spiritualità dei primi secoli?

Ricorriamo ancora a sant'Agostino, che ben rappresenta ed esprime il ricchissimo patrimonio della riflessione patristica. L'umiltà non è disprezzo sistematico di noi stessi, ma riconoscimento della verità del nostro essere. È un'attitudine generale nei confronti di Dio, del prossimo, di se stessi; è una disposizione fondamentale del cuore, che condiziona ogni virtù e preserva dalla malattia spirituale dell'orgoglio, facendo sì che l'uomo si veda e si riconosca nella sua realtà: non solo limitato, ma anche infermo e peccatore, in modo tale da lasciarsi guarire da Dio. Più si è umili, conclude Agostino, più si è aperti alla grazia.

Non si può fare a meno dell'umiltà per conseguire la salvezza: « Caduto per orgoglio — afferma sempre sant'Agostino — l'uomo non può ritornare a Dio se non per mezzo dell'umiltà ». Essa è necessaria al peccatore, affinché si riconosca bisognoso della divina misericordia, ma lo è anche per il giusto, affinché non si inorgoglisca e non attribuisca a sé il merito delle buone opere che ha compiuto solo per l'aiuto di Dio. Chi si insuperbisce per i doni ricevuti da Dio, li perde immediatamente.

Nell'insegnamento patristico, questa virtù non ha nulla di meschino e di angusto. L'umiltà è inseparabile dalla grandezza d'animo: una grandezza non umana, ma tutta divina, poiché è Dio che innalza l'umile e ne fa strumento delle sue grandi opere. Il cuore dell'umile è nobile, magnanimo, capace di grandi pensieri e sentimenti suscitati in lui dallo Spirito stesso di Dio.

Al contrario, il cuore del superbo è incapace di vera grandezza perché non si eleva alle cose divine ma sprofonda nel proprio io carnale. « L'umiltà genera magnanimità, la superbia genera pusillanimità », conclude sant'Agostino.

L'umiltà nei Padri del monachesimo

In corrispondenza all'insegnamento dei Padri della Chiesa, rivolto alla comunità dei fedeli che vivono nel mondo, si sviluppa nei primi sei secoli dell'era cristiana, prima in Oriente, poi in Occidente, l'esperienza della vita monastica, accompagnata da un insegnamento spirituale specifico, in cui l'umiltà ha un'importanza insostituibile.

Tutti i Padri del deserto insistono sulla necessità di questa disposizione d'animo per la crescita interiore di ogni cristiano e in particolare del monaco: « Non è l'ascesi — afferma la *Vita di santa Syncletica* —, né la penitenza, né la veglia, né alcuna altra opera che ci salva, ma soltanto la sincera umiltà »: è lei il fondamento di tutto l'edificio spirituale.

I mezzi consigliati dai maestri di spiritualità monastica per conseguire questa virtù sono vari: svolgere con amore il lavoro manuale (che nell'antichità era proprio della condizione servile, perciò disprezzato), ricordarsi di essere stato peccatore, sentirsi inferiore a tutti e ultimo di tutti, pregare continuamente.

L'insistenza sui lavori corporali come via all'umiltà non deve stupire: la spiritualità monastica orientale conosce bene l'influenza che il corpo esercita sull'anima in forza della loro unione. Tuttavia *san Giovanni Climaco* (579-649 ca.), scostandosi dal parere degli altri maestri spirituali, osserva: « Noi Padri diciamo che i lavori manuali sono come un cammino per arrivare all'umiltà; io stimo invece che questo cammino consista soprattutto nell'obbedienza e nella rettitudine di cuore ».

Anche per la spiritualità monastica orientale, l'essenza di questa virtù sta nel riconoscimento della povertà intrinseca dell'uomo e dell'origine divina di ogni bene. *Evagrio Pontico* (345-399) invita a rispondere all'orgogliosa compiacenza con le parole di san Paolo: « È per grazia di Dio che sono quello che sono ».

È molto interessante il tentativo che troviamo in qualcuno dei

Padri del deserto di distinguere e descrivere gradi diversi di umiltà.

Per *Diadoco di Foticea* (V sec.) c'è l'umiltà dei principianti, che nasce dalle prove della vita (malattie, persecuzioni, tentazioni), e che comporta spesso amarezza e scoraggiamento; e c'è l'umiltà donata da Dio a coloro che si avvicinano alla perfezione: a differenza della prima, questa è fonte di gioia e di sapienza.

Per *Doroteo di Gaza* (VI sec.)c'è l'umiltà imperfetta che consiste nell'abbassarsi davanti agli uomini e nel ritenere il proprio fratello superiore a sé, e c'è l'umiltà perfetta che consiste nell'attribuire a Dio tutte le buone opere che noi compiamo. D'altra parte, più ci avviciniamo a Dio, più ci vediamo peccatori.

I maestri di spirito dell'Occidente

Gli insegnamenti dei Padri orientali sono ripresi con originalità dalla spiritualità monastica occidentale.

Giovanni Cassiano (ca. 360-435) sviluppa il concetto che la vita spirituale consiste nel ritorno allo stato originale del paradiso, da cui l'uomo è decaduto proprio a causa dell'orgoglio: l'umiltà pertanto è il mezzo indispensabile per ritornare a Dio. Più che una virtù, egli scrive, l'umiltà «è la madre e la signora di ogni virtù, il dono magnifico del Salvatore». Essa richiede la spoliazione e la nudità di tutte le cose, sul fondamento dell'amore di Cristo, e l'accettazione semplice e franca del giogo dell'obbedienza. I segni della sua presenza sono molteplici e, benché l'insegnamento di Cassiano sia rivolto ai monaci, vale la pena di ricordarli per la loro utilità: rinuncia ad ogni volontà propria, apertura del cuore e docilità al direttore spirituale, obbedienza senza mormorazione, pazienza verso il prossimo (evitando ogni sia pur minima offesa ed accettando invece in letizia le offese che ne possono venire), osservanza della regola, dedizione nascosta ai propri doveri, convinzione di essere l'ultimo di tutti, capacità di tacere.

San Benedetto (ca. 480-547 ca.), che compendia tutto l'insegnamento della tradizione monastica orientale ed occidentale, nel capitolo settimo della *Regola* delinea una scala dell'umiltà di dodici gradini che, a partire dal timore di Dio, attraverso una rinuncia eroica e una perfetta disponibilità alla volontà di Dio, conduce alla fioritura della perfetta carità, vertice del cammino spirituale. Essi sono:

— temere Dio e ricordarsi dei suoi comandamenti;

— non compiacersi nel fare la propria volontà;
— sottomettersi per obbedienza ai superiori;
— abbracciare per obbedienza anche le cose più dure e penose;
— confessare le proprie colpe, anche le più nascoste;
— credersi e professarsi indegni ed inutili in tutto;
— stimarsi l'ultimo di tutti;
— non dispensarsi dall'osservanza comune;
— conservare il silenzio finché non si è interrogati;
— non ridere a sproposito;
— parlare poco, di cose serie e con calma;
— tenere gli occhi bassi e fare atti di umiltà sia interni sia esterni.

Non si tratta di gradini disposti necessariamente l'uno dopo l'altro, ma piuttosto di atteggiamenti da coltivare e da far crescere insieme, fino alla fioritura della perfetta carità.

San Benedetto compendia in questo capitolo della *Regola* la tradizione monastica dell'Oriente e dell'Occidente; ma è un insegnamento che va al di là del cammino di perfezione monastico, perché l'umiltà si configura come il terreno sul quale poi crescono tutte le altre virtù.

L'umiltà nei maestri di spirito medievali

Fra i maestri del Medioevo, spicca *san Bernardo* (1090-1153) con il trattato *I sette gradi dell'umiltà e dell'orgoglio.* Egli definisce l'umiltà la virtù per la quale l'uomo, conoscendosi con assoluta totale verità, diviene vile ai propri occhi: « *Humilitas est virtus qua homo verissima sui cognitione sibi ipsi viliscit* ».

Viene qui istituito il parallelo, fondamentale nell'annuncio cristiano, fra umiltà e verità. La conoscenza vera di se stesso genera nell'uomo la consapevolezza del proprio nulla e del proprio peccato. Allo stesso tempo, lo sguardo puro dell'umiltà gli fa vedere anche la miseria dell'uomo in quanto tale, e genera l'amore misericordioso verso il prossimo.

Ma anche la contemplazione mistica, per san Bernardo, procede da questa virtù: purificato nel suo cuore per la conoscenza attiva di sé, l'uomo si dispone alla conoscenza di Dio per mezzo della contemplazione, che è promessa ai puri di cuore (« Beati i puri di cuore perché vedranno Dio », *Mt* 5, 8).

Se la prima via dell'umiltà è la conoscenza, san Bernardo ne indica una seconda, ancora più efficace ed accessibile a tutti: quella dell'amore. Non tutti arriviamo a conoscere con verità e con sguardo limpido le nostre miserie, ma tutti possiamo considerare l'umiltà di Dio, che per amore si è umiliato: allora il nostro cuore si accende di un amore ardente, libero, volontario, che ci fa desiderare per noi stessi quell'umiltà di cui Gesù ci ha dato l'esempio. In ginocchio davanti alla Croce, impariamo a divenire umili per amore.

Il discorso di san Bernardo si articola in considerazioni di grande finezza e profondità: egli osserva, ad esempio, che le umiliazioni che ci vengono dall'esterno non conducono necessariamente all'umiltà, anzi, possono diventare fomite di rancore e di vendetta: è solo l'umile che riesce a trasformare le umiliazioni in umiltà. Questa virtù, liberando il cuore dalla debolezza e dalla paura, lo rende magnanimo, perché lo apre alla fiducia in Dio che rende capaci di grandi cose: come ci insegna l'Umilissima che, riconoscendo il proprio nulla davanti a Dio, accolse da lui senza esitazione la chiamata a diventare la madre del Verbo.

Sempre nel Medioevo, la figura di *san Francesco* (1182-1226) ci ha dato un'immagine viva di Cristo povero ed umile. Egli considera sorelle le due virtù dell'umiltà e della povertà, e le pone a fondamento di una nuova forma di vita religiosa, quella degli ordini mendicanti: « Donna santa Povertà, che il Signore ti conservi assieme a tua sorella, la santa Umiltà ». Come pellegrini e stranieri in questo mondo, i frati minori devono servire il Signore applicandosi a seguire la sua umiltà e la sua povertà.

Una grande trattazione sistematica di questo tema ci è offerta da *san Tommaso d'Aquino* (ca. 1125-1274), che arricchisce l'insegnamento tradizionale con gli apporti della filosofia classica, specialmente di Aristotele.

Innanzitutto egli inserisce l'umiltà nella virtù cardinale della temperanza, e riprende il concetto greco e latino di moderazione, di misura, nel senso di consapevolezza dei propri limiti e di capacità di dominare il proprio io.

Inoltre, egli valorizza l'ideale classico della magnanimità, che è parte della virtù cardinale della fortezza e spinge l'uomo a compiere grandi imprese in conformità alla retta ragione: san Tommaso spiega che la magnanimità e l'umiltà sono complementari, e in questo modo evita una concezione angusta e falsa dell'umiltà.

Ma, superando questa visione fondata sul concetto di virtù dell'etica classica, san Tommaso lega l'umiltà alla virtù della religione, inserendola in quel legame di dipendenza che la creatura riconosce nei confronti del Creatore. Pertanto l'umiltà non è soltanto moderazione del proprio io, ma è più ancora sottomissione a Dio.

Questo atteggiamento, vero carattere distintivo dell'umiltà, dev'essere completato dal rispetto del prossimo. Occorre avere una giusta percezione del proprio valore e del valore degli altri, senza abbassarsi servilmente davanti a loro e senza pretendere di mettersi al di sopra di loro: nella consapevolezza che tutto viene da Dio.

I secoli successivi

La riflessione sull'umiltà presenta nei primi secoli del secondo millennio una grande varietà di spunti. Può sembrare, a volte, che le definizioni e le suddivisioni con cui certi autori spirituali cercano di inquadrare la multiforme ricchezza di questa virtù siano delle sottigliezze astratte, ma in realtà rivelano la capacità di leggere nelle pieghe più riposte dell'animo umano ed hanno il merito di smascherare tante forme di orgoglio che si annidano in gesti ed atteggiamenti della vita quotidiana.

L'anonimo autore dell'*Imitazione di Cristo* — un vero capolavoro della spiritualità di tutti i tempi — fa dell'umiltà la virtù-chiave della vita cristiana.

Egli mette in guardia nei confronti di una scienza teologica puramente astratta: « Che ti serve discutere profondamente della Trinità, se manchi di umiltà e perciò dispiaci alla Trinità? ».

L'umiltà evita all'uomo di seguire una morale puramente naturalista, che lo induce a compiacersi in se stesso. Essa è la chiave di comprensione di tutto ciò che Dio dona all'uomo: la sua parola, la sua grazia e la sua provvidenza: « Bisogna ascoltare le parole di Dio in silenzio e riceverle in tutta umiltà e con grande amore »; « Colui che si attribuisce dei meriti impedisce alla grazia di Dio di venire in lui, perché la grazia dello Spirito Santo cerca sempre un cuore umile ». In questa prospettiva, in mezzo alle tribolazioni e nell'assenza di consolazioni, l'uomo attende — non per i propri meriti, ma per grazia — la pace, segno certo della presenza di Dio in un cuore pieno di umiltà: « La consolazione spirituale è un dono di Dio che non è dovuto ai nostri meriti... Preparati alla pazienza, piuttosto che alla consolazione, e a portare la croce, piuttosto che a gustare la gioia... Il povero e l'umile di spirito vivono nell'abbondanza della pace... Una volta ben piantata nell'anima per mezzo dell'umiltà e della pazienza, la pace resiste a tutti gli assalti, perché l'umile si appoggia a Dio ».

Molti autori medievali si soffermano sull'enumerazione di diversi gradi di umiltà. Ciascuna di queste classificazioni nasce da una sapienza concreta ed aiuta a scoprire qualche piega nascosta del nostro animo. Tra le altre, possiamo prendere in considerazione questa terna:

— il primo livello di umiltà sta nel riconoscere ciò che si è, cioè vili, deboli, viziosi, peccatori, pieni di difetti;
— il secondo consiste nell'accettare di essere disprezzati e, ancora di più, nel desiderare per amore della verità che gli altri abbiano di noi la medesima opinione che ci siamo fatti di noi stessi con una giusta conoscenza;
— se poi siamo dotati di grandi virtù, doni, onori, non inorgoglirsi ma riconoscere che tutto ci è stato dato gratuitamente da Dio, al quale dovremo tutto restituire.

Nel tardo Medioevo fioriscono, specialmente lungo il corso del Reno, diversi autori mistici, che vedono nell'umiltà la condizione indispensabile per la contemplazione.

L'umiltà — spiega, ad esempio, *Giovanni Taulero* (ca. 1300-1361) — conduce l'uomo ad inabissarsi nella profondità e nella grandezza della sua anima, creata ad immagine e somiglianza di Dio, e tuttavia nel medesimo tempo gli impedisce di identificare la sua anima con Dio.

Cogliamo in questa riflessione la sostanziale differenza tra la mistica cristiana e quella indù o buddista, che pongono al loro vertice la presuntuosa identificazione dell'anima umana con la divinità.

Per *Jan Ruysbroeck* (1293-1381) è prosternazione interiore davanti all'infinita dignità di Dio; essa è il fondamento vivente di ogni santità. Come da una sorgente, da lei zampillano l'obbedienza, la dolcezza, la pazienza e l'abbandono della propria volontà, che diviene una sola cosa con la volontà e la libertà di Dio. Perciò la libertà più alta è unita all'umiltà più profonda: all'umile non è più possibile né piacevole volere altre cose che non siano quelle che Dio vuole.

Tutti questi spunti, con varie sfumature e sottolineature, sono sviluppati da molti altri mistici.

Per l'anonimo inglese autore della *Nube della non conoscenza*, l'umiltà ha una causa imperfetta, benché necessaria, nella consapevolezza della fragilità e della peccaminosità della condizione umana; ed ha una causa ben più perfetta nell'amore sovrabbondante di Dio e nella sua incommensurabile maestà. Nella luce dell'immensa gloria divina i sapienti appaiono degli stolti e persino i santi e gli angeli ne sono accecati: se la sapienza di Dio non proporzionasse il loro occhio spirituale all'oggetto della contemplazione, ne risulterebbero annientati.

Anche tre grandi mistiche, santa Caterina da Siena, sant'Angela da Foligno, santa Caterina da Genova, sottolineano la necessità di questa virtù — o addirittura di questo dono, di questa specifica grazia mistica — per approdare alla conoscenza di Dio.

Proseguendo questo *excursus*, incontriamo tre grandi maestri spirituali del secolo d'oro spagnolo: sant'Ignazio di Loyola, santa Teresa d'Avila, san Giovanni della Croce.

Sant'Ignazio (1491-1556) descrive tre forme (o modi) di umiltà: una sottomissione alla volontà di Dio spinta fino al punto di non accettare di commettere nessun peccato, né mortale né veniale; l'indifferenza per tutto ciò che non è Dio o che non conduce a Dio; la scelta deliberata di imitare il Cristo povero e umile per meglio essere simili a lui.

Si tratta dunque di un atteggiamento fondamentale che implica obbedienza, oblio di sé, scelta di Dio in ogni cosa, desiderio di conformarsi a Cristo povero ed umile.

Santa Teresa d'Avila (1515-1582), la grande riformatrice del Carmelo, pone l'umiltà, cioè la comprensione di ciò che noi siamo in realtà davanti a Dio, alla base del suo « castello mistico », che è la nostra anima nella cui intimità incontriamo Dio con la preghiera: finché non abbiamo un'umiltà vera, nostro Signore, proprio per il nostro bene, non ci eleverà molto in alto, per non esporci a crolli disastrosi.

Ma l'umiltà è anche il vertice di questo « castello »: infatti, allo sbocco di tutto il cammino di preghiera vi è un'umiltà che Dio infonde direttamente nell'anima, e che supera infinitamente quella acquisita mediante i nostri sforzi aiutati dalla grazia.

Vi è anche una falsa umiltà, che angoscia, che mantiene nell'aridità, nell'oscurità, nella ripugnanza per la preghiera, che genera inquietudine ed agitazione: in realtà è odio e risentimento verso se stessi, unito a sfiducia nella misericordia divina. L'umiltà vera non inquieta e non agita, ed è invece accompagnata da gioia e da pace.

L'altro riformatore del Carmelo, *san Giovanni della Croce* (1542-1591), esprime concetti profondi e suggestivi sull'umiltà. Essa è frutto della grazia infusa di contemplazione, e più precisamente è il frutto della notte passiva dei sensi e della notte dello spirito: la prima è la purificazione dei nostri sensi, la seconda è la purificazione della nostra anima — intelligenza, memoria, volontà — da tutti gli attaccamenti mondani. In questo distacco radicale e doloroso, noi conosciamo la verità della nostra miseria e ci sperimentiamo vuoti, miserabili, bisognosi di tutto: così ci purifichiamo dell'orgoglio spirituale e diventiamo umili.

In Francia, nel Seicento, *san Francesco di Sales* (1567-1622), dopo che la cosiddetta spiritualità dell'annientamento, fondata su una concezione decisamente pessimistica dell'essere umano, era caduta in alcune esagerazioni, ristabilisce una visione molto equilibrata dell'umiltà: essa non ci impedisce di stimarci per i beni che sono in noi, avendo ben presente che non sono opera nostra, ma di Dio, per cui possiamo dire, con san Paolo: « Tutto posso in colui che mi dà forza ».

Il tema dell'umiltà è sviluppato anche da alcuni maestri spirituali del XIX secolo, che sottolineano come il nucleo di questa virtù sia la conoscenza di se stessi in rapporto con Dio: il che comporta sia la consapevolezza del proprio nulla, sia la consapevolezza del proprio peccato, e genera altresì il desiderio di morire a se stessi e di essere trasformati ad immagine di Dio. Ne consegue che la perfetta umiltà è anche la perfetta carità.

Charles Gay (morto nel 1897), nella sua grandiosa sintesi della vita cristiana, scrive: « L'umiltà è una virtù che sotto l'impero della luce nella quale Dio rivela alle sue creature ciò che egli è e ciò che esse sono, le porta ad abbassarsi », collocandole al loro giusto livello, e quindi nella verità. In questa luce divina, l'uomo contempla Dio in una triplice pienezza — di essere, di perfezione, di diritti —, alla quale corrisponde una triplice forma di umiltà: di fronte alla pienezza dei diritti di Dio, l'anima sperimenta una umiltà di sottomissione; di fronte alla pienezza delle perfezioni di Dio, sperimenta una umiltà di adorazione; di fronte alla pienezza dell'essere divino, sperimenta una umiltà di lode e di glorificazione. La sintesi di queste tre forme di umiltà è l'umiltà perfetta. Essa sussisterà anche in cielo e sarà proporzionata ai gradi della visione beatifica di ogni anima. Tuttavia, conclude Gay, solo l'umanità di Cristo, nell'unione ipostatica con la sua divinità, realizza compiutamente tale perfezione dell'umiltà.

Per *François Libermann* (1802-1852) il punto chiave dell'umiltà è la conoscenza soprannaturale di ciò che noi siamo. Il primo grado di questa conoscenza è sapere che siamo dei nulla, poiché tutto ci è donato da Dio; il secondo grado è la consapevolezza che siamo dei peccatori. Essere umili è riconoscere con semplicità davanti a Dio queste due condizioni.

Un autore inglese, *mons. Ullathome*, vescovo di Birmingham (morto nel 1889), mette in luce aspetti nuovi ed interessanti: l'umiltà è l'atto interiore spirituale e sacrificale col quale offriamo a Dio, con venerazione e gratitudine, l'essere e la vita che abbiamo ricevuto da lui, accompagnati dalla preghiera di morire a noi stessi e di non vivere che per lui, interiormente trasformati a sua immagine. Anche se l'umiltà iniziale prepara la via alla carità, la perfetta umiltà è il frutto della perfetta carità. Come la castità è la purezza del corpo, così l'umiltà è la purezza dell'anima, prima condizione della santità. L'umiltà è l'elemento sacrificale di ogni amore sincero.

Un grande insegnamento sull'umiltà, infine, ci viene da santa Teresa di Lisieux e da Charles de Foucauld, due maestri spirituali del XX secolo, che non hanno scritto specificamente su questa virtù, ma l'hanno vissuta concretamente, collocandola alla base del loro cammino di santità.

Santa Teresa di Lisieux (1873-1898) definisce il proprio itinerario spirituale «la piccola via alla santità»: è la via dell'abbandono filiale, della confidenza, dello spirito di infanzia, in cui non è difficile identificare la presenza dell'umiltà.

Charles de Foucauld (1858-1916) sceglie volontariamente e persegue fino all'eroismo la povertà e il nascondimento, ad imitazione della vita nascosta di Gesù a Nazaret.

Concludiamo questo panorama storico con una posizione di segno opposto, quella di *Friedrich Nietzsche* (1844-1900), cui abbiamo già accennato a proposito della superbia: coerentemente con il suo ideale di superuomo, questo filosofo considera l'umiltà una debolezza propria degli schiavi, i quali, non potendo affermare la propria forza, elevano a virtù ciò che in effetti è viltà. Neppure l'antichità pagana aveva esaltato con tale orgoglio luciferino lo spirito di potenza e di auto-affermazione dell'uomo.

Bene risponde *Max Scheler* (1874-1928) a questa posizione di Nietzsche: la volontà di potenza è chiusura egoistica e desiderio di prevaricare sugli altri, mentre l'umiltà è apertura, dialogo, comunione, quindi arricchimento; è, in definitiva, imitazione di Dio che si avvicina all'uomo per farsi suo servitore.

Considerazioni conclusive sull'umiltà

Abbiamo dunque visto che, prendendo le mosse dall'insegnamento biblico, la tradizione spirituale della Chiesa sviluppa il tema dell'umiltà con grande ricchezza di spunti e di prospettive originali. Potremmo sintetizzare così le linee fondamentali di questa ampia e profonda riflessione.

Alla luce della dottrina tradizionale, l'umiltà è il riconoscimento teorico e pratico del nostro stato di creature: presa di posizione fondamentale, attitudine primordiale, che situa l'uomo in rapporto con Dio. Questo riconoscimento del nostro essere creature implica aspetti diversi:

a) Il primo aspetto è la coscienza non soltanto dei propri limiti, ma della propria insignificante piccolezza ed imperfezione, che gli autori esprimono spesso con una parola apparentemente esagerata ma molto espressiva: la parola « nulla ». Grazie all'umiltà noi vediamo il tutto di Dio e il nulla della creatura. E in realtà fra Dio e l'uomo vi è una distanza infinita: se l'uomo la vede, si sente davvero un nulla.
b) Dalla consapevolezza del proprio nulla nasce il sentimento della totale dipendenza da Dio. Infatti Dio creatore in nessun momento cessa di sostenere l'uomo sia nell'ambito naturale dell'essere e dell'agire, sia nell'ambito soprannaturale. Dio infatti ci trae dal nulla ogni momento e, se lui non ci sostenesse, non esisteremmo né agiremmo. Quindi in ogni istante la nostra vita naturale ha fondamento in lui. Ma anche e soprattutto sul piano della grazia tutto ci è donato da Dio, senza il quale non possiamo fare nulla di soprannaturalmente valido. La luce, la santità, la grazia vengono da Dio, e nostro è solo il peccato. Perciò, davanti a lui siamo davvero mendicanti. Si comprende allora l'espressione classica, frutto di una grande esperienza soprannaturale: « Io non sono nulla, io non ho nulla, io non possiedo nulla », naturalmente « da solo », perché poi vale quanto dice san Paolo: « Tutto posso in colui che mi dà forza » (*Fil* 4, 13).
c) Tuttavia, l'umiltà non rende l'uomo cieco davanti alle qualità, facoltà e forze che sono in lui. Egli le sa riconoscere, apprezzare ed usare; ma l'umile le considera come doni di Dio: sono i talenti che egli deve far fruttificare, pur nella consapevolezza di essere alla fine un servitore inutile. Cosciente del suo nulla relativo, della sua condizione di peccato e del suo stato di radicale dipendenza, l'uomo si è allora stabilmente radicato nella verità. L'umiltà infatti è sguardo vero su se stessi.
d) Infine, un ultimo fondamentale aspetto dell'umiltà è la volontà di sottomissione, di obbedienza a Dio, che esclude quindi la possibilità deliberata di ogni peccato mortale o veniale, fino all'indifferenza per tutto ciò che non è Dio o non è in rapporto con lui. Se Dio è il valore assoluto, è necessaria la libera e totale subordinazione dell'uomo a lui. Ed è in questa subordinazione, liberamente accettata, che molti autori fanno consistere l'umiltà. In ogni caso, l'umiltà deve condurre a questa sottomissione a Dio: è la traduzione pratica della consapevolezza che Dio è tutto e che la creatura di suo non è nulla.

È dunque emerso con chiarezza che per conseguire l'umiltà occorre conoscere se stessi. Non si tratta di una conoscenza psicologica, di una introspezione: si tratta innanzitutto di una luce di fede che viene da Dio e della chiarezza della rivelazione cristiana che svela l'uomo a se stesso. Tuttavia, non è ancora sufficiente vedersi in Dio: occorre imitare il Verbo di Dio che si è fatto uomo con l'incarnazione e imitare l'umiltà così come si manifesta nella passione di Cristo.

È un desiderio di imitazione del Cristo umiliato che nasce dall'amore e che sbocca poi nel servizio disinteressato del prossimo secondo l'esempio di Cristo. E quando gli autori spirituali fanno dell'umiltà la volontà di sottomettersi non solo a Dio e ai superiori, ma anche agli uguali e agli inferiori, essi alludono espressamente a questo esempio.

Gli effetti dell'umiltà sono mirabili. Essa distrugge la compiacenza menzognera in noi stessi, l'autosufficienza, l'egocentrismo, l'orgoglio dello spirito. Grazie all'umiltà l'anima è centrata su Dio e quindi è nella disposizione di far crescere tutte le virtù che nascono appunto dalla grazia divina.

Occorre dire ancora che i Padri della Chiesa e gli autori spirituali più antichi non separano mai l'umiltà dalla grandezza. È l'umiltà che fa la grandezza dell'uomo.

La lucidità soprannaturale con cui l'uomo riconosce la propria debolezza e si sottomette a Dio è già un tratto di grandezza. Ma la vera grandezza è quella che Dio dà all'umile: e cioè la partecipazione alla vita divina che eleva l'uomo alla grandezza di Dio stesso.

La convinzione, poi, che tutto è possibile in colui che dà la forza, spinge l'umile alle imprese più grandi: nulla è più contrario all'umiltà della meschinità d'animo.

L'Umilissima è diventata la creatura più grande.

L'OBBEDIENZA

Il peccato, come dice san Tommaso, consiste nell'allontanarsi da Dio e nel rivolgersi alle creature: «*Aversio a Deo et conversio ad creaturas*». E la prima creatura cui l'uomo si rivolge è se stesso. La superbia più di tutti gli altri vizi realizza questo movimento del peccato. L'umiltà recupera il genuino rapporto dell'uomo con Dio, e mette l'uomo nella condizione di riamare Dio con quell'amore con cui Dio lo ama.

Ora, la rassegna dei rimedi che ci guariscono dal vizio della superbia prevede un'altra virtù: l'obbedienza. Essa è collegata all'umiltà come antidoto alla superbia: come nel primo peccato — e in ogni peccato — si intrecciano superbia e disobbedienza, così al rimedio dell'umiltà è strettamente congiunto il rimedio dell'obbedienza.

Come appare già chiaramente nei primi tre capitoli del libro della *Genesi*, la disobbedienza consiste nel non fidarsi di Dio e nel preferire la nostra volontà alla sua, sotto la spinta della superbia. Perciò, come la superbia si concretizza nella disobbedienza, così l'umiltà si concretizza nell'obbedienza.

Tuttavia, è soprattutto nel Nuovo Testamento che noi vediamo la stretta relazione fra queste due virtù: in Maria, l'umilissima che si proclama ancella del Signore, e soprattutto in Gesù, umile ed obbediente.

Nell'inno cristologico della *Lettera ai Filippesi* (2, 8), san Paolo coglie nel Verbo incarnato l'intima relazione fra queste due virtù, che sono due sfaccettature dell'adesione personale a Dio, quando scrive che Cristo « abbassò se stesso » — ecco l'umiltà — « facendosi obbediente fino alla morte, e alla morte di croce » — ecco l'obbedienza. Sono le due virtù con cui il Figlio di Dio ci ha redenti, come la superbia e la disobbedienza ci avevano perduti nel peccato di Adamo: « Per la disobbidienza di uno solo tutti sono stati costituiti peccatori, così anche per l'obbidienza di uno solo tutti saranno costituiti giusti » (*Rm* 5, 19).

Per indagare valore, contenuto e significato dell'obbedienza soprannaturale che ci ha salvato — quella di Cristo —, per poi entrare in questa obbedienza e farla nostra, seguiamo il Nuovo Testamento, e soprattutto san Paolo.

L'obbedienza nel Nuovo Testamento

Intanto, osserviamo che il Nuovo Testamento, per definire l'obbedienza di Cristo al Padre, non usa il termine *ypotaghé*, che indica la sottomissione obbligatoria — anche forzata — di chi cede davanti a uno più forte di lui; ma ricorre ad *ypakoé*, che significa l'atteggiamento di chi ascolta la parola, ma come mettendosi sotto di essa. È un termine che corrisponde anche al valore etimologico del latino *oboedientia* (da *ob-audire*), da cui l'italiano « obbedienza », cioè l'atto di prestare ascolto o udienza.

Quando nel Nuovo Testamento si parla dell'obbedienza di Gesù, e poi di quella dei suoi discepoli, si indica la disponibilità a mettersi in ascolto della parola, a farla discendere nel profondo del cuore e poi ad agire di conseguenza.

La qualità di questo ascolto, che è il momento decisivo dell'obbedienza, implica la libertà: nella vera obbedienza, la persona traduce in una decisione libera e condivisa la parola che ha ascoltato nel suo cuore: ciò che invece non avviene nella sottomissione *(ypotaghé)* che non coinvolge fino in fondo la volontà personale e comporta l'esecuzione spesso solo meccanica ed esteriore di un ordine accettato passivamente, come è proprio, ad esempio, dell'islam.

Nell'obbedienza autentica, la sottomissione è come elevata in una cooperazione, anzi, in una comunione, tra chi pronuncia la parola e colui che la ascolta e la esegue. Perciò la vera obbedienza conduce a una decisione conforme alla volontà di colui che ha detto la parola; ma questa volontà non si vuole imporre, come ad uno schiavo: questa volontà, ed è quella di Dio, invita la libertà e la dignità dell'uomo a prendere parte al suo progetto.

Si tratta pertanto dell'incontro di due libertà, dove la libertà umana sa di essere dipendente da quella divina che la fonda con il suo amore creatore. Dio desidera non la sottomissione forzata e cieca dello schiavo, ma l'adesione piena di amore e di attenzione alla sua volontà. L'obbedienza è la risposta libera e intelligente ai suoi inviti. In questa luce, essa non mortifica la libertà, intesa come capacità di dedizione a qualcosa che si percepisce come un valore.

Il dinamismo che salda obbedienza e libertà inizia dall'ascolto della volontà di Dio, procede con la convinzione che vale la pena di impegnarvisi, perché essa è sommamente buona; ne consegue l'accettazione libera di quella volontà e lo sforzo personale di realizzarla: qui l'uomo attua il vertice della sua libertà e responsabilità, cioè della sua capacità di rispondere liberamente all'invito che Dio gli rivolge. Come scrive Bonhoeffer, « l'obbedienza e la responsabilità si ingranano l'una nell'altra di modo che la responsabilità non inizia quando finisce l'obbedienza, ma al contrario vanno insieme, per cui si obbedisce nella responsabilità ».

L'obbedienza salvifica di Gesù

Questa è l'obbedienza salvifica di Gesù: il Nuovo Testamento è categorico nell'affermare che il Figlio di Dio fatto uomo ci ha salvato per la sua obbedienza. Anzi, san Paolo, identificando i due poli della storia della salvezza in Adamo e Cristo, fa della disobbedienza del primo l'inizio della catastrofe dell'umanità, e dell'obbedienza del secondo il compimento della salvezza (cfr. *Rm* 5, 19).

Perciò, nella logica della sequela di Cristo, se Cristo ci ha salvati attraverso la sua obbedienza, anche il cristiano può salvarsi solo attraverso di essa. Nella *parakoé* (disobbedienza) del vecchio Adamo tutti siamo nati peccatori, figli dell'ira, condannati a morte; in virtù della *ypakoé* del nuovo Adamo, siamo costituiti giusti davanti a Dio; divenendo figli della sua misericordia, a lui cari ed accetti, passiamo dalla morte alla vita.

In un altro testo chiave di san Paolo vediamo esplicitamente congiunte le virtù dell'obbedienza e dell'umiltà come atteggiamento salvifico fondamentale del nuovo Adamo, il Cristo, in contrapposizione all'atteggiamento di superba affermazione di sé e di disobbedienza del vecchio Adamo: « Umiliò se stesso facendosi obbediente sino alla morte, e alla morte di croce. Per questo Dio l'ha esaltato e gli ha dato il nome che è al di sopra di ogni altro nome » (*Fil* 2, 8-9). Nella sua superba disobbedienza, il vecchio Adamo volle farsi Dio; nell'umiltà e nell'obbedienza il nuovo Adamo, il Figlio di Dio, accetta di farsi uomo: pazzo d'amore, come osserva santa Caterina da Siena, obbedisce, si incarna — lui che è Dio —, percorre la via dell'umiliazione e della croce, perché il Padre glielo chiede; la radice dell'obbedienza del Figlio è un amore sconfinato per il Padre e per gli uomini. La sua obbedienza è un dono voluto, totale, assoluto, superiore anche al sacrificio dell'*Ebed Jahve* (il Servo di Jahve, cfr. *Is* 53) che ne costituisce la prefigurazione nell'Antico Testamento: questo è un sacrificio sopportato con eroica grandezza d'animo, quello di Cristo è accettato liberamente per amore. È l'amore che determina la qualità dell'obbedienza.

Un altro testo paolino (*Eb* 5, 8-9) getta ancora più luce sul rapporto fra l'obbedienza di Cristo e la nostra salvezza: « Pur essendo Figlio di Dio, imparò l'obbedienza dalle cose che patì »: se, in quanto Dio, il Figlio sapeva in anticipo quanto duro sarebbe stato compiere la volontà del Padre, in quanto uomo ha imparato per esperienza umana il contenuto di dolore dell'obbedienza che il Padre gli richiedeva. Ma, proprio per questo, continua il testo, dopo essere stato « reso perfetto, divenne causa di salvezza eterna per tutti coloro che gli obbediscono »: il che significa che alla nostra salvezza non basta l'obbedienza del Figlio; occorre la nostra obbedienza a lui.

Ecco svelato il dinamismo della salvezza: il Figlio è divenuto causa di salvezza eterna per tutti accogliendo liberamente e per amore la volontà del Padre (e la sua obbedienza non è soltanto l'adesione della sua volontà umana a quella di Dio; c'è un passo della *Lettera agli Ebrei* che illumina un'obbedienza ancora precedente, quella del Verbo che ascolta ed accoglie nel seno della Santissima Trinità la volontà del Padre che egli si faccia uomo, cfr. *Eb* 5, 19 ss); ma questa salvezza diventa nostra se accogliamo liberamente e per amore la volontà del Figlio, imparando come lui, dalle difficoltà della vita, quanto sia costoso acconsentirvi.

Se poi indaghiamo i caratteri dell'obbedienza di Gesù nei vangeli, vediamo che egli vive in tale comunione d'amore col Padre da realizzare in ogni momento la sua volontà; numerosissimi testi, soprattutto del vangelo di san Giovanni, lo sottolineano, ad esempio: « Mio cibo è fare la volontà di colui che mi ha mandato e compiere la sua opera » (*Gv* 4, 34; cfr. anche 5, 19 ss; 6, 38-40; 8, 29; 10, 37). La radice ultima dell'obbedienza del Figlio è la sua comunione con il Padre: il Figlio è nel Padre e il Padre è nel Figlio, in una fusione di volontà.

L'obbedienza cristiana, ascolto della Parola

Se il Figlio ci ha salvato con la sua obbedienza al Padre, noi ci salviamo con la nostra obbedienza al Figlio.

La Parola che il Figlio ha ascoltato ed accolto dall'eternità presso il Padre e che ci ha rivelato facendosi uomo è il vangelo: è mediante l'ascolto e l'accoglienza del vangelo che noi ci salveremo, cioè mediante quella che san Paolo chiama « l'obbedienza della fede » (cfr. *Rm* 1, 5; 16, 26).

La fede è la prima e fondamentale obbedienza del cristiano, mediante la quale egli entra in comunione con il Padre e con il Figlio. Il vangelo di san Giovanni sottolinea il profondo legame fra l'obbedienza della fede dei discepoli e il loro ingresso nella comunione del Padre e del Figlio (cfr. *Gv* 17, 6-20): ciò che fa una cosa sola del Padre, del Figlio e di noi è la Parola, quella che il Padre ha dato al Figlio e che il Figlio ha dato a noi. La fede opera la sublime unità nella quale consiste la realizzazione suprema della salvezza.

Alla radice della fede e dell'obbedienza vi è un Dio che si rivela all'uomo — a un individuo o a un popolo — e gli rivolge la sua Parola. L'uomo la accoglie con l'obbedienza della fede, che comporta l'ascolto della Parola e la realizzazione nella vita delle esigenze della Parola. Così la Bibbia configura il rapporto tra l'uomo e Dio; nell'Antico Testamento, « ascoltare Jahve », « credere in Jahve », « obbedire a Jahve » sono pressoché sinonimi; nel Nuovo Testamento la fede si configura come la risposta libera al vangelo, il sì che nello Spirito Santo il cristiano dice a ciò che Dio propone mediante suo Figlio, lasciando che la sua vita ne sia interamente coinvolta e trasformata.

L'obbedienza nella fede

Se è vero che la fede è un dono gratuito offerto da Dio a tutti gli uomini, l'ascolto e l'accoglienza sono decisioni della nostra libera volontà. Spesso riduciamo il significato della fede a quello di un assenso dell'intelligenza alla Parola di Dio; ma il cuore della fede non è il pur necessario momento intellettuale della comprensione: è la libera decisione della volontà di accogliere la Parola di Dio e di conformare ad essa la propria vita. Per questo si parla di obbedienza della fede.

Perché obbedire alla Parola? Perché ne percepiamo l'elevatezza e la nobiltà, perché ce ne sentiamo elevati, nobilitati, realizzati: senza dubbio. Ma la ragione veramente decisiva è che si tratta di una Parola divina, e non umana. Rinuncio ad essere padrone della mia vita, a darmi da me stesso finalità e leggi morali, e mi fido di Dio che non può sbagliare né mi può ingannare: cosicché nel mio atto di fede si saldano umiltà ed obbedienza.

In che modo oggi ci è rivolta la Parola di Dio? In primo luogo nella Sacra Scrittura, frutto della rivelazione di Dio e della sua accoglienza, prima da parte del popolo di Israele, poi della comunità apostolica.

Inoltre la Parola di Dio ci è proposta dal Magistero della Chiesa: obbedirgli non è mai obbedire a degli uomini, perché il Magistero è a servizio della Parola, la custodisce, la propone, la spiega, avendo ricevuto da Dio la funzione per così dire pedagogica di condurre l'uomo all'obbedienza della fede, preservandolo da errori e da cadute.

Ci domandiamo come si concretizza la virtù dell'obbedienza nella vita cristiana. La Parola di Dio è esigente, i dieci comandamenti che egli propone alla libertà dell'uomo sono dieci parole di fuoco di fronte a cui l'uomo decide il suo destino eterno. Il cammino di conversione, in cui l'uomo ascolta, accoglie, si sforza di vivere la Parola, in ultima analisi è un cammino di obbedienza, nel corso del quale egli comprende sempre più le esigenze dei comandi di Dio e ne scopre gli infiniti orizzonti.

Gesù poi, a partire dal decalogo, vi costruisce tutto l'edificio della perfezione cristiana. Ognuna delle sue parole racchiude una potenza assoluta di vita e di morte, ognuna illumina tutta l'esistenza di una persona, ognuna ci rivela il male che è in noi, ognuna si propone come una medicina che ci salva. « Amate i vostri nemici »; « Non giudicate »; « Siate perfetti come perfetto è il Padre vostro celeste »; « Vegliate e pregate »...: ognuno di questi imperativi racchiude vita, salvezza, gioia per chi obbedisce; rimorso, disperazione, morte per chi disobbedisce.

Ma, oltre ai comandamenti del decalogo e agli imperativi del vangelo, che tutti siamo chiamati ad accogliere e a vivere, lo Spirito Santo rivolge a ciascuno le sue illuminazioni e le sue ispirazioni, con cui, per così dire, « personalizza » la volontà di Dio riguardo ad ogni uomo. Infatti Dio ha un progetto di santità specifico e irripetibile per ogni essere umano, e lo Spirito lo rivela a ogni creatura che si apre a Dio.

Perciò, oltre all'obbedienza generale, che è l'obbedienza della fede, nella quale la creatura accoglie i comandi che Dio rivolge a tutti, c'è un'obbedienza particolare alla voce dello Spirito, che la guida in una via di santità personale ed unica.

In questa duplice obbedienza la creatura può realizzare l'impresa più alta della vita, quella di plasmare il proprio destino come Dio lo ha concepito nella sua sapienza e nel suo amore.

Capitolo 2

L'AVARIZIA

Il secondo vizio capitale è l'avarizia.

Avaro è colui che, avendo il cuore attaccato alle ricchezze, è tutto dedito a ricercarle e accumularle al fine di conservarle. Egli le ama in se stesse, ostinandosi passionalmente a custodirle. Esse sono diventate la sua sicurezza, la sua gioia, il suo Dio.

La bramosia di ricchezze — la febbre dell'oro — è una malattia spirituale diffusa e conosciuta; ha i caratteri di un'epidemia sociale. È una vera e propria idolatria che si pone in alternativa a Dio, come sentenzia Gesù: « Non potete servire a Dio e a Mammona » (*Mt* 6, 24). San Paolo è talmente drastico che fa della cupidigia di denaro il principio di innumerevoli mali morali: « Radice di tutti i mali è la cupidigia di denaro » (*1 Tm* 6, 10), per cui afferma senza esitazioni che i cupidi e gli avari non avranno parte al regno di Dio (cfr. *1 Cor* 6, 10).

L'intrinseca malizia di questo vizio consiste proprio nell'essere una forma di idolatria.

Per san Tommaso il suo male specifico consiste nell'essere un'offesa alla persona umana, che viene asservita ai beni materiali esterni. Ma ben più severa è l'analisi biblica, che non solo vede nell'avarizia una forma di idolatria, ma più ancora in certe sue manifestazioni vede una forma di adorazione di satana, come ci indica la vicenda delle tentazioni di Gesù nel deserto. « Ti darò tutta questa potenza — dice satana a Gesù — e la gloria di questi regni, perché è stata messa nelle mie mani, e io la do a chi voglio. Se ti prostri dinanzi a me, tutto sarà tuo » (*Lc* 4, 6-7).

Bisogna comunque precisare che l'avaro si distingue da colui che è semplicemente interessato (cioè da colui che, per amore del denaro, non fa nulla gratuitamente); si distingue anche da chi è parsimonioso (cioè da colui che ama risparmiare e si astiene da ciò che è costoso) e da chi è economo (ossia da colui che sa spendere al momento opportuno, e spesso risparmia per poter dare di più).

Perché l'avarizia viene annoverata tra i vizi capitali? Proprio perché è *caput* (capo, origine, radice) di tanti altri vizi che ne derivano. Dice infatti san Gregorio Magno che essa genera insensibilità di cuore, inquietudine nel possesso, violenza nell'appropriazione, pigrizia, frode e, secondo il tragico esempio di Giuda, anche tradimento.

Naturalmente c'è una gradualità pure in questo vizio: si va dalla semplice spilorceria fino a una specie di idolatria del denaro, come si è detto prima.

L'avarizia spirituale

Sarà bene ricordare anche un tipo speciale di avarizia, che è l'avarizia spirituale. Essa consiste nel desiderare la perfezione o delle grazie straordinarie per uno spirito di proprietà, attaccandosi ai beni di Dio e non accettando di lasciarsi spogliare per entrare nell'intimità divina. Quando l'anima se ne vede spogliata, si sente smarrita e si lamenta, come se fosse stata privata del suo Signore. Vuole a ogni costo gustare di nuovo i doni divini e non si dà pace se non quando ha l'impressione di riaverli. Così dimostra di non amare Dio, ma i suoi doni: è un'anima ancora avvolta nei desideri del suo io.

Forma classica di avarizia spirituale è l'avidità di accumulare i mezzi di perfezione con una preoccupazione più quantitativa che qualitativa: si collezionano i doni, le grazie, gli avvenimenti spirituali, le pratiche di pietà, i direttori di spirito; si tesaurizzano le indulgenze come se fossero conti in banca; si vive nel loro ricordo, nel loro computo minuzioso, nell'avidità di accrescerle; si tiene la contabilità delle preghiere fatte, delle comunioni, delle opere buone; si affastellano con cupidigia immagini ed oggetti sacri, magari artistici...: ma se l'anima non viene purificata da questa avarizia spirituale, non potrà gustare nessun avanzamento interiore. Occorre lasciarsi spogliare di tutto per essere capaci di accogliere Dio.

Ora intendiamo fissare la nostra attenzione su due linee di ricerca, nel solco della Bibbia e della grande tradizione spirituale della Chiesa: il valore e il pericolo delle ricchezze, e la virtù della povertà.

L'insegnamento della Bibbia sulle ricchezze

L'insegnamento biblico sulle ricchezze è molto complesso, tanto da sembrare contraddittorio: da una parte la ricchezza è vista come un dono di Dio, dall'altro ci risuona nelle orecchie del cuore la minaccia di Gesù: «Guai a voi, ricchi!» (*Lc* 6, 24). Eppure, nella sua complessità, è un insegnamento coerente ed equilibrato, che richiede di essere puntualizzato anche nella sua evoluzione dottrinale.

Innanzitutto il Dio della Bibbia è tutt'altro che avaro: a differenza di molte divinità delle religioni naturali, non depaupera l'uomo e non gli succhia il sangue; è un Dio ricco che arricchisce tutti gli uomini, in particolare i suoi eletti, e li ricolma di beni non solo spirituali, ma anche materiali. La ricchezza in Israele è un titolo di nobiltà, più volte si afferma che Dio arricchisce coloro che ama: Abramo, Isacco, Giacobbe menano vanto della loro prosperità come di un dono di Dio; e Jahve a sua volta promette al suo popolo una terra dove scorrono latte e miele. La ricchezza viene considerata un bene, un dono di Dio, perché assicura una preziosa indipendenza, preserva dal dover supplicare gli altri, dall'essere schiavi dei propri creditori.

L'acquisizione delle ricchezze è generalmente connessa a qualità umane tutt'altro che disprezzabili, come la diligenza, la sagacia, il realismo, l'audacia, la temperanza.

Non c'è quindi nella Bibbia una condanna aprioristica e manichea della ricchezza: si tratta di un bene la cui origine è Dio e la cui destinazione sono le sue creature.

Tuttavia, dai testi anche più antichi del Vecchio Testamento, la ricchezza materiale non è mai presentata come il migliore dei beni: è un bene relativo e secondario. Ve ne sono altri, di carattere morale e spirituale, che le sono superiori: ad esempio, la pace dell'anima, la buona fama, la giustizia; ed anche la salute, pur non essendo un bene spirituale o morale, è un bene così inerente alla persona da essere sentita come preferibile al benessere economico.

L'uomo saggio vede con chiarezza i limiti della ricchezza: vi sono realtà che essa non può comperare, come l'esenzione dalla morte e l'amore. Anzi, spesso la ricchezza è causa di preoccupazioni inutili; ad essa — ripete sovente il Vecchio Testamento — bisogna sempre preferire la sapienza: ecco il vero tesoro, la perla preziosa che merita tutte le cure.

I beni materiali non sono qualcosa da strappare ingiustamente agli altri, ma da attendere dalle mani generose di Dio. Egli infatti li concede come premio di una vita giusta — anche se non sempre —, al pari della longevità, della salute, della stima del prossimo: la ricchezza sana fa parte di quella «sazietà» dell'esistenza di cui Dio fa dono alle creature, poiché egli se ne prende cura e le sazia dei suoi beni.

Questa è una certezza di fede esatta e profonda, che il successivo insegnamento di Gesù sulle ricchezze non modifica: noi accettiamo le ricchezze da Dio come segno della sua generosità e della sua provvidenza. Certo, spesso Dio sazia le creature attraverso le nostre stesse mani, ma indubbiamente egli ha seminato con abbondanza i beni pressoché illimitati della creazione. Questa è una certezza di fede: tocca poi a noi sfruttarli adeguatamente e suddividerli con giustizia e solidarietà.

Le ricchezze spirituali

Se è vero che Dio sazia di beni materiali, ancora più ci colma di beni spirituali. Nel Figlio suo, come insegna san Paolo, ci colma sia delle ricchezze della parola e della scienza, sia delle ricchezze della sua grazia e della sua bontà.

Certo, sono ricchezze di ordine diverso da quelle di questo mondo, nessuna delle quali, secondo l'insegnamento di Gesù, potrebbe saziare la nostra fame e la nostra sete: « Io sono il pane della vita; chi viene a me non avrà più fame e chi crede in me non avrà più sete » (*Gv* 6, 35). Dio è talmente liberale che ci sazia dandoci se stesso. E in questo modo ci svela la vastità della nostra fame, che è alla radice fame di Dio, fame di Assoluto, per cui soltanto saziandoci di Dio plachiamo l'inquietudine del nostro cuore. Risponde Gesù alla Samaritana: « Chiunque beve di quest'acqua avrà di nuovo sete; ma chi beve dell'acqua che io gli darò, non avrà mai più sete » (*Gv* 4, 13-14).

Se Dio è abbondante di beni materiali, è assolutamente sovrabbondante di doni spirituali, e ne colma a piene mani le sue creature, effondendo se stesso: « L'acqua che io gli darò diventerà in lui sorgente di acqua che zampilla per la vita eterna » (*Gv* 4, 14). Egli quindi ci ricompensa con grazie di ogni specie (cfr. *2 Cor*), ci permette di avere sempre e in ogni cosa tutto ciò che occorre e di essere arricchiti in tutti i modi.

In conclusione, Dio è infinitamente generoso con le sue creature, perché le sazia di beni materiali ma soprattutto sazia la loro fame di Assoluto con il dono di se stesso. Intenzionalmente, i vangeli, dopo la moltiplicazione dei pani, insistono sui canestri riempiti di resti: è così, con questa generosità straripante, che Dio fa i suoi doni. L'idea di sazietà è profondamente cristiana (vedi anche l'abbondanza di vino alle nozze di Cana). Chi viene a Gesù non avrà più né fame né sete. Dio ricolma coloro che sceglie e non li lascia più rimpiangere nulla né invidiare alcuno. La povertà evangelica, liberamente abbracciata, elimina ogni complesso di inferiorità e ogni risentimento segreto. Nella sua stessa povertà il cristiano è il più ricco del mondo, sembra non possedere niente ma possiede tutto, come esclama san Paolo (cfr. *2 Cor* 6, 10).

Guai al tiepido, che s'immagina di essere ricco, mentre gli manca l'unico tesoro; beato il povero e il perseguitato, che è in realtà ricco. Insomma, il cristiano è sempre ricco, anche quando manca di ogni cosa, perché chi ha Dio, ha tutto.

Illusioni e pericoli della ricchezza

Abbiamo visto che nella prospettiva biblica la ricchezza è dono di Dio, nella misura in cui è segno della benedizione di Dio su una vita giusta. Ma, se Dio arricchisce i suoi amici, non significa però che ogni ricchezza sia frutto della sua benedizione. L'antica sapienza popolare non ignora che esistono fortune ingiuste: infatti si ripete nei vari *Libri sapienziali* che i beni mal acquistati non giovano e che l'empio ammassa perché alla fine erediti il giusto.

Di fatto è mal acquistata la ricchezza che finisce per escludere la massa degli uomini dai beni della terra, riservandoli a pochi privilegiati: « Guai a voi che aggiungete casa a casa e unite campo a campo, finché non vi sia più spazio, e così restate soli ad abitare nel paese » (*Is* 5, 8); « Le loro case sono piene di inganni; perciò diventano grandi e ricchi. Sono grassi e pingui, oltrepassano i limiti del male » (*Ger* 5, 27-28).

C'è quindi una ricchezza ingiusta, che è illusione e pericolo, soprattutto è insidia per la fede. I ricchi pensano di poter fare a meno di Dio, confidano nei loro beni e se ne fanno una fortezza (cfr. *Prv* 1, 15); « Nel loro pascolo si sono saziati, si sono saziati e il loro cuore si è inorgoglito, per questo mi hanno dimenticato » (*Os* 13, 6); è difficile rimanere fedeli nella prosperità, perché il grasso chiude il cuore (cfr. *Dt* 31, 20). Come si vede da questi testi, i beni materiali sono un pericolo quando l'uomo, invece di vivere l'abbandono in Dio, fonda su di essi le ragioni della sua vita, perdendo la fede e cadendo nell'idolatria: l'idolatria del denaro, nel quale si cerca quella sicurezza che solo Dio può dare.

Anche Gesù mette in guardia con forza dalla ricchezza come tentazione verso l'idolatria. Egli non dice solo: « Beati i poveri in spirito » (*Mt* 5, 3), ma anche: « Guai a voi, o ricchi, perché avete già la vostra consolazione » (*Lc* 6, 24-25). Questa è una condanna assoluta per la ricchezza che prende il posto di Dio nel cuore dell'uomo. Nel vangelo, la condanna radicale non verte sulla ricchezza in sé, ma sul valore di idolo che essa ha per il cuore dell'uomo: la ricchezza come « consolazione » è idolatria. Dio in Gesù è venuto a cercare il cuore dell'uomo per offrirgli il suo amore infinito. Questo amore divino, che è il vero cibo del cuore umano, è paragonato da Gesù alla perla preziosa, al tesoro unico, per il quale bisogna vendere tutto, perché non si può servire a due padroni: e il denaro è un padrone spietato. Fa dimenticare l'essenziale, cioè il regno di Dio, e blocca sulla via della perfezione i cuori meglio disposti.

Nel vangelo ci sono affermazioni talmente radicali da far venire i brividi; tuttavia esse vanno tutte interpretate nel senso della libertà del cuore dalle ricchezze e nel senso della loro destinazione sociale. In tale prospettiva devono essere comprese espressioni come questa: « Chiunque di voi non rinunzia a tutti i suoi beni, non può essere mio discepolo » (*Lc* 14, 33). A tutti è chiesta una rinunzia interiore, a tutti è chiesta una condivisione con i poveri; ad alcuni può essere richiesto come vocazione specifica anche un abbandono totale al Padre celeste e alla sua provvidenza.

Perciò, rinunciare alla ricchezza non significa necessariamente non comportarsi più da proprietario. Persino al seguito di Gesù ci furono persone agiate e proprio un uomo ricco di Arimatea accolse il corpo del Signore nella sua tomba.

Il vangelo non vuole che ci si sbarazzi delle proprie fortune come di un peso ingombrante, ma esige che si condividano con i poveri, facendoci degli amici che un giorno intercederanno per noi in cielo. Lo scandalo non è che ci siano un ricco epulone e un povero Lazzaro, ma che il povero Lazzaro, pur desiderando di nutrirsi delle briciole che cadevano dalla tavola del ricco, non ne ricevesse nulla (cfr. *Lc* 16, 20-21). Il ricco è responsabile del povero. Il servitore di Dio aiuta col suo denaro il povero, il servitore di Mammona conserva il denaro per appoggiarsi ad esso e non vede i fratelli.

Infine occorre sottolineare che la vera ricchezza non è quella che si possiede, ma quella che si dà, perché la nostra generosità chiama la generosità di Dio e permette al ricco di sperimentare che c'è più gioia nel dare che nel ricevere (cfr. *At* 20, 35).

Cuore libero, sguardo fraterno, mani generose: in questa prospettiva anche la ricchezza, strumento micidiale di satana, può essere recuperata alla logica dell'amore.

La cupidigia

Dopo aver messo in luce la dottrina della Bibbia sulle ricchezze nel loro valore, nei loro limiti e nella loro pericolosità, vediamo l'insegnamento sulla bramosia del denaro e delle cose come radice di innumerevoli mali.

È un insegnamento di cui cogliamo tutto il valore tenendo presente il significato che nell'antropologia biblica ha il cuore dell'uomo: fonte della coscienza, dell'intelligenza e della libertà, il cuore è il luogo del bene e del male, dell'opzione per Dio o contro di lui. Dal cuore dell'uomo, afferma Gesù, procedono cattivi pensieri, omicidi, adulteri... tutte cose che rendono impuro l'uomo (cfr. *Mt* 15, 19): è nel cuore che germogliano i vizi capitali, è nel cuore che si svolge il combattimento spirituale, il cui scopo è appunto quello di purificare il cuore perché diventi il luogo in cui Dio dimora e si manifesta: « Beati i puri di cuore, perché vedranno Dio ».

Anche il vizio capitale dell'avarizia affonda le sue radici nel cuore. Il termine con cui lo indica il Nuovo Testamento, *pleonexìa*, significa propriamente cupidigia; esso designa una sete ben specifica, quella di possedere sempre di più, senza preoccuparsi degli altri o addirittura a loro spese. Si manifesta come una bramosia violenta e quasi frenetica — « avidità insaziabile », la chiama Paolo — che è particolarmente contraria all'amore del prossimo, soprattutto dei poveri, e che si protende in primo luogo sui beni materiali, le ricchezze e il denaro.

Anche i filosofi classici conoscono questo vizio; ma solo la Bibbia ne coglie la fondamentale malizia, che consiste nell'essere una vera e propria forma di idolatria.

Manifestazioni e conseguenze della cupidigia

Nell'ottica della Bibbia, il cuore indurito e iniquo è la radice dei mali sociali, e non vi è miglioramento della società senza conversione a Dio. Questo vale anche per la cupidigia: essa alligna nell'uomo singolo, ma le sue conseguenze sono di notevole rilievo sociale.

Nell'Antico Testamento sono numerose le denunce delle disuguaglianze, delle sopraffazioni sociali, degli attentati ai diritti del prossimo provocati dalla cupidigia: è la cupidigia, affermano i *Libri sapienziali*, che induce il mercante disonesto a truccare le bilance, a speculare, a far denaro su tutto; è la cupidigia che spinge il ricco a esigere riscatti, ad accaparrarsi le proprietà, a sfruttare i poveri, a volte rifiutando il giusto salario (cfr. *Prv* 11,1; 16,11; 20, 23); è sotto la spinta della cupidigia che i capi e i giudici iniqui esigono mance per violare il diritto (cfr. *Is* 1, 23): il fenomeno della corruzione, evidentemente, non è solo dei nostri giorni.

Pertanto, la cupidigia appare in netto contrasto con l'amore del prossimo e soprattutto dei poveri, verso cui il cuore resta insensibile: «Non indurirai il tuo cuore» (*Dt* 15,7), ammonisce Jahve; ma l'avaro, il cupido, è un malvagio dall'anima inaridita, che spesso non si vergogna di mostrarsi spietato (cfr. *Sir* 14), ed Ezechiele paragona i capi avidi, sedotti dal loro esclusivo interesse, a «lupi che dilaniano la preda, versano il sangue, fanno perire la gente per turpi guadagni» (*Ez* 22, 27; cfr. anche 22, 25).

Essenza religiosa della cupidigia nell'Antico Testamento

La cupidigia offende solo il prossimo? La Bibbia ci svela che la malizia di questo vizio è ben più radicale. Nel suo logico sviluppo conduce al rifiuto di Dio, in quanto il denaro e tutto ciò che esso significa in termini di prestigio e di potere prendono il posto di Dio nel cuore dell'uomo.

Oseremmo dire che la cupidigia offende non solo il settimo e il decimo comandamento, ma anche e soprattutto il primo, in quanto incorona come dio Mammona. Intanto Ezechiele osserva che Dio è offeso dalla cupidigia, perché le pecore dilaniate dai lupi rapaci gli appartengono (cfr. *Ez* 34).

Il salmista denuncia esplicitamente l'empietà di questo vizio e mette in luce in modo stupendo la connessione fra la cupidigia e un certo tipo di ateismo: «L'empio si vanta delle sue brame, l'avaro maledice, disprezza Dio. L'empio insolente disprezza il Signore: "Dio non se ne cura, Dio non esiste": questo è il suo pensiero» (*Sal* 10, 24-25). La sicurezza offerta dalle ricchezze, l'impunità garantita dal potere inducono l'avaro a commettere ogni sorta di ingiustizie e, quasi in un atteggiamento blasfemo, a sfidare Dio a intervenire: «Le sue imprese riescono sempre. / Son troppo in alto per lui i tuoi giudizi: / disprezza tutti i suoi avversari. / Egli pensa: "Non sarò mai scosso, / vivrò sempre senza sventure"» (*Sal* 10, 26-27). Grazie al denaro e al potere, egli ritiene lecito tutto ciò che vuole, nella convinzione illusoria che nessuno lo possa limitare e punire: si sente un dio.

Il Vecchio Testamento insiste sull'aspetto idolatrico della cupidigia: secondo l'autore della *Genesi*, è la cupidigia di essere dèi che induce Adamo ed Eva a peccare, respingendo la fiducia in Dio e la dipendenza di creature. E così la *Genesi* suggerisce che la cupidigia, nel senso di *amor sui*, è alla fonte di ogni peccato; è un concetto che l'apostolo Giacomo ribadisce nella sua lettera:

« Ciascuno è tentato dalla propria concupiscenza che lo attrae e lo seduce; poi la concupiscenza concepisce e genera il peccato, e il peccato, quand'è consumato, genera la morte » (*Gc* 1, 14-15). Volendo godere egoisticamente e reputando che dipende solo da lui ciò che in realtà proviene da Dio per il suo servizio, il peccatore, in questo caso l'avaro, mette un bene creato, e in definitiva se stesso, al posto di Dio. Anche san Paolo riprende con forza la prospettiva vetero-testamentaria della cupidigia come fonte di ogni peccato, collegando ad essa tutte le colpe commesse da Israele nel deserto.

Chi è cupido, avaro, pieno di bramosia è chiuso ad ogni esperienza spirituale, e Dio inevitabilmente muore nel suo cuore. Ma anche le sue speranze di successo terreno andranno in rovina: correndo dietro a beni precari, il cupido è sempre insoddisfatto (cfr. *Prv* 23, 4); egli sarà punito per il suo disprezzo verso Dio e per i torti inflitti al prossimo: « La cupidigia toglie di mezzo colui che ne è dominato » (*Prv* 1, 19), mentre « chi odia la rapina prolungherà i suoi giorni » (*Prv* 28, 16).

Si comprende in questa luce tutto il valore religioso della mortificazione e della rinuncia al denaro e al potere: sono modi per affermare il primato di Dio nel nostro cuore al di sopra di ogni cosa creata.

Essenza religiosa della cupidigia nel Nuovo Testamento

Se il Vecchio Testamento istituisce, come abbiamo visto, un accostamento tra cupidigia e superbia, nel Nuovo Testamento la cupidigia è vista in affinità con la lussuria: fame di roba e di potere, fame di carne sono espressioni di quella bramosia insaziabile di mondo, la cui essenza è già un inferno su questa terra.

Nel celebre passo del vangelo di Marco, Gesù riporta tutti i peccati alla radice del cuore, e fra questi pone anche la *pleonexìa*, cioè la cupidigia: « Ciò che esce dall'uomo, questo sì contamina l'uomo. Dal di dentro infatti, cioè dal cuore degli uomini, escono le intenzioni cattive: fornicazioni, furti, omicidi, adultèri, cupidigie, malvagità, inganno, impudicizia, invidia, calunnia, superbia, stoltezza » (*Mc* 7, 20-22).

Ma è soprattutto san Paolo che sviluppa il concetto di cupidigia, applicandolo sia al denaro e al potere, sia ai disordini sessuali: in ambedue i casi, che si tratti del profitto materiale o del piacere dei sensi, l'essere umano non fa che strumentalizzare il prossimo per i suoi fini egoistici. Il cupido, osserva Paolo, è schiavo della carne e del peccato, obbedisce alla logica dell'uomo vecchio e vive per un corpo perituro. Il perdurare della cupidigia è segno che non abbiamo ancora vissuto in noi la morte al male e l'inizio della vita nuova.

L'apostolo Giacomo osserva che, pur di possedere denaro e potere o di soddisfare i desideri della carne, si arriva perfino al delitto: «Bramate e non riuscite a possedere e uccidete» (*Gc* 4, 2). Al contrario Gesù, «da ricco che era», si è fatto povero per noi, perché noi diventassimo «ricchi per mezzo della sua povertà» (*2 Cor* 8, 9).

L'analisi della forza devastante della cupidigia nella sua opposizione radicale alla legge dell'amore è uno dei contributi più penetranti che il cristianesimo abbia dato alla conoscenza delle tenebre che si annidano nell'uomo.

È interessante notare come il Nuovo Testamento bolli a caratteri di fuoco questo vizio nel caso che sia presente nell'apostolo del vangelo, tenuto per vocazione a farsi schiavo di tutti. Paolo ha un tale orrore di essere sospettato di cupidigia nell'adempimento della sua missione che lavora con le sue mani per non essere a carico dei fedeli — benché ne abbia il diritto — così che il suo disinteresse sia sempre al di sopra di ogni sospetto e sia di esempio agli operai del vangelo. Egli ammonisce che né il vescovo, né i diaconi, né Tito siano avidi di denaro e di turpi guadagni. Infatti, nelle lettere a *Tito* e a *Timoteo*, egli avverte che l'avidità caratterizza i falsi dottori che, calpestando la pietà e il ministero spirituale, ricercano vantaggi personali senza accontentarsi di ciò che possiedono.

L'apostolo Pietro non esita a condannare con espressioni brucianti e impetuose il traffico di parole menzognere dei falsi dottori, non scevro di propositi immorali: «Ci sono stati anche falsi profeti tra il popolo, come pure ci saranno in mezzo a voi falsi maestri che introdurranno eresie perniciose, rinnegando il Signore che li ha riscattati e attirandosi una pronta rovina. Molti seguiranno le loro dissolutezze e per colpa loro la via della verità sarà coperta di improperi. Nella loro cupidigia vi sfrutteranno con parole false; ma la loro condanna è già da tempo all'opera e la loro rovina è in agguato» (*2 Pt* 2, 1).

Quindi, lo spogliamento di qualsiasi interesse personale è una condizione essenziale per essere veri apostoli di Gesù Cristo, poiché possedendo Dio, essi possiedono tutto (cfr. *2 Cor* 6, 10); mentre la logica dell'interesse personale rende falso e sospetto l'apostolato.

San Paolo attribuisce una particolare gravità alla cupidigia perché ha capito ciò che nel Vecchio Testamento era solo un presentimento: «L'avarizia insaziabile è idolatria» (*Col* 3, 5). Con questa affermazione perentoria, Paolo si mette decisamente sulle orme di Gesù, per il quale essere amico del denaro significa concentrare sui beni creati un cuore che invece appartiene a Dio soltanto, considerando questi beni come dei padroni e disprezzando l'unico vero Signore che è Dio. Paolo sintetizza tutta la sua visione sulla pericolosità della cupidigia nella famosa affermazione: « L'attaccamento al denaro, infatti, è la radice di tutti i mali » (*1 Tm* 6, 10). Scegliendo il denaro, ci si distacca dal vero Dio e ci si vota alla perdizione: come Giuda, che per denaro tradì.

Mammona è iniquo, cioè falso e ingannatore: è follia fondare su di lui, cioè sui beni perituri, le proprie sicurezze. La morte, infatti, rovescerà le situazioni: i ricchi epuloni idolatri e impietosi andranno da colui che hanno servito per tutta la vita, satana, nel suo regno di orrore.

Questa è, in sintesi, l'analisi che la Bibbia fa della cupidigia, svelando l'abisso di tenebre che occupa un cuore indurito, sprezzante, idolatra: è questo cuore che occorre curare con la povertà di spirito.

L'ELEMOSINA

Dall'analisi della cupidigia emergono con chiarezza i motivi dell'importanza che ha l'elemosina nella Bibbia: per tutti, ma in modo particolare per i più ricchi, l'elemosina è necessaria alla salvezza.

È, come vedremo, un messaggio biblico globale; ma trova la sua formulazione più incisiva nella viva voce di Gesù, quando racconta la parabola del ricco epulone (cfr. *Lc* 16, 19-31) e quando descrive lo scenario del giudizio universale concludendo col tremendo: « Via, lontano da me, maledetti, nel fuoco eterno... Perché ho avuto fame e non mi avete dato da mangiare... » (*Mt* 25, 41-42).

Il nostro tempo, adducendo la motivazione che occorre battersi per la giustizia al fine di eliminare le cause della povertà — motivazione che spesso diventa un pretesto per evitare l'aiuto concreto e tempestivo a chi è nel bisogno —, non conosce più il significato altissimo dell'elemosina, valore umano e salvifico insieme, sia per chi la compie, sia per chi la riceve.

Una prima, importantissima indicazione sul valore dell'elemosina ci viene dal termine usato nella traduzione della Bibbia dei Settanta, la parola greca *elemosýne*, che designa sia la misericordia di Dio, sia quella dell'uomo verso i suoi simili. In questo è già presente il legame che Cristo renderà esplicito fra la misericordia di Dio e la nostra: noi dobbiamo essere misericordiosi con gli altri perché Dio lo è con noi e affinché Dio lo sia con noi.

Ma la misericordia dell'uomo verso i suoi simili è autentica, secondo la Bibbia, solo se si traduce in atti, tra cui occupa un posto importante l'aiuto materiale a chi è indigente. Certo, la tradizione cristiana ha concretizzato l'atteggiamento di misericordia verso il prossimo nelle opere di misericordia corporale e nelle opere di misericordia spirituale: senza nulla togliere all'importanza di queste ultime, il tema dell'elemosina viene piuttosto a intrecciarsi con quello dell'aiuto materiale ai fratelli.

Ebbene, per la Bibbia l'elemosina, intesa come gesto di bontà dell'uomo verso il fratello, è innanzitutto imitazione degli atti di Dio che, per primo, ha dimostrato bontà verso l'uomo. Ma è anche, soggiungiamo noi, un segno che siamo guariti da quella malattia epidemica che è l'attaccamento cieco al denaro e alla roba.

L'elemosina nell'Antico Testamento

Già nei testi più arcaici della Bibbia è presente l'esigenza dell'amore per i fratelli e per i poveri. La legge poi rende obbligatorie forme codificate di elemosina, che fanno riferimento a prassi antichissime: ad esempio, l'obbligo di lasciare una parte dei raccolti per le spigolature e le racimolature (« Quando mieterete la messe della vostra terra, non mieterete fino ai margini del campo, né raccoglierete ciò che resta da spigolare della messe; quanto alla tua vigna, non coglierai i racimoli e non raccoglierai gli acini caduti; li lascerai per il povero e per il forestiero. Io sono il Signore, vostro Dio », *Lv* 19, 9-10). C'è poi l'obbligo delle decime triennali a favore di coloro che non hanno terre proprie, come i leviti, gli orfani, le vedove: « Alla fine di ogni triennio metterai da parte tutte le decime del tuo provento del terzo anno e le deporrai entro le tue città; il levita, che non ha parte né eredità con te, l'orfano e la vedova che saranno entro le tue città, verranno, mangeranno e si sazieranno, perché il Signore tuo Dio ti benedica in ogni lavoro a cui avrai messo mano » (*Dt* 14, 28-29).

Molto interessante per la nostra riflessione è quanto dice la Bibbia a proposito dell'atteggiamento nei confronti dello straniero: Israele, ricordandosi di essere stato straniero in Egitto, deve amare gli stranieri come se stesso, fissando loro uno statuto giuridico pari al suo e integrandoli in modo tale che, come dice

Ezechiele, nell'Israele della fine dei tempi siano associati ai cittadini di nascita nella divisione del paese (cfr. *Ez* 47, 22).

In conclusione, l'Antico Testamento esorta a rispondere con un atteggiamento di generosità e delicatezza all'appello del povero: « Poiché i bisognosi non mancheranno mai nel paese, perciò io ti do questo comando e ti dico: Apri generosamente la mano al tuo fratello povero e bisognoso nel tuo paese » (*Dt* 15, 11).

Quali sono le motivazioni di questo dovere?

L'elemosina non è semplice filantropia, ma un atto intrinsecamente religioso, come la preghiera e il digiuno. Infatti spesso appare legata alle celebrazioni liturgiche più importanti, e fa parte del corso normale della festa: « Tre volte all'anno ogni tuo maschio si presenterà davanti al Signore tuo Dio, nel luogo che egli avrà scelto: nella festa degli azzimi, nella festa delle settimane e nella festa delle capanne; nessuno si presenterà davanti al Signore a mani vuote. Ma il dono di ciascuno sarà in misura della benedizione che il Signore tuo Dio ti avrà dato » (*Dt* 16, 16-17).

L'elemosina è quindi un atto di culto e acquista il suo valore dal fatto che tocca Dio stesso: come dice il libro dei *Proverbi*: « Chi fa la carità al povero fa un prestito al Signore, che gli ripagherà la buona azione » (*Prv* 19, 17). E il vecchio Tobia esorta caldamente suo figlio con queste parole: « Non distogliere mai lo sguardo dal povero, così non si leverà da te lo sguardo di Dio... Se hai molto, da' molto; se poco, non esitare a dare secondo quel poco » (*Tb* 4, 7-8).

L'elemosina nel Nuovo Testamento

Se già il Vecchio Testamento delinea gli aspetti umani e religiosi dell'elemosina, essa acquista un significato ancor più profondo nel Nuovo. Infatti, nel discorso della montagna, Gesù la annovera, con la preghiera e il digiuno, come uno dei pilastri della vita religiosa (cfr. *Mt* 6, 1-18). Questo legame ci rivela non solo che l'elemosina è un vero atto religioso di culto a Dio, il quale viene onorato nel prossimo, ma anche che è un punto chiave della vita del cristiano, come la preghiera e il digiuno. Gesù li ha uniti tutti e tre — elemosina, preghiera, digiuno — nel suo programma di vita evangelica, e l'emarginazione che negli ultimi tempi hanno subito sia il digiuno, sia l'elemosina, segna un preoccupante allontanamento da questa concezione di vita.

Raccomandando questa pratica, Gesù esige il rifiuto di qualsiasi ostentazione: l'elemosina resti segreta. Questa è la condizione perché sia un atto di amore e non di vanitoso compiacimento, ed è la condizione perché il Padre celeste lo contraccambi: « Guardatevi dal praticare le vostre opere buone davanti agli uomini per essere da loro ammirati, altrimenti non avrete ricompensa presso il Padre vostro che è nei cieli. Quando dunque fai l'elemosina, non suonare la tromba davanti a te, come fanno gli ipocriti nelle sinagoghe e nella strade per essere lodati dagli uomini. In verità vi dico: hanno già ricevuto la loro ricompensa. Quando invece tu fai l'elemosina, non sappia la tua sinistra ciò che fa la tua destra, perché la tua elemosina resti segreta; e il Padre tuo, che vede nel segreto, ti ricompenserà » (*Mt* 6, 1-4).

Inoltre, l'elemosina sarà autentica se sarà disinteressata: « Fate del bene e prestate senza sperarne nulla, e il vostro premio sarà grande, e sarete figli dell'Altissimo, perché egli è benevolo verso gli ingrati e i malvagi » (*Lc* 6, 35). Qui, l'elemosina è un atto di misericordia che ci assimila al Padre celeste e deve essere fatto come lo fa il Padre celeste: a tutti, anche ai malvagi, anche ai nemici. Non si dà solo a chi se lo merita, ma anche a chi non se lo merita, come fa Dio, che fa sorgere il sole sui buoni e sui cattivi, che fa piovere sui giusti e sugli ingiusti. In questo l'elemosina si configura come l'epifania dell'amore divino in un gesto di amore dell'uomo.

Non ci sono dunque preclusioni nell'elemosina. « Da' a chiunque ti chiede » (*Lc* 6, 30): e quindi a tutti quelli che manifestano un bisogno, anche se sono antipatici, anche se ti hanno fatto dei torti. Naturalmente, con il necessario discernimento: non si dà a chi finge di aver bisogno o a chi usa il tuo aiuto per fare del male. Ma ai veri bisognosi bisogna dare, persino senza misura, se ne abbiamo la possibilità, anche se non sono della nostra religione, del nostro gruppo, del nostro giro di amicizie; persino se sono nostri nemici. La carità cristiana non è solidarietà di clan, come in certi raggruppamenti religiosi i cui membri si aiutano solo fra loro.

Riguardo alla quantità, Cristo supera il criterio vetero-testamentario di decima: Zaccheo dà la metà dei suoi beni ai poveri. Comunque, il discepolo di Cristo non deve restare sordo a nessun appello: « Da' a chi ti domanda, e a chi ti chiede un prestito, non volgere le spalle » (*Mt* 5, 42). Certo, anche qui, occorre il discernimento. Tuttavia, quando, di fronte a bisogni veri, non ho nulla di mio da donare, allora posso comunicare almeno i doni di Cristo, come fa Pietro: « Non possiedo né argento né oro, ma quello che ho te lo do: nel nome di Gesù Cristo, il Nazareno, cammina » (*At* 3, 6). E, comunque, sempre possiamo fare il dono di un sorriso e di una preghiera.

Abbiamo visto che il Nuovo Testamento eleva il gesto dell'elemosina umana commisurandolo al gesto della misericordia divina: « Siate misericordiosi come è misericordioso il Padre vostro » (*Lc* 6, 36).

Ma il valore dell'elemosina nel Nuovo Testamento è ancora più profondo, perché dando ai nostri fratelli più disgraziati, in realtà diamo a Gesù stesso: « Ogni volta che avete fatto queste cose a uno solo di questi miei fratelli più piccoli, l'avete fatto a me » (*Mt* 25, 40). Perciò l'elemosina non è soltanto un atto religioso, ma un vero e proprio gesto di amore per Cristo. È a Cristo che diamo, quando diamo al fratello. In questa prospettiva, è quasi un atto di restituzione: infatti, come dice Paolo, Gesù, da ricco qual era, si è fatto povero per noi, per arricchirci con la sua povertà (cfr. *2 Cor* 8, 9). In un certo senso, noi possiamo, mediante l'elemosina, contraccambiare Gesù per gli immensi doni di cui ci ha colmato. Il nostro gesto di amore risponde all'amore infinito di cui Cristo ci ha fatto oggetto.

Pertanto, l'elemosina è molto più che un gesto di semplice filantropia, che anche un non credente può compiere. Nella prospettiva cristiana, essa è un vero e proprio atto di fede, di carità e di speranza.

È un atto di fede perché vede nel fratello bisognoso, chiunque egli sia, un figlio del Padre celeste e un nostro fratello.

È un atto di carità perché risponde all'amore di Cristo, presente nel fratello.

È un atto di speranza perché non attende una ricompensa immediata e terrena, ma la ricompensa dell'ultimo giorno: « Venite, benedetti del Padre mio... perché ho avuto fame, e mi avete dato da mangiare » (*Mt* 25, 34-35).

LA POVERTÀ

Ora, ampliando il discorso sulla lotta contro il secondo vizio, passiamo all'insegnamento della Bibbia sulla povertà.

Oggi, i più, anche fra i cristiani, si vergognano di essere poveri; ma nella Bibbia la povertà è un valore: è stata la condizione di Gesù e di Maria, quindi è uno stile di vita degli autentici cristiani; ma pochi se la sentono di vivere in modo sobrio, beneficando con il superfluo i più bisognosi, in un mondo dove una piccola parte dell'umanità annega nell'abbondanza, mentre la maggioranza manca del necessario.

A differenza della storia profana, che ignora sistematicamente i poveri, la Bibbia assegna loro un posto di grande rilievo. Essi costituiscono il tessuto delle Sacre Scritture, ne sono i protagonisti, fino a divenire gli interlocutori privilegiati della Parola di Dio.

D'altra parte, Israele stesso come popolo è stato povero, addirittura schiavo in Egitto. Fin dall'inizio, Jahve si rivela come un Dio che ha l'occhio vigile su chi è povero e bisognoso: egli vede il popolo ebraico in schiavitù e corre in suo soccorso; è tutto da meditare questo tratto antichissimo e sublime di Dio che va in aiuto degli oppressi, ed è un tratto di assoluta attualità: ieri come oggi, Dio non è colui che opprime, come alcuni pensano sotto il peso della loro croce, ma è colui che difende il misero con la forza del suo braccio.

Ma anche dopo la liberazione dall'Egitto il popolo d'Israele vive in condizioni di grave penuria nel deserto: « Il Signore ti ha umiliato, ti ha fatto provare la fame, poi ti ha nutrito di manna » (*Dt* 8,3). Non vi sono ricchi o benestanti, nel popolo di Dio, tutti sopravvivono grazie all'intervento divino che provvede alla fame e alla sete (la manna, le quaglie, l'acqua della roccia): non ci deve sfuggire che il popolo eletto da Dio era indigente, schiavo, fuggiasco, e che Dio sceglie fin dall'inizio i più poveri come protagonisti della storia della salvezza. C'è un filo d'oro che percorre tutta la Bibbia, ed è la costante scelta da parte di Dio di chi è povero ed umile come strumento delle sue opere. In nessun'altra religione i poveri e gli umili — binomio inscindibile nella Bibbia, come si è già detto — sono protagonisti come nel Vecchio e nel Nuovo Testamento: in tutta la sua estensione, la storia della salvezza vede il rovesciamento dei potenti-superbi e l'innalzamento dei poveri-umili.

Abbiamo già notato, occupandoci del tema della ricchezza, che il popolo di Israele agli inizi della sua storia non vedeva nella povertà un ideale da perseguire, ma un male da sopportare e persino una condizione spregevole, nella misura in cui una concezione ancora imperfetta della retribuzione divina considerava i beni materiali come una ricompensa dovuta per la fedeltà a Dio. Ecco come si esprime a questo proposito il *Salmo 112* (1-3): « Beato l'uomo che teme il Signore / e trova grande gioia nei suoi comandamenti. / Potente sulla terra sarà la sua stirpe, / la discendenza dei giusti sarà benedetta. / Onore e ricchezza nella sua casa, / la sua giustizia rimane per sempre ».

Ma, sovente, Israele ha interpretato in modo carnale la benevolenza di Dio e ha interpretato la povertà come un segno della punizione divina su una vita malvagia. Indubbiamente, come osservano i *Libri sapienziali*, la miseria spesso è la conseguenza della pigrizia (cfr. *Prv* 6, 6-11), o del disordine, ma è pur vero che esistono anche poveri virtuosi: « Meglio un povero di condotta integra che un ricco di costumi perversi » (*Prv* 19, 1). Certo, povertà non coincide necessariamente con virtù.

La difesa dei poveri

Indubbiamente, i poveri-umili nella Bibbia godono di un'alta stima e sono oggetto dell'amore preferenziale di Dio. La Bibbia mette spesso in evidenza che la cupidigia attanaglia il cuore umano e che i poveri sono tali perché i ricchi e i potenti li hanno spogliati o si rifiutano di soccorrerli. Il *Libro di Giobbe*, ad esempio, traccia un quadro drammatico in cui la situazione di spaventosa miseria del proletariato rurale è descritta come in nessun altro testo antico, sia religioso sia profano: « I malvagi spostano i confini, rubano le greggi e le menano al pascolo; portano via l'asino degli orfani, prendono in pegno il bue della vedova. Spingono i poveri fuori strada, tutti i miseri del paese vanno a nascondersi. Eccoli, come ònagri nel deserto escono per il lavoro; di buon mattino vanno in cerca di vitto; la steppa offre loro cibo per i figli. Mietono nel campo non loro, racimolano la vigna del malvagio. Nudi passan la notte, senza panni, non hanno da coprirsi contro il freddo. Dagli scrosci dei monti sono bagnati, per mancanza di rifugi si attaccano alle rocce. Rapiscono con violenza l'orfano e prendono in pegno ciò che copre il povero. Ignudi se ne vanno, senza vesti e affamati portano i covoni. Tra i filari frangono le olive, pigiano l'uva e soffrono la sete. Dalla città si alza il gemito dei moribondi e l'anima dei feriti grida aiuto » (24, 2-12).

Ebbene, Dio stesso — questo è il cuore del messaggio biblico, valido per ogni tempo — difenderà i poveri dalla cupidigia dei potenti. È un tema che trova la sua più alta espressione nei profeti.

Ecco l'invettiva di *Amos* contro le donne ricche e gaudenti di Samaria, sulle quali incombono distruzione e deportazione in quanto opprimono i poveri: « Ascoltate queste parole, o vacche di Basan che siete sui monti di Samaria, che opprimete i deboli, che schiacciate i poveri e dite ai vostri mariti: Porta qua, beviamo! Il Signore Dio ha giurato per la sua santità: Ecco, verranno per voi giorni in cui sarete prese con ami e le rimanenti di voi con arpioni da pesca » (4, 1-2).

Ezechiele denuncia la violenza e il brigantaggio da cui il paese è contaminato: « Gli abitanti della campagna commettono violenze e si danno alla rapina, calpestano il povero e il bisognoso, maltrattano il forestiero, contro ogni diritto» (22, 29); *Amos* (cfr. 8, 5) e *Osea* (cfr. 17, 8) denunciano le frodi spudorate nel commercio, *Michea* (cfr. 2, 2) l'accaparramento delle terre.

Sarà quindi uno dei compiti del futuro Messia difendere i diritti dei miseri e dei poveri: «Egli libererà il povero che invoca / e il misero che non trova aiuto, / avrà pietà del debole e del povero / e salverà la vita dei suoi miseri. / Li riscatterà dalla violenza e dal sopruso, / sarà prezioso ai suoi occhi il loro sangue» (*Sal* 72, 12-14). E nel testo di *Isaia*, il Germoglio di Jesse, che «non giudicherà secondo le apparenze e non prenderà decisioni per sentito dire, ma giudicherà con giustizia i poveri e prenderà decisioni eque per gli oppressi del paese» (11, 3-4), preannuncia la missione di Gesù e della Chiesa, che lungo il corso delle civiltà e nel susseguirsi dei sistemi economici e politici ha il dovere permanente di difendere i diritti dei miseri e dei poveri in nome di Dio.

Questa tematica non è ristretta ai profeti, ma attraversa tutta la Bibbia: il *Deuteronomio* prescrive un complesso di atteggiamenti caritatevoli e di misure sociali per attenuare le sofferenze degli indigenti: «Quando presterai qualsiasi cosa al tuo prossimo, non entrerai in casa sua per prendere il suo pegno; te ne starai fuori e l'uomo a cui avrai fatto il prestito ti porterà fuori il pegno. Se quell'uomo è povero, non andrai a dormire con il suo pegno. Dovrai assolutamente restituirgli il pegno al tramonto del sole, perché egli possa dormire con il suo mantello e benedirti; questo ti sarà contato come una cosa giusta agli occhi del Signore tuo Dio. Non defrauderai il salariato povero e bisognoso, sia egli uno dei tuoi fratelli o uno dei forestieri che stanno nel tuo paese, nelle tue città; gli darai il suo salario il giorno stesso, prima che tramonti il sole, perché egli è povero e lo desidera; così egli non griderà contro di te al Signore e tu non sarai in peccato» (24, 10-15).

Il Signore, dunque, è il difensore del povero, come risulta evidente da questa espressione incisiva dei *Proverbi* (22, 22): «Non depredare il povero, perché egli è povero, e non affliggere il misero in tribunale, perché il Signore difenderà la loro causa e spoglierà della vita coloro che li hanno spogliati».

Il grido dei poveri

I poveri sanno di avere in Dio il loro difensore, e per questo lo chiamano in aiuto dall'abisso della loro miseria.

Il libro dei *Salmi*, in particolare, è ricco di invocazioni piene di fiducia che salgono a Dio — come forse non si riscontra in nessun'altra religione —; ma in tutta la Bibbia il grido dei poveri che sale alle orecchie di Dio è una delle tematiche più commoventi e qualificanti. Vi risuonano i lamenti e le preghiere non solo degli indigenti, ma anche quelli dei perseguitati, degli sventurati, degli afflitti: anche questi fanno parte della famiglia dei poveri, tutti accomunati dalla fiducia in Dio.

Spesso, nei *Salmi*, la loro aspirazione a un domani migliore si esprime anche in modo veemente; in ogni caso essi aspettano la salvezza di Jahve, con cui sanno di essere solidali: i nemici dei poveri, infatti, sono anche i nemici di Dio, cioè gli empi e gli orgogliosi:

> Perché, Signore, stai lontano,
> nel tempo dell'angoscia ti nascondi?
> Il misero soccombe all'orgoglio dell'empio
> e cade nelle insidie tramate.
> L'empio si vanta delle sue brame,
> l'avaro maledice, disprezza Dio.
> L'empio insolente disprezza il Signore...
> Sorgi, Signore, alza la tua mano,
> non dimenticare i miseri...
> Spezza il braccio dell'empio e del malvagio;
> punisci il suo peccato e più non lo trovi...
> (*Sal* 10, 22-24; 33; 35-36)

Quindi, l'empio che maledice Dio è allo stesso tempo l'avaro che colpisce il povero: Dio e il povero sono accomunati in un unico rifiuto.

Il povero dei *Salmi* appare così per contro come l'amico e il servo di Jahve: in lui si rifugia, lui teme e cerca:

> Ho cercato il Signore e mi ha risposto
> e da ogni timore mi ha liberato...
> Questo povero grida e il Signore lo ascolta,
> lo libera da tutte le sue angosce...
> (*Sal* 34, 5-7).

I traduttori greci del Salterio hanno ben compreso che non si tratta della sola miseria materiale: per tradurre *anaw* (povero), non si sono serviti del vocabolo *ptochòs* — cioè indigente, da cui il nostro termine *pitocco* —, né di *pènes* — cioè bisognoso — ma hanno preferito *praỳs*, che evoca l'idea dell'uomo mite, che sopporta con calma le prove.

Ecco quindi che, da un lato, negli empi si realizza il trinomio avarizia-superbia-durezza di cuore; all'opposto, negli amici di Jahve si realizza il trinomio povertà-umiltà-mitezza, in cui già brillano le beatitudini evangeliche: infatti, gli *anawim* (plurale di *anaw)* di cui parla l'Antico Testamento sono gli umili che vivono nella giustizia, nel timore santo di Dio, nella fedeltà a lui.

Coloro che pregano e soffrono in tale disposizione di spirito meritano il nome di « poveri di Jahve ». Sono l'oggetto del suo amore benevolo e costituiscono la primizia del popolo umile e modesto, di quella Chiesa dei poveri che il Messia adunerà e che avrà in Maria il primo e più bel fiore.

Con questa interiorizzazione della povertà, per cui essere povero significa confidare in Dio con cuore umile e mite e quindi godere della sua protezione ed amicizia, siamo portati alle soglie del Nuovo Testamento, dove le stesse figure di Gesù e di Maria, appartenenti al popolo degli *anawim*, cioè dei poveri di Jahve, sono modello autentico di umanità realizzata secondo il disegno di Dio.

Povertà, umiltà, mitezza: ecco i tratti di Cristo e dei suoi seguaci.

I poveri nel Nuovo Testamento

Come abbiamo visto, già nell'Antico Testamento la povertà è una condizione non solo materiale, ma anche spirituale, inscindibilmente connessa all'umiltà e alla fiducia in Dio.

Il messaggio di Gesù acquista il suo pieno valore in questa luce. Quando inizia la sua missione (cfr. *Lc* 4, 16-21), nel discorso programmatico nella sinagoga di Nazaret, egli, citando *Isaia* (61, 1-2), si presenta come il Messia dei poveri, consacrato dall'unzione per portare loro la buona novella, come colui che realizza le attese degli *anawim* di Israele: « Lo Spirito del Signore è sopra di me; per questo mi ha consacrato con l'unzione, e mi ha mandato per annunziare ai poveri un lieto messaggio, per proclamare ai prigionieri la liberazione e ai ciechi la vista; per rimettere in libertà gli oppressi, e per predicare un anno di grazia del Signore »: come avevano annunciato i profeti, non si presenta come un Messia provvisto di potenza terrena, ma come il Messia dei poveri-umili: ciò non significa che egli escluda dal messaggio di conversione i ricchi e i potenti; ma senza dubbio sono i poveri-umili quelli che meglio capiscono i misteri del regno, e Gesù ne ringrazia il Padre: « Ti benedico, Padre, Signore del cielo e della terra, perché hai tenuto nascoste queste cose ai sapienti e agli intelligenti, e le hai rivelate ai piccoli » (*Mt* 11, 25): parole da cui traspare una profonda connessione tra povertà interiore e fede.

La povertà interiore

Che cos'è la povertà interiore? È l'umiltà, la consapevolezza dei propri limiti, l'attesa della salvezza da Dio solo, e non dalle sicurezze mondane.

Chi ha questo atteggiamento interiore, ha le condizioni soggettive necessarie per accogliere la buona novella del regno di Dio. Per questo Gesù nella prima beatitudine proclama beati i poveri di spirito, cioè i piccoli, gli umili, i semplici, che sanno accogliere il vangelo del regno ed accorrono a farne parte; mentre chi è ricco, avaro, potente, superbo non si lascia interpellare dalla Parola del Messia mite e umile: superbia, durezza di cuore, avarizia lo rendono impermeabile.

È impressionante l'affermazione dei capi dei giudei (i ricchi–avari, i potenti–superbi del tempo di Gesù) che per propria bocca confermano questa verità. Avendo le guardie del tempio rifiutato di arrestare Gesù, i capi le redarguiscono con queste parole: « "Perché non lo avete condotto?". Risposero le guardie: "Mai un uomo ha parlato come parla quest'uomo!". Ma i farisei replicarono loro: "Forse vi siete lasciati ingannare anche voi? Forse gli ha creduto qualcuno fra i capi o fra i farisei?" » (*Gv* 7, 45-48).

I potenti non credettero a Gesù: potere e ricchezza sono un ostacolo, un pericolo, una tentazione. L'orgoglio spirituale, poi, tipico degli scribi e dei farisei, è una barriera ancor più impenetrabile all'accoglienza del vangelo.

L'umiltà (cuore libero dall'orgoglio) e la povertà (cuore libero dall'attaccamento al denaro e al potere) sono quindi condizioni indispensabili perché il vangelo cada come seme su un buon terreno e fruttifichi. Questo è il senso della prima beatitudine: « Beati i poveri di spirito, perché di essi è il regno dei cieli » (*Mt* 5, 3).

Il messaggio di Gesù a questo proposito, tuttavia, non è costituito soltanto dalle parole della sua predicazione: è la sua persona stessa. Infatti, sia lui, sia sua Madre, appartengono al popolo degli *anawim*, e realizzano innanzitutto nella loro vita l'ideale evangelico dell'umiltà, della piccolezza, della mitezza, della povertà, costituendo un vangelo vivo per tutto Israele.

Il Messia nasce in una grotta, fuori dall'abitato, dove non c'era posto per Maria e Giuseppe; ben presto egli diviene un perseguitato e un fuggiasco, straniero in Egitto; sottostà alla dura legge del lavoro, come falegname a Nazaret; nella vita pubblica, non ha dove posare il capo; infine, muore come un reietto, « vermiciattolo » e non uomo (cfr. *Is* 41, 14): sono altrettante forme di povertà, abbracciate e consacrate da Gesù fino allo spogliamento totale. Egli può invitare tutti coloro che soffrono a venire a lui, perché egli per primo è mite e umile di cuore. Anche nel trionfo della domenica delle palme egli rimane il re modesto annunciato da *Zaccaria* (cfr. 9, 9). Ma soprattutto nella sua passione egli assume le sofferenze e riprende le preghiere dei *Salmi* di tutti i poveri di Jahve.

Che cosa chiede Gesù a coloro che desiderano seguirlo e diventare cittadini del suo regno? Innanzitutto, Gesù chiede a tutti i suoi discepoli di ogni tempo e di ogni luogo la povertà spirituale: questo è il senso della prima beatitudine.

Egli esige il distacco interno nei confronti dei beni temporali (sia che ne possiedano, sia che ne siano sprovvisti), perché questa libertà del cuore è necessaria per desiderare e ricevere le vere ricchezze, che sono quelle spirituali: « Cercate prima il regno di Dio e la sua giustizia, e tutte queste cose vi saranno date in aggiunta » (*Mt* 6, 33). La ricchezza, che in sé non è male, può ingannare e ingombrare il cuore: molti lo possono constatare. Le parole dell'angelo dell'*Apocalisse* sono rivelatrici: « Tu dici: Sono ricco, mi sono arricchito; non ho bisogno di nulla, ma non sai di essere un infelice, un miserabile, un povero, cieco e nudo » (3, 17).

Perciò il cristiano — come dice Paolo — deve usare di questo mondo come se in realtà non ne usasse, « perché passa la scena di questo mondo » (*1 Cor* 7, 31): per la sua vita è dunque essenziale la libertà rispetto al denaro e al potere. D'altronde, questo non è che un aspetto della rinuncia totale, della crocifissione del cuore che bisogna effettuare per essere discepoli di Gesù: « Se uno viene a me e non odia suo padre, sua madre, la moglie, i figli, i fratelli, le sorelle e persino la propria vita, non può essere mio discepolo » (*Lc* 14, 26). Qui la parola « odio » è un ebraismo che indica distacco completo e immediato: quindi, rinuncia interiore a tutto e a tutti, e in particolare al proprio io, per essere di Cristo.

Questo sembra essere anche il grande insegnamento della parabola del fariseo e del pubblicano: il fariseo presenta a Dio la sua ricchezza, cioè la sua vita, che egli ritiene « giusta », e così, con il cuore ingombro del proprio io orgoglioso, non può ricevere il perdono di Dio. Il pubblicano riconosce la sua povertà, il suo bisogno del perdono di Dio, e lo riceve.

Gesù, quindi, portando a perfezione il Vecchio Testamento, non solo esige il distacco del cuore dalle ricchezze, ma esige a complemento nei suoi discepoli un'attitudine di umile consapevolezza della propria indigenza che li avvicina ai bambini: il discepolo di Gesù è inconfondibile, ha un cuore di bambino, semplice, umile, distaccato. E, in effetti, i bambini non sanno che farsene del potere, delle ricchezze, della gloria. C'è da chiedersi quanti siano i veri cristiani!

Se il distacco interiore accompagnato dall'umiltà è essenziale, tuttavia Gesù non trascura anche l'effettiva povertà in quanto essa sia segno e strumento di distacco interiore. Essa può realizzarsi in tre modi:

— nella povertà come scelta volontaria di vita;
— nella paziente sopportazione della povertà;
— nel servizio cristiano dei poveri e nell'elemosina.

Per quanto riguarda la *scelta volontaria della povertà*, bisogna dire che, se Gesù a tutti ha chiesto il distacco interiore, ad alcuni ha chiesto anche una rinuncia concreta alle proprie ricchezze. Ha voluto che gli apostoli abbracciassero la povertà effettiva: « Non temere, piccolo gregge, perché al Padre vostro è piaciuto darvi il suo regno. Vendete ciò che avete e datelo in elemosina; fatevi borse che non invecchiano, un tesoro inesauribile nei cieli, dove i ladri non arrivano e la tignola non consuma. Perché dove è il vostro tesoro, là sarà anche il vostro cuore » (*Lc* 12, 32-34); al giovane ricco, Gesù dice: « Se vuoi essere perfetto, va', vendi quello che possiedi e dallo ai poveri, e avrai un tesoro nel cielo; poi vieni e seguimi » (*Mt* 19, 21).

Oltre agli apostoli e ai missionari del vangelo, ai quali è chiesto di essere totalmente liberi per Dio, anche singoli cristiani possono sentire questa chiamata di Gesù non solo al distacco interiore, che è obbligatorio per tutti, ma anche a una effettiva povertà volontaria. Anche alcune comunità cristiane hanno realizzato un'autentica povertà comunitaria fra i loro membri, in particolare la prima, quella di Gerusalemme, che metteva tutto in comune, divenendo così modello di innumerevoli comunità religiose nel corso della storia.

Tuttavia, è bene precisare che, mentre il distacco interiore dalle ricchezze è necessario per tutti i cristiani, la povertà effettiva sia dei singoli, sia dei gruppi rappresenta piuttosto la risposta generosa a una vocazione particolare.

Anche la *paziente sopportazione* del disagio economico, dell'indigenza, dell'oppressione, della persecuzione è un modo per realizzare la povertà effettiva. In queste situazioni il cristiano sperimenta la provvidenza del Padre, che non tralascia di nutrire gli uccelli del cielo e i gigli del campo. Il cristiano è fin da ora ricco, malgrado la sua povertà materiale, grazie alla sua fedeltà nella prova. Dice infatti l'angelo dell'*Apocalisse*: « Conosco la tua tribolazione, la tua povertà — tuttavia sei ricco... Sii fedele fino alla morte e ti darò la corona della vita » (2, 9-10).

Soprattutto l'apostolo Luca mette in evidenza i meravigliosi compensi che Dio riserva nella vita futura a coloro che sopportano pazientemente la povertà: tutti costoro — e sono moltissimi nel mondo — troveranno presso Dio, come il povero Lazzaro, una consolazione eterna (cfr. *Lc* 16, 19-25).

Infine, il terzo modo, quello che potremmo dire alla portata di tutti, per praticare la povertà non solo interiormente, ma anche materialmente, è l'*aiuto concreto* che tutti dobbiamo dare a chi ha bisogno, secondo la misura delle nostre possibilità.

Occorre essere chiari: l'aiuto ai poveri (che la tradizione ha poi concretizzato nelle 14 opere di misericordia corporale e spirituale) non è facoltativo come la povertà volontaria, ma obbligatorio per tutti. Questo aiuto può essere concretizzato sia con l'elemosina, sia con le molteplici forme del servizio cristiano. Il capitolo 25 del vangelo di *Matteo*, con la rappresentazione del giudizio, dove Gesù dice: « Ho avuto fame e mi avete dato da mangiare... », è la grande pagina che ci mostra la necessità che ogni cristiano, per conseguire la salvezza, aiuti i bisognosi: infatti, come osserva l'apostolo Giovanni, « se uno ha ricchezze di questo mondo e vedendo il suo fratello in necessità gli chiude il proprio cuore, come dimora in lui l'amore di Dio? » (*1 Gv* 3, 17).

La povertà nell'insegnamento dei Padri della Chiesa

L'ideale evangelico della povertà ha avuto un'influenza straordinaria nella vita della Chiesa e dei singoli cristiani. La comunione dei beni di cui parlano gli *Atti degli Apostoli* e san Paolo ha fortemente influenzato, sia pure in misura diversa, le prime comunità cristiane. Anche se non si è realizzato in modo radicale l'ideale di vita della comunità di Gerusalemme, in cui tutti vendevano i loro beni e li mettevano ai piedi degli apostoli, per le varie comunità cristiane dei primi due secoli, in Occidente come in Oriente, si può parlare di un'attitudine fraterna, per cui da parte dei ricchi vi era una costante sollecitudine verso i fratelli poveri, nella consapevolezza che i beni materiali sono doni di Dio da « ridonare » con animo fraterno. La comunione dei cuori di coloro che, essendo membri dell'unica Chiesa, erano legati dal medesimo amore, si traduceva in una comunione effettiva, nelle diverse forme di aiuto e solidarietà.

Negli scritti dei Padri più antichi questo insegnamento è costante. *San Clemente Romano,* terzo successore di san Pietro, scrivendo intorno al 90 d. C. ai Corinti per ristabilire l'ordine che era stato sovvertito nella locale comunità cristiana, bolla con parole severe l'invidia e la gelosia, generatrici di discordie, nemiche della *koinonìa* (comunione), ed esorta i ricchi all'aiuto verso i poveri: «Che il forte si prenda cura del debole, che il ricco provveda al povero, e che il povero renda grazie a Dio perché gli ha donato qualcuno che alleviasse la sua indigenza».

La *Didaché* — in italiano *Insegnamento dei dodici apostoli,* uno splendido libretto di autore ignoto, risalente agli anni immediatamente successivi all'epoca apostolica, che contiene una chiara enunciazione di precetti morali, di disposizioni organizzative della comunità cristiana e di indicazioni liturgiche — rivela che l'ideale della condivisione è vivissimo nella cristianità del primo secolo: «Tu non starai lontano dall'indigente, ma, al contrario, tu metterai i tuoi beni in comune con tuo fratello. Tu non dirai che i tuoi beni sono tuoi, perché, se voi avete in comune il bene immortale, quanto più dovrete farlo con i beni mortali».

Un'altra opera immediatamente successiva alla generazione apostolica, il *Pastore,* il cui autore è un certo *Erma,* che illustra in cinque tappe il cammino della penitenza, scuotendo e incoraggiando le anime, mette a fuoco i diversi doveri del cristiano: tra questi, quello di donare con larghezza a tutti i bisognosi. «Fai il bene — ammonisce Erma — e del prodotto del lavoro che Dio ti accorda, dona a tutti gli indigenti con semplicità, senza inquietarti di sapere a chi donerai... Tu dona a tutti, perché Dio vuole che tutti possano approfittare della sua larghezza». Secondo Erma, il rapporto ideale fra ricco e povero è espresso simbolicamente dalla vite e dai tralci: questo riferimento sul piano sociale di un simbolismo fortemente mistico è un'idea estremamente originale.

San Giustino martire (ca. 100-165), una delle più nobili figure della letteratura cristiana antica, difende in due scritti la nuova religione cristiana nei confronti dei pagani e nei confronti degli ebrei; nella prima delle sue *Apologie* egli afferma che uno degli effetti tangibili della conversione dal paganesimo al cristianesimo è la messa in comune dei beni: «Noi, prima della conversione, eravamo attaccati al denaro e alle ricchezze; ora invece noi mettiamo in comune ciò che abbiamo e lo condividiamo con i poveri».

Un'altra apologia famosa di quest'epoca è la *Lettera a Diogneto*, che con fede ardente illustra a un pagano di alto rango la religione cristiana. «Essere ricco — ammonisce l'ignoto autore della lettera —, non è questa la felicità. Ma colui che dona con liberalità a quelli che hanno bisogno, questi è imitatore di Dio».

I Padri della Chiesa del III secolo presentano una riflessione più articolata e complessa di queste tematiche.

Clemente Alessandrino (150-212), illustre esponente della scuola catechetica di Alessandria d'Egitto, è il primo a trattare in modo sistematico la dottrina cristiana sulla ricchezza e sulla povertà. In una delle sue opere, il *Pedagogo*, egli spiega che Dio ha creato la razza umana per la comunione, avendo per primo condiviso con noi i suoi beni, avendo reso comune a tutti gli uomini il suo Verbo e avendo creato tutte le cose a vantaggio di tutti. Tutto, dunque, ha una destinazione comune e i ricchi non devono trattenere per sé il superfluo. Trattenere il superfluo non è né umano né sociale. Perché dunque non condividere ciò che è a nostra disposizione con quelli che ne mancano?

Nell'omelia intitolata *Quale ricco si salverà?*, che è rivolta ai ricchi e ai notabili della sua città, commentando l'episodio evangelico di Gesù e del giovane ricco (cfr. *Mc* 10, 17-31), Clemente è meno radicale: il Cristo non obbliga a uno spogliamento esteriore, che potrebbe anche essere occasione di orgoglio, ma invita l'anima a spogliarsi delle passioni e degli attaccamenti peccaminosi. Le parole stesse del Signore, del resto, suppongono il possesso dei beni, pur raccomandando che siano usati per soccorrere il prossimo («Procuratevi amici con la iniqua ricchezza», *Lc* 16, 9). Perciò, osserva Clemente, non è necessario rigettare dei beni, con i quali si potrebbe essere utili agli altri, e che Dio ha preparato per il servizio degli uomini. Le ricchezze in sé non sono né buone né cattive: sono uno strumento, e sono fatte per servire, non per dominare.

È evidente che il messaggio cristiano, diffondendosi nei ceti elevati delle città dell'impero, non lasciava immutata la situazione dal punto di vista sociale. Ai ricchi veniva proposto di purificare il cuore, di deporre il disprezzo verso i poveri e di condividere fraternamente con loro i beni materiali.

Ma, a mano a mano che il cristianesimo si espande e diventa la religione maggioritaria, aumenta il rischio di una mondanizzazione, i problemi si fanno più complessi, le infedeltà al vangelo crescono.

Perciò, nelle opere dei grandi Padri della Chiesa di Cappadocia — una regione dell'attuale Turchia, che allora era di altissima civilizzazione cristiana — risuonano particolarmente accorati e pressanti i richiami alla fugacità dei beni terreni, la contrapposizione tra la scandalosa miseria dei poveri e il lusso sfrenato dei potenti, l'appello ai ricchi al dovere di condividere le loro sostanze: fino all'affermazione che il loro superfluo in realtà appartiene ai poveri.

San Basilio di Cesarea (ca. 330-379), in una omelia sulla parabola del ricco epulone e del povero Lazzaro, rivolgendosi al ricco, scrive: « Ricordati di te stesso, di ciò che sei, che cosa ti è stato affidato, da chi l'hai ricevuto... Tu sei diventato il servitore di un Dio buono, l'economo dei tuoi compagni di servizio. Tratta come un bene altrui tutto ciò che Dio ha messo nelle tue mani ».

Egli poi inveisce contro l'avaro che si finge povero per non fare l'elemosina: « Povero infatti tu sei e privo di ogni bene spirituale... povero d'amore, povero di fede, povero di speranza eterna... ». Chi è l'avaro? si chiede Basilio: è colui che non si accontenta del necessario. Chi è lo spogliatore? È colui che priva gli altri dei loro beni. « Il pane che tu metti al sicuro, sappi che appartiene a chi ha fame. I bei vestiti che tu conservi negli armadi, sappi che appartengono a chi ha freddo. Tu sei ingiusto verso tutte quelle persone alle quali ti rifiuti di donare ».

Un altro Padre cappadoce, *san Gregorio di Nazianzo* (ca. 329-390), sviluppa direttamente l'amore specifico che bisogna avere per i poveri: « La carità — egli scrive — è il primo e più grande comandamento, e il vertice della carità è l'amore per i poveri. Noi tutti siamo uno nel Signore, ricco e povero, schiavo e libero, e unico è il capo di tutti, Cristo ». Anche qui ritorna il tema dell'imitazione di Dio da parte dei ricchi: « Siamo come Dio per i poveri, imitando la misericordia di Dio perché nulla rende l'uomo simile a Dio come il fatto di beneficare ».

Il terzo Padre della Cappadocia, *san Gregorio di Nissa* (335-395), insistendo sull'obbligo assoluto della condivisione, sottolinea in particolare la dignità dei poveri, che sono il volto di Cristo: « I poveri hanno rivestito il volto del nostro Salvatore, perché egli, l'amico dei poveri, ha donato loro il suo volto. Per questo dobbiamo condividere ciò che possediamo con questi amici di Dio. Tutto infatti appartiene a Dio, nostro padre comune, e noi siamo dei fratelli, membri di una medesima famiglia. Che nessuno quindi imiti il ricco epulone il quale allontana Lazzaro dalla sua tavola... Se Dio vede questo, che destino riserverà ai nemici dei poveri? ».

Infine, il grande vescovo di Costantinopoli, *san Giovanni Crisostomo* (rappresentante della scuola di Antiochia, ca. 345-407), ritorna infinite volte su questi temi nei suoi sermoni. La condivisione dei beni rientra nel piano di Dio: « Tutto ci è comune, nei beni naturali come in quelli soprannaturali. Il pane eucaristico è donato a tutti. È dunque assurdo mostrarsi rapaci quando si tratta delle ricchezze: facciamo dunque prova di una grande misericordia, perché la misericordia è la regina delle virtù ».

Egli per primo sollevò lo spinoso problema dell'origine delle ricchezze: la loro accumulazione nelle mani di pochi, egli afferma, spesso nasce dal peccato e dall'ingiustizia. E, comunque, anche san Giovanni Crisostomo ribadisce l'insegnamento di fondo di tutti i Padri: « Donate a chi ha bisogno, non mi stancherò mai di ripeterlo », esorta nei suoi sermoni.

Il messaggio di questi autori cristiani dei primi quattro secoli è che la povertà parte dal cuore, ma deve diventare effettiva. Il ricco la rende effettiva aiutando i poveri con la misura della misericordia di Dio.

La povertà nella pratica dei monaci dei primi secoli

Sono molte e diverse le espressioni della vita cristiana: purché il cuore si conservi di Cristo e non divenga del mondo, si può essere cristiani attraverso le vie del matrimonio e delle attività temporali oppure attraverso la rinuncia ad esse.

Fin dai primi secoli, molti cristiani per seguire Cristo hanno accolto il suo invito ad abbandonare tutti i propri beni per vivere in assoluta povertà: è la nascita del monachesimo, che realizza, oltre al distacco interiore dalle ricchezze materiali — che è richiesto a tutti — anche il distacco esteriore ed effettivo da esse nella forma radicale della rinuncia, così da vivere del puro necessario per amore di Cristo povero.

Pur nella varietà delle forme, il monachesimo è un aspetto fondamentale della vita cristiana in quanto è una specifica chiamata alla sequela di Cristo povero, casto e ubbidiente, e ha solide radici nelle parole stesse di Gesù che, ad alcuni, ha chiesto la totale rinuncia alle proprie ricchezze: l'ha voluta per i suoi apostoli (cfr. *Lc* 12, 33), l'ha proposta al giovane ricco: « Se vuoi essere perfetto, va', vendi quello che possiedi, dallo ai poveri, e avrai un tesoro in cielo, poi vieni e seguimi » (*Mt* 19, 21).

Abbiamo già visto come, sin dalle origini, sia singoli cristiani, sia intere comunità (come quella di Gerusalemme) abbiano realizzato una radicale povertà volontaria; ma le adesioni a questo consiglio evangelico diventano frequenti e numerose, configurandosi come un movimento consistente, con la nascita del monachesimo.

Fin dalle origini, i discepoli di Cristo sono ben consapevoli che, pur essendo nel mondo, non sono del mondo; ma, a mano a mano che la giovane Chiesa si installa nella società, davanti al pericolo della tiepidezza nella pratica del vangelo si fa strada l'esigenza di una rottura con il mondo e con la società, ed ecco che nelle città si verificano i primi casi di ascetismo in cui all'impegno della verginità si unisce quello della rinuncia ai beni personali.

A queste prime manifestazioni di monachesimo urbano, germogliato spontaneamente sul terreno dei consigli evangelici, segue, nel terzo secolo, l'abbandono vero e proprio del mondo civilizzato per cercare Dio e realizzare l'ideale della vita evangelica nel deserto.

Il primo nome conosciuto è quello di *Antonio*, nato verso il 250 in un villaggio egiziano e morto all'età di circa 100 anni. Egli è considerato padre del monachesimo eremitico, quello in cui i monaci vivevano solitari nel deserto — in Egitto, in Siria o in Palestina —, ritrovandosi insieme solo per la liturgia eucaristica domenicale.

Nel racconto della sua vita lasciatoci da sant'Atanasio, emerge con chiarezza la particolare vocazione alla povertà volontaria che è la spinta interiore del movimento monastico. Antonio, folgorato dalle parole di Gesù al giovane ricco, realizzò per gradi successivi l'ideale di una vita di preghiera e di penitenza: prima a casa sua, poi ritirandosi in solitudine nelle vicinanze del suo villaggio, poi in pieno deserto, dove divenne punto di riferimento per innumerevoli uomini che volevano seguire Cristo casto e povero. Questi solitari, obbedendo all'esortazione di san Paolo («Chi non lavora, non mangi»), vivevano del proprio lavoro — in genere intrecciavano canestri — e i proventi di questa attività servivano per la loro sussistenza e per fare elemosina ai poveri. Nello stesso tempo, essi svolgevano un intenso servizio di direzione spirituale, rivolta a numerosi pellegrini che li visitavano per averne conforto e consiglio, e vigilavano sulla vita della Chiesa, interessandosi attivamente — specialmente al tempo dell'eresia ariana — delle controversie dottrinali che la travagliavano.

Contemporaneo di sant'Antonio è *san Pacomio* (292-346), iniziatore di una forma di monachesimo comunitario: i monaci, anziché solitari e isolati (eremiti), vivevano insieme in un monastero, situato in un luogo solitario, sotto la disciplina di una regola e di un superiore (cenobio, da *koinòs bìos*, ossia luogo dove si fa vita in comune); perciò la povertà era vissuta non più come iniziativa individuale, ma all'interno di una comunità organizzata. Nessun membro della comunità poteva possedere qualcosa come un bene personale: vesti, cibo, strumenti di lavoro erano forniti dal superiore ogni giorno, secondo il principio della stretta uguaglianza.

Pacomio introduce nelle sue comunità la legge del lavoro per quattro motivi: per evitare l'ozio e le conseguenti tentazioni; per consentire la «ruminazione», cioè la preghiera continua, di qualche versetto della Scrittura durante l'attività manuale; per provvedere al sostentamento della comunità; per rendere possibile l'assistenza ai poveri — compito, questo, di competenza del superiore del monastero.

Il monachesimo di Pacomio si configura come perfetta realizzazione della vita evangelica nella sequela di Cristo: «Rinunziamo al mondo — egli scrive — per poter seguire Gesù perfetto, divenendo a nostra volta perfetti».

Interessante osservare che non tutto il monachesimo primitivo prevede il lavoro del monaco: ad esempio il movimento dei *Messaliani*, che si sviluppò in Mesopotamia, rinunciava alla proprietà, ma i monaci rifiutavano di lavorare e vivevano di elemosina, per potersi dedicare completamente alla preghiera. Provengono da questo ambiente alcuni scritti, detti dello *Pseudo-Macario*, che tracciano un ideale di povertà molto rigido: «Il monaco non possiede che un solo vestito e si accontenta di un regime molto parco. Rinuncia totalmente ai beni, perché questo mondo che passa dissipa i pensieri, distoglie da Dio, non permette il raccoglimento dell'anima in preghiera. Ma la rinuncia radicale è la rinuncia al bene della propria volontà, per fare unicamente quella di Dio».

In sintesi, nel monachesimo primitivo, la povertà in primo luogo implica una rinuncia totale a partire dal cuore; il monaco la realizza mediante l'austerità dell'alloggio, del vestito, del cibo; il più delle volte essa è associata al lavoro manuale, e, infine, comporta l'impegno di assistenza ai poveri; insomma, il monaco è chiamato a coniugare la povertà con la carità, aprendosi ai bisogni umani del luogo in cui abita.

Tra i tanti esempi e aneddoti di cui a questo proposito abbondano le vite dei monaci o altri scritti fioriti in questo ambito, ricordiamo la risposta che il monaco *Arsenio*, ex funzionario dell'impero, diede al notaio che veniva a presentargli il testamento di un senatore: «Ma io sono "morto" prima di lui: come può, dunque, farmi suo erede?».

I veri monaci rifiutavano persino il denaro che veniva offerto loro perché lo dessero ai poveri: preferivano affidarsi alla Provvidenza e lasciare al donatore la cura della distribuzione.

Molti altri aneddoti dei Padri del deserto sottolineano lo spirito di povertà come totale abbandono a Dio. Eccone uno:

« Qualcuno offrì del denaro a un anziano, dicendogli: "Sei vecchio e malato". Era infatti lebbroso. Rispose: "Sei tu che vieni, dopo sessant'anni, a togliermi Colui che mi provvede? Da tanto che sono in questo stato, non mancai mai di nulla". E non volle nulla accettare ».

Noi, cristiani di oggi, abbiamo da riscoprire una dimensione della vita di cui ci siamo dimenticati, quella a cui ci invita Gesù: « Cercate prima il regno di Dio e la sua giustizia, e tutte queste cose vi saranno date in aggiunta. Non affannatevi dunque per il domani » (*Mt* 6, 33-34).

La povertà evangelica nella Chiesa occidentale

La valorizzazione del povero, l'eliminazione della schiavitù, una maggior giustizia sociale, forme capillari di solidarietà sono frutti evidenti della fecondità nella Chiesa e nella società della prima beatitudine evangelica. Ma l'ideale della prima comunità cristiana di Gerusalemme, dove tutti i beni erano in comune, si è concretizzato soprattutto nella vita monastica, mentre per i cristiani nel modo la Chiesa ha continuato a tenere vivo l'impegno dell'elemosina e della condivisione.

Vediamo ora, dopo il monachesimo più antico, l'incidenza della povertà evangelica nella Chiesa di Occidente. Una propaganda faziosa e superficiale parla di « Chiesa ricca » o di « ricchezze della Chiesa », senza tener conto della vitalità che lungo tutta la sua storia ha avuto il vangelo annunciato ai poveri: una vitalità di cui sono da sole una testimonianza viva le grandi encicliche sociali degli ultimi pontefici.

Anche in Occidente il monachesimo ha conosciuto una fioritura straordinaria ancor prima di san Benedetto. Infatti uno degli iniziatori della vita monastica in Occidente è *sant'Agostino* (354-430).

Mentre al monachesimo orientale davano vita essenzialmente dei laici, che si ritiravano nel deserto e vivevano o in forma eremitica o in forma cenobitica il loro distacco dal mondo, sant'Agostino, con una iniziativa originale, vuole che il clero regolare, cioè i sacerdoti in cura d'anime, realizzino una forma di vita comunitaria, legati insieme da una regola e impegnati nell'osservanza della povertà: i sacerdoti, continuatori degli apostoli, devono adempiere la loro missione pastorale dedicando il tempo alla preghiera e vivendo la semplicità e la povertà del vangelo. Perciò sant'Agostino, che era vescovo, riunì intorno alla chiesa cattedrale molti dei suoi sacerdoti, con una regola che prevedeva momenti comuni di preghiera e di studio, e la comunione dei beni; e si deve proprio a lui se alcune esigenze della vita monastica, in particolare quella della povertà evangelica, hanno influito sulla vita dei sacerdoti e dei vescovi.

Nella sua regola, la povertà è vista come vincolo di amore che deve legare tutti i membri della comunità: « Molti corpi, ma non molti cuori; molti corpi, ma non molte anime », raccomanda Agostino, e continua: « Abitate come una sola anima nel monastero, ed abbiate un cuore solo, un'anima sola in Dio. E nessuno chiami sua qualsiasi cosa, ma tutte le cose siano comuni ». Questa comunione, nella regola agostiniana, non concerne soltanto i beni materiali, ma anche quelli spirituali e i carismi dello Spirito Santo, perché non si può rivendicare e custodire egoisticamente ciò che ci è dato per l'utilità dei fratelli. Inoltre, con quell'attenzione alle persone, di cui Agostino ci insegna a rispettare la diversità, la sua regola prescrive che il superiore distribuisca vitto e vesti ai membri, « ma non in misura uguale per tutti: infatti, non tutti hanno uguale salute; a ciascuno sia dato secondo le sue necessità »: anche questo è originale rispetto alla regola — ad esempio — di san Pacomio, che prevedeva una rigida uguaglianza.

Il contributo più importante di sant'Agostino al concetto di povertà comunitaria consiste nel considerarla espressione dell'amore fraterno, segno visibile di esso: perché, nel cristianesimo, la condivisione dei beni non è mai riportabile a un « comunismo » imposto dall'esterno; ed anche l'elemosina non è solo un atto di giustizia umana, ma un movimento del cuore verso un uomo che è un figlio dell'unico Padre, membro reale o potenziale dell'unico corpo di Cristo.

Un altro grande maestro è *Giovanni Cassiano* (ca. 360-435). Tutta la vita monastica, secondo Cassiano, prende le mosse da un fondamentale movimento del cuore, in cui rientra anche la povertà, che è la *abrenuntiatio*, cioè la rinuncia. Essa ha una triplice valenza: in primo luogo è rinuncia a ogni ricchezza e disprezzo delle vanità mondane; poi è rinuncia ai vizi, alla sensualità, agli attaccamenti del cuore; infine è distacco da tutte le cose visibili per attendere solo a quelle invisibili. In questo contesto, la povertà comporta innanzitutto l'accettazione volontaria dell'austerità del monastero; ai monaci è inoltre proibita anche la più piccola forma di proprietà, come antidoto all'avarizia. Ma la *abrenuntiatio* più radicale è la spoliazione di ogni forma di possesso, anche spirituale (vengono in mente la notte dei sensi e la notte dello spirito di san Giovanni della Croce), quindi la nudità interiore nel puro amore per Cristo: fra i Padri della Chiesa, Cassiano è forse quello che più di tutti ha compreso il valore spirituale della povertà evangelica, come sradicamento dal cuore di ogni attaccamento, rinuncia alla volontà propria e interiore conformazione a Cristo.

Sintesi e superamento delle esperienze monastiche precedenti, la regola di *san Benedetto* (ca. 480-547 ca.), che ha esercitato nel corso dei secoli un influsso straordinario, anche sul tema della povertà si presenta piena di misura e di discrezione. Essa accoglie le istanze fondamentali della tradizione monastica sulla condivisione dei beni e sull'amore fraterno, senza però cadere in un pauperismo eccessivo, fine a se stesso. « *Omnia omnium sint communia* »; « *ne quisquam suum aliquid dicat vel praesumat* », stabilisce la regola (ossia il principio che tutte le cose siano comuni a tutti e che nessuno presuma di rivendicare la sua proprietà su qualcosa); ma non è escluso che il monastero possa possedere dei beni, almeno quelli essenziali alla vita e al lavoro dei monaci: beni la cui destinazione compete all'abate.

Anche san Benedetto accoglie il principio che nella distribuzione del vitto e delle vesti si tenga conto delle necessità di ogni persona, in particolare dei malati.

Questi criteri di equilibrio, di moderazione, di prudente discernimento (la *discretio*), che ispirano tutta la regola, sono la ragione del suo successo e della sua immutata validità.

Gli ordini mendicanti

Uno dei cardini delle regole monastiche madri, quella agostiniana e quella benedettina, che hanno dominato per 1500 anni circa, è il distacco interiore, radicale, anche rispetto alle cose più piccole, per chi vuole imitare Cristo, il quale non aveva neppure una pietra dove posare il capo.

Di conseguenza, i monasteri si sono organizzati su questo principio di comunitarismo radicale, che comportava l'incapacità non solo morale ma anche giuridica dei religiosi a possedere e la loro totale dipendenza dal superiore per l'uso e la destinazione dei beni necessari alla sopravvivenza e all'apostolato.

Ma, d'altro canto, il diritto di possedere dei beni veniva riconosciuto ai monasteri: principio che ebbe conseguenze enormi nella vita della Chiesa e della società, nel bene e nel male, e che deve essere tenuto ben presente nell'esaminare la storia della povertà nella Chiesa lungo gli otto secoli che separano san Benedetto da san Francesco.

Nei secoli che seguono le grandi migrazioni in Europa dei popoli germanici e slavi, la società feudale che si è venuta strutturando presenta una tale compenetrazione fra potere politico e potere religioso da offuscare la semplicità evangelica della Chiesa stessa: infatti in questi secoli i più importanti monasteri e vescovati hanno un grande peso economico e politico.

Tuttavia, la Chiesa non ha mai abbandonato l'ideale della povertà evangelica, sforzandosi di concretizzare nella vita di ogni giorno l'invito di Cristo a distaccarsi dalle ricchezze per mirare ad avere un tesoro nei cieli.

In primo luogo, occorre dire che la riflessione ecclesiastica dell'alto Medioevo ha definito con ampiezza di vedute lo stato di povertà: chi è il povero?

A questa domanda, la Chiesa di quei secoli risponde che è povero chi, in modo temporaneo o permanente, soffre di una situazione di debolezza, di dipendenza, di umiliazione, perché manca dei mezzi necessari ad affermare la propria autonomia e dignità. Povero quindi non è soltanto chi manca del denaro per vivere, ma anche chi manca della libertà, della cultura di base necessaria alla convivenza civile, del lavoro, della salute, della considerazione sociale.

Questa messa a punto è fondamentale perché proprio a partire dal primo Medioevo la Chiesa metterà a fuoco le varie forme di aiuto ai poveri che avranno un'influenza decisiva e benefica per la vita della società: diversi servizi sociali che oggi sono forniti dallo Stato, come gli ospedali, le scuole, gli istituti per gli anziani ed altri, sono nati proprio come risposta della Chiesa medievale ai bisogni sociali del suo tempo.

Come abbiamo già osservato, pur essendo riconosciuto ai monasteri il diritto di proprietà collettiva, i singoli monaci dovevano condurre una vita semplice, sobria, distaccata da ogni forma di possesso e dalle comodità. La povertà personale e volontaria, scelta per amore di Cristo, è sempre stata riconosciuta dalla Chiesa come un grande valore, ed essa l'ha sempre richiesta al clero e ai religiosi. A questo atteggiamento della Chiesa si è sempre accompagnato il rispetto per la povertà involontaria di ogni tipo, perché nel povero è presente Cristo: nella Chiesa cattolica la povertà non è mai un castigo di Dio, un motivo di vergogna. Pertanto, il monachesimo e successivamente tutte le varie forme della vita religiosa hanno avuto un'importanza fondamentale nel testimoniare attraverso i tempi la vitalità dell'invito evangelico alla povertà e nel richiamare allo spirito delle beatitudini, soprattutto al distacco dai beni del mondo e in particolare dalle ricchezze: aspetto peculiare del cristianesimo o, meglio, del cattolicesimo. Osserviamo infatti che nella riforma protestante questo aspetto si è perduto: per il riformatore Calvino la ricchezza e la prosperità negli affari sono un segno della predestinazione alla salvezza; perdendo la vita religiosa con l'abolizione dei conventi, il protestantesimo ha perso anche il valore della beatitudine della povertà; nelle Chiese protestanti la povertà vissuta come fatto personale e comunitario è scomparsa, benché siano rimasti vivi il richiamo e la pratica dell'aiuto ai poveri.

Se abbracciamo con uno sguardo d'insieme la storia della Chiesa, vediamo il suo sforzo di tenere vivo il monito di Cristo al giovane ricco a seguirlo nella povertà dopo avere dato i suoi beni ai poveri. La prima delle beatitudini, « beati i poveri di spirito », si è concretizzata soprattutto — benché non esclusivamente — nelle varie forme della vita religiosa.

Volontaria o involontaria che sia, nel cattolicesimo la povertà è un'assimilazione a Cristo: è un valore.

Una sintesi molto efficace di questa duplice considerazione della povertà è quella formulata da un autore del XII secolo, l'abate *Gerhoh di Reichersberg* (ca. 1100-1169), il quale vede nella Chiesa due tipi di poveri, gli uni e gli altri degni di amore perché entrambi *pauperes Christi* (« poveri di Cristo »): essi sono i *pauperes cum Petro* (« poveri con Pietro », cioè con il papa e la Chiesa, e sono i monaci, gli eremiti, i religiosi, che abbracciano volontariamente la povertà), e i *pauperes cum Lazaro*, cioè coloro che si trovano in tutte le situazioni di povertà involontaria (come era Lazzaro). Poiché gli uni e gli altri sono immagine di Cristo, la povertà è un valore.

Questo è uno dei punti chiave della riflessione medievale, che spiega le varie iniziative della Chiesa per incontrare Cristo in mezzo ai poveri.

Le iniziative della Chiesa medievale a favore dei poveri

In primo luogo nella Chiesa medievale è affermato con forza il dovere dei vescovi di proteggere i poveri.

San Cesario di Arles (470-543) e *Gregorio di Tours* (ca. 538-594), ambedue vescovi, sottolineano che un dovere fondamentale del loro ministero è la pratica delle varie opere di misericordia corporale e spirituale. Anzi, è indegno del titolo di *pater pauperum*, e merita piuttosto quello di *necator* (uccisore), il vescovo che non bada a che una parte dei beni della Chiesa (in genere il 25%) sia riservata ai poveri e che non li difende dai soprusi. Purtroppo molti storici, mancando di obiettività per ragioni polemiche, non riconoscono la costante fedeltà dell'episcopato a questo dovere.

Anche i ricchi e i potenti — in particolare il re e l'imperatore — sono richiamati al dovere morale di rispettare e sostenere i diritti dei più deboli, difendendoli dai soprusi: venire loro in aiuto è una forma efficace di remissione delle pene dovute ai peccati.

I monasteri devono allestire una foresteria all'ingresso, per assicurare l'ospitalità e la distribuzione di viveri e indumenti ai diseredati.

Come si deduce dai *Capitolari Carolingi* (le leggi promulgate da Carlo Magno all'inizio del IX secolo per il suo impero), la società medievale tende a considerare i poveri come una categoria sociale protetta dalla legge e sostenuta dai beni della Chiesa: quindi, se è vero che la Chiesa medievale ha potuto disporre di cospicue proprietà — peraltro lavorate soprattutto dai monaci stessi — bisogna rendersi conto che ha sempre avuto piena coscienza dei suoi doveri verso la povertà della sua epoca.

Con il passare del tempo, la Chiesa non aspetta più che i poveri vadano alla porta dei monasteri o degli episcopi a chiedere soccorso, ma si impegna direttamente in opere caritative soprattutto a favore dei malati, dei pellegrini, dei profughi: nascono ospedali, lebbrosari e luoghi di rifugio sostenuti da confraternite di volontariato. La carità attiva allora non è più monopolio dei monaci e dei chierici, ma vede in prima fila i laici, con iniziative individuali e collettive, soprattutto nell'ambito della salute e dell'ospitalità, dagli ospedali ai lebbrosari, agli ospizi.

La motivazione non è umanitaria, ma evangelica: si tratta di servire Cristo nel povero. Il povero è « portinaio del cielo », e l'elemosina è la via sicura per evitare il purgatorio, secondo la formula allora corrente che l'elemosina spegne la pena dovuta al peccato (e questo vale tuttora: infatti, la confessione estingue il peccato e una parte della pena; la parte di pena residua può essere estinta con diversi mezzi, di cui uno è l'elemosina).

Risulta evidente, da questa veloce rassegna, che nel primo Medioevo vescovi, monaci e laici non hanno certo mancato di andare incontro a Cristo vivente in mezzo ai poveri. Eppure, con san Francesco, si ha l'impressione che la Chiesa viva una svolta decisa, e che germogli qualcosa di nuovo e di durevole.

San Francesco (1182-1226), dando inizio con *san Domenico* (ca. 1170-1221) agli ordini dei frati predicatori, si svincola dalle organizzazioni ecclesiastiche feudali, e soprattutto dal tipo di vita religiosa rappresentata dal monastero, dove i monaci erano tenuti alla povertà individuale, ma dove il principio della proprietà collettiva conferiva a queste istituzioni potenza economica, prestigio sociale, peso politico.

San Francesco presenta ai suoi frati non più l'ideale del monaco che era Gesù nel deserto, ma l'ideale di Gesù pellegrino e povero, che non ha dove posare il capo (cfr. *Lc* 9, 3) e che percorre le strade della Galilea per annunciare il vangelo.

La povertà, da valore vissuto all'interno di un monastero spesso ricco e potente, diventa il connotato del predicatore itinerante, che non vive più rinchiuso in un monastero, ma come Cristo si impegna nella predicazione diretta del vangelo e nell'apostolato della testimonianza.

Le novità di Francesco sono soprattutto due. Innanzitutto Francesco ribadisce per sempre nella Chiesa lo stretto legame fra povertà e annuncio del vangelo. Il vangelo deve essere predicato nelle stesse condizioni in cui l'hanno predicato Cristo e gli apostoli, andando in mezzo alla gente con la sola ricchezza della parola e con l'efficacia del buon esempio. Il vangelo « parlato » ma non « vissuto » è inefficace. C'è in questo l'intuizione fondamentale che la Chiesa per essere credibile quando annuncia il vangelo deve fare di tutto per viverlo, sia pure nella precarietà e nel limite delle capacità umane. Una Chiesa installata solidamente nelle sicurezze umane non convince.

In secondo luogo, occorre che la povertà non riguardi soltanto i singoli frati; deve essere povero anche tutto il convento, che non deve poggiare sulla proprietà di beni terreni, ma sulla Provvidenza, vivendo di elemosina: di qui la definizione di « ordini mendicanti » con cui vengono designati i francescani e i domenicani, ed altri ancora, a sottolineare il principio della povertà non solo individuale ma di tutta la comunità.

È bene mettere in evidenza che san Francesco porta avanti questa « rivoluzione » in assoluta obbedienza alla Chiesa, in un periodo in cui la predicazione della povertà aveva un carattere di forte protesta nei confronti della gerarchia ecclesiastica e addirittura di eresia, come nei catari, negli albigesi, nei valdesi e in altri movimenti, i quali non si limitavano a deplorare gli abusi dei prelati ricchi, ma ne traevano motivo per contestare la legittimità stessa della Chiesa.

Francesco, invece, non critica, non attacca: non usa l'ideale della povertà per combattere la Chiesa. Egli vive semplicemente l'imitazione di Cristo povero in umiltà e in obbedienza.

Gli eretici usavano l'ideale della povertà per scardinare la Chiesa, ma il loro non era l'ideale evangelico. Infatti, la povertà nel vangelo non è mai soltanto uno stato sociale, ma è un atteggiamento umile del cuore. Francesco, vero povero di Cristo, quindi umile di cuore, rinnova la Chiesa senza contestarla.

Povertà, umiltà, obbedienza: Francesco ci insegna che sono tre virtù collegate. La povertà degli eretici, invece, non era né umile né obbediente: era soltanto uno strumento di lotta — di una lotta ricorrente nei secoli, anche ai nostri tempi — contro la Chiesa gerarchica.

La Chiesa dei poveri, ci ricorda san Francesco, lo è in un senso ben preciso: è la Chiesa che innanzitutto si sforza di vivere in se stessa le esigenze di Cristo povero, umile, obbediente, e per ciò stesso può stare a fianco con amore ai poveri del suo tempo. Con la sua sola vita, san Francesco smaschera l'inganno degli eretici: gente orgogliosa e arrogante che, per scardinare la Chiesa, faceva un uso strumentale dei poveri ma non li amava veramente.

San Francesco ha indicato la via della vera riforma della Chiesa, sempre esposta alle tentazioni del mondo: è la via che parte innanzitutto dalla propria conversione personale a Cristo umile, povero, obbediente.

Da questa radice nascono nuovi germogli di vita per la Chiesa di ogni tempo.

Capitolo 3

LA LUSSURIA

Ci introduciamo ora nel terzo vizio capitale, la lussuria, un vizio che ha intaccato profondamente la natura umana, fino a far gridare a san Paolo: «Chi mi libererà da questo corpo di morte?» (*Rm* 7, 24). È forse il vizio capitale più diffuso e più difficile da vincersi, è la testimonianza permanente della caduta originale dell'uomo, ma è anche la testimonianza viva della forza della grazia liberatrice.

La tragedia del nostro tempo consiste nel ritenere la lussuria una tendenza naturale della carne e non una sua deviazione. Ciò che è una malattia, una vera malattia della mente e del cuore, prima ancora che del corpo, viene oggi presentata come un fatto naturale, persino come una fonte di felicità.

Lo scrittore cattolico francese F. Mauriac, premio Nobel per la letteratura nel 1952, scrive, ne *I cinque volti dell'angoscia*, che il vizio impuro è una vera ossessione della specie umana e che la maggioranza degli uomini, dopo aver cercato di fare qualche piccolo sforzo per uscirne, vi ricade tristemente e vi resta, quasi come vittima, fino alla morte. Molti preferiscono rinunciare a una battaglia che si presenta ardua e richiede quotidianamente una vera crocifissione del cuore. Acquietano la propria coscienza con la scusa che questa battaglia non ha senso, perché non c'è nulla di male nel loro comportamento impuro.

Questo nostro tempo è molto ipocrita: per evitare di combattere il male, si nega che il male sia male. Invece di modellare la propria vita in base ai criteri morali, si modellano i criteri morali in base al modo di vivere.

Ciò che ci preme mettere a fuoco in questa prima riflessione sulla lussuria, è il suo carattere di malattia profonda dell'essere umano. La lussuria è un male, un male grave, che debilita l'uomo spiritualmente, moralmente, psicologicamente e fisicamente, rendendolo schiavo del desiderio impuro. La volontà diventa prigioniera dei meccanismi ripetitivi della carne, e nel cuore c'è l'amarezza di una schiavitù da cui non si vede l'uscita. E non è una malattia da cui si guarisca con l'avanzare degli anni: o la si vince combattendo, o ci perseguita fin sul limitare della morte.

Eppure, la nostra epoca ci vuol far credere che questo disordine grave e umiliante della natura umana sia un fatto naturale e appagante.

Essenza specifica della lussuria

Il termine *lussuria* deriva dal latino *luxus* (rigoglio, esuberanza), e in senso molto ampio indica ogni eccesso nel cibo, nelle bevande e simili; nel senso specifico in cui lo intendiamo noi nell'ambito della dottrina morale, la lussuria è un vizio capitale opposto alla virtù cardinale della temperanza, ed è la brama disordinata del piacere venereo.

Il piacere carnale, come la facoltà generativa e l'uso di essa, è dato direttamente all'uomo all'unico fine della procreazione della prole, che non è lecita se non tra legittimi coniugi. La lussuria pertanto consiste nel cercare esclusivamente il piacere carnale o fuori del matrimonio o nel matrimonio stesso, ma in modo che la procreazione della prole, per la qualità dell'atto (posto in modo non naturale), non possa essere raggiunta.

In sintesi, la lussuria è la ricerca del piacere carnale fuori delle finalità che Dio ha assegnato alla sessualità umana.

Infatti, l'istinto sessuale congenito, specifico nell'uomo e nella donna, è stato voluto da Dio quale espressione della matura e piena appartenenza dei coniugi nel matrimonio e al fine della procreazione del genere umano. L'istinto sessuale, pertanto, non costituisce in sé e per sé qualcosa di intrinsecamente cattivo, ma di naturalmente buono, non meno di qualsiasi altro organo o disposizione umana. Il suo uso nel matrimonio, cioè nei limiti posti da Dio, è conforme alla volontà divina e perciò moralmente ordinato.

Ne consegue, come afferma il Concilio, che « gli atti con i quali i coniugi si uniscono in casta intimità sono onorabili e degni e, compiuti in modo veramente umano, favoriscono la mutua donazione che essi significano e arricchiscono vicendevolmente in gioiosa gratitudine gli sposi stessi » (*Gaudium et spes*, 49). Ma se l'istinto sessuale, in sé buono, è deviato in senso egoistico, si cade nella lussuria.

La Chiesa ha sempre combattuto con forza nel corso dei secoli tutte quelle concezioni che tendono a demonizzare la sessualità e a scardinare il matrimonio. Per la Chiesa, l'istinto sessuale è parte fondamentale della natura umana creata da Dio, quindi in sé buono. Contro i manichei, i catari ed altri eretici, la Chiesa ha sempre difeso la santità del matrimonio in cui gli sposi realizzano la vocazione divina alla paternità e alla maternità.

Purtroppo, la ferita del peccato originale sembra farsi sentire in modo molto deciso, anche se non esclusivo, proprio sull'istinto sessuale: di qui tutte le deviazioni che noi comprendiamo sotto il nome di lussuria.

Spesso si ritiene che fra gli sposi tutto sia lecito. Si tratta di un'opinione gravemente erronea. Nei coniugi è colpa grave compiere atti che siano contrari al fine del matrimonio. È certamente lecito volere il piacere annesso all'unione coniugale, purché essa si compia in modo naturale e secondo la legge di Dio.

Nelle persone non sposate, invece, è illecito qualsiasi uso delle facoltà generative.

La morale cattolica stabilisce che ogni piacere venereo fuori del matrimonio, voluto in sé e con piena deliberazione, è sempre peccato mortale. La Chiesa ha condannato l'opinione per cui il piacere carnale direttamente voluto fuori del matrimonio sia colpa solo lieve. Naturalmente questa valutazione si riferisce all'aspetto oggettivo, cioè alla cosiddetta « materia » dell'atto, e non alle condizioni soggettive con cui esso è compiuto: infatti, perché una colpa sia mortale, oltre alla gravità in sé della materia, sono necessari la piena avvertenza, cioè la consapevolezza da parte del soggetto di ciò che sta facendo, e il deliberato consenso, cioè la libera decisione della sua volontà di compiere il male. Il grado di libertà e di consapevolezza con cui il soggetto compie un'azione in sé gravemente peccaminosa può variare molto da caso a caso.

La posizione cattolica nel definire la lussuria è, dunque, molto equilibrata: da una parte non demonizza la sessualità umana, dall'altra finalizza l'uso della sessualità al progetto di Dio, considerando peccato grave ogni uso della sessualità fuori del matrimonio e, all'interno del matrimonio, ogni uso della sessualità non conforme alla legge di Dio: è il caso della contraccezione, definita « grave disordine » da Paolo VI nella *Humanae vitae.*

Indubbiamente, la posizione della morale cattolica urta la mentalità moderna, che potremmo qualificare come permissiva e « pansessuale » per il valore spropositato che attribuisce al piacere sessuale, fino a farne una ragione di esistenza.

Ma la Chiesa di oggi come di ieri, a cominciare da Gesù, con una assoluta coerenza di dottrina per quasi duemila anni, non ha mai rinunciato a chiamare male ciò che è male.

La lussuria nella Bibbia

Le prescrizioni divine presenti nella legge dell'Antico Testamento condannano come colpe della massima gravità morale e sociale, meritevoli quindi della pena di morte, la fornicazione, l'adulterio, l'incesto, l'omosessualità, la bestialità (cfr. *Lv* 20, 10-21; *Dt* 22, 13-29; *Gn* 28, 20).

Gesù è certo misericordioso con i pubblicani, le meretrici, la donna adultera; ma nel medesimo tempo radicalizza le prescrizioni della legge, colpendo alla radice del peccato che è nel desiderio impuro e nello sguardo impuro: « Avete inteso che fu detto: Non commettere adulterio. Ma io vi dico: chiunque guarda una donna per desiderarla, ha già commesso adulterio nel suo cuore ». Poi Gesù continua, legando il desiderio allo sguardo: « Se il tuo occhio destro ti è occasione di scandalo, cavalo e gettalo via da te: conviene che perisca uno dei tuoi membri, piuttosto che tutto il tuo corpo venga gettato nella Geenna ». E conclude con affermazioni sul divorzio che non ammettono repliche: « Fu detto: Chi ripudia la propria moglie, le dia l'atto di ripudio; ma io vi dico: chiunque ripudia sua moglie, eccetto il caso di concubinato, la espone all'adulterio, e chiunque sposa una ripudiata commette adulterio » (*Mt* 5, 27-31): parole divine che separano il bene dal male in modo chiaro, immutabile.

Ma secondo Gesù, desiderio impuro e sguardo impuro affondano le radici in un cuore impuro, perché è di lì, infatti, che « escono i propositi malvagi, gli omicidi, gli adulteri, le prostituzioni, i furti, le false testimonianze, le bestemmie... Queste sono le cose che rendono immondo l'uomo » (*Mt* 15, 19): e fra queste cose sono compendiati i peccati sessuali.

San Paolo, che ha evangelizzato fra le perversioni sessuali degli ambienti pagani, si è levato con forza contro tutte le forme del male impuro, esigendo dai neofiti nella fede un cambiamento radicale di vita: « Né immorali, né idolatri, né adulteri, né effeminati, né sodomiti, né ladri, né avari, né ubriaconi, né maldicenti, né rapaci erediteranno il regno di Dio »(*1 Cor* 6, 9; cfr. *Rm* 1, 24-27). Qui c'è tutta una gamma di deviazioni sessuali la cui gravità è fuori dubbio: non entreranno nel Regno di Dio, afferma Paolo.

È impressionante quante volte egli mette in guardia dalla prostituzione, con argomentazioni decisive: « Non sapete che i vostri corpi sono membra di Cristo? Prenderò dunque le membra di Cristo e ne farò membra di una prostituta? Non sia mai! » (*1 Cor* 6, 13 ss; cfr. anche *2 Cor* 12, 21 e *Col* 3, 5). San Paolo coglie tutta la gravità delle varie forme di lussuria, che egli compendia sotto il termine di «fornicazione», a partire da una valutazione «sacra» del corpo del battezzato che, essendo stato inserito in Cristo, è membro vivo di Cristo risorto. Ecco come argomenta: «Fuggite la fornicazione! Qualsiasi peccato l'uomo commetta, è fuori del suo corpo; ma chi si dà alla fornicazione, pecca contro il proprio corpo. O non sapete che il vostro corpo è tempio dello Spirito Santo che è in voi e che avete da Dio, e che non appartenete a voi stessi? Infatti siete stati comperati a caro prezzo. Glorificate dunque Dio nel vostro corpo!» (*1 Cor* 6, 18).

Dal quadro d'insieme offerto dalla Sacra Scrittura, risulta che la lussuria in tutte le sue manifestazioni (masturbazione, rapporti fra uomo e donna non sposati, prostituzione, adulterio, incesto, bestialità, sodomia) è un peccato grave che esclude dal regno di Dio, il quale esige il pentimento e la conversione.

Questa base scritturistica, insieme con la legge morale naturale iscritta nella coscienza umana, costituisce la fonte perenne dell'insegnamento che la Chiesa attraverso i secoli non ha mai cessato di ribadire con fermezza, fino ai nostri giorni — predicando, nel contempo, la massima misericordia per il peccatore pentito.

La classificazione di san Tommaso

È molto chiara la sintesi che di questo insegnamento ci presenta il teologo domenicano san Tommaso, dottore della Chiesa, che nella sezione *Secunda secundae* della *Summa theologica* ha offerto una sintesi stupenda e insuperata di tutta la dottrina cattolica dei vizi e delle virtù.

Innanzitutto, il lussurioso è colui che è dissoluto nei piaceri, e poiché sono soprattutto i piaceri impuri quelli che portano la dissoluzione dell'anima, la lussuria è perciò il vizio dei piaceri impuri.

Poiché il piacere carnale, che è oggetto della lussuria, ha molta attrattiva e per esso gli uomini commettono molti peccati, per questo la lussuria è un peccato capitale (cioè capo e origine di altri peccati).

Il disordine sessuale provoca danni alle facoltà mentali dell'uomo: «Poiché nella lussuria — argomenta il santo — gli istinti del corpo lottano potentemente contro le facoltà dell'anima, quando gli istinti inferiori vincono, le facoltà superiori — cioè la ragione e la volontà — restano molto scompigliate, e quindi ne derivano, come figlie della lussuria, per quanto riguarda l'intelletto, la cecità di mente, la sconsideratezza, la precipitazione e l'incostanza nel giudizio; per quanto riguarda la volontà, l'amore di se stessi, l'odio di Dio, l'amore per la vita presente e l'orrore per quella futura».

San Tommaso distingue e definisce le varie specie della lussuria.

Innanzitutto la *fornicazione*, che comprende la masturbazione, i rapporti fra uomo e donna fuori del matrimonio, la prostituzione (che è un'aggravante dei rapporti sessuali fuori del matrimonio, perché è motivata dal denaro): sulla scia della Scrittura, san Tommaso la considera un peccato mortale.

Egli precisa che abbracciarsi e darsi un bacio non è peccato se lo si fa senza malizia e per costume del luogo (anche come espressione casta e pulita di affetto fra due fidanzati); se invece lo si fa per provocare il piacere venereo, allora è peccato mortale. Inoltre precisa che un disordine che avvenga mentre si dorme, mancando allora l'uso della ragione, non è peccato.

Lo *stupro*, essendo fornicazione esercitata con violenza nei confronti di persona che è vergine, è un peccato mortale speciale (cioè di particolare gravità, per cui deve essere specificato nella confessione), perché alla malizia della fornicazione aggiunge la violenza e il danno fatto alla persona.

Il *ratto*, consistendo nel rapire una persona a scopo di lussuria, è un peccato mortale speciale, perché aggiunge alla malizia della lussuria la privazione della libertà fatta alla persona.

L'*adulterio*, cioè il peccato di lussuria di persona sposata con una persona che non è il coniuge, è un peccato mortale speciale che alla malizia della lussuria aggiunge l'ingiustizia verso il coniuge tradito e il danno alla propria e altrui prole, al cui bene dell'educazione si nuoce.

L'*incesto*, cioè il peccato fra congiunti, è un peccato mortale distinto che aggiunge alla malizia della lussuria l'irriverenza ai propri congiunti e alle pareti domestiche.

Il *sacrilegio*, che è il peccato di una persona consacrata a Dio, aggiunge alla malizia propria della lussuria la lesione del carattere sacro, ed è perciò un peccato speciale.

La fornicazione tra una persona consacrata e una persona sposata assomma alla malizia della lussuria l'offesa al carattere sacro di chi si è consacrato a Dio e l'ingiustizia verso il coniuge tradito.

Il *peccato contro natura* non solo ripugna alla retta ragione, ma è anche contro l'ordine di natura; perciò è un peccato mortale distinto e, quanto alla materia, è il più grave dei peccati contro la purità.

Richiamare questa classificazione è importante per due motivi: oggi si fanno tanti discorsi generici sul valore della sessualità, ma non si danno indicazioni precise sui peccati sessuali, mentre è necessario che le persone ne sappiano individuare con chiarezza la specie, la gravità, le aggravanti, sia pure in una visione positiva della sessualità.

Inoltre, abbiamo voluto mostrare la continuità della dottrina della Chiesa, a partire dalla Bibbia, su questo tema, e abbiamo constatato che le diverse manifestazioni del peccato sessuale sono enumerate e biasimate nella loro gravità già nell'Antico Testamento, che prevedeva addirittura la pena di morte per chi se ne macchiava.

Tuttavia, qui è necessario richiamare la precisazione che abbiamo già fatto.

Quando parliamo di peccato mortale (o di peccato grave), vogliamo fare riferimento alla « materia » del peccato, cioè al suo aspetto oggettivo, alla natura dell'atto considerato in sé, non ai suoi aspetti soggettivi, cioè alle condizioni di consapevolezza e al grado di libertà di chi lo compie (« piena avvertenza » e « deliberato consenso »): abbiamo già spiegato che questi aspetti soggettivi vanno giudicati caso per caso e che possono alleggerire la gravità dell'atto. E comunque, solo Dio legge nel profondo dei cuori.

L'etica sessuale in un documento del Magistero della Chiesa

Ora, in un momento storico in cui i mutamenti di costume hanno alterato e minato i criteri morali di molti cristiani, prenderemo in esame un documento del Magistero pubblicato nel 1975, la Dichiarazione della Sacra Congregazione per la Dottrina della Fede intitolata *Questioni di etica sessuale*: documento che ribadisce la continuità della dottrina della Chiesa e spiega la gravità di alcuni peccati che la mentalità attuale vorrebbe coonestare.

Vale la pena di richiamare questo documento proveniente dalla Santa Sede, perciò di grande autorevolezza, perché tratta alcuni temi su cui la predicazione e la catechesi oggi sono un po' latitanti: infatti, anche tra i cattolici c'è stato un cedimento al permissivismo nel campo della sessualità, sia a livello di personalità eminenti nell'ambito della riflessione morale, sia a livello di educatori; di modo che, anche negli ambienti parrocchiali, sono venute meno quelle indicazioni chiare e precise di cui tutti hanno bisogno. I giovani, in particolare, forse per troppi anni, sono rimasti privi di una proposta morale che esprimesse la reale dottrina della Chiesa, e si è lasciato che procedessero a tentoni in un settore decisivo per la loro vita: si è taciuto, o addirittura sono state avallate forme di « edonismo licenzioso ».

La situazione attuale

Il testo, partendo dalla constatazione della profonda incidenza della sessualità nella vita umana, osserva con preoccupata attenzione l'attuale rilassamento dei costumi e la confusione degli spiriti in tema di morale sessuale; e, di fronte alle gravi conseguenze di questa situazione, afferma che la Chiesa mancherebbe al suo compito di « luce delle genti » se tacesse su questioni così rilevanti per i singoli e per la società (§§1-2).

1. La persona umana, a giudizio degli scienziati del nostro tempo, è così profondamente influenzata dalla sessualità, che questa deve essere considerata come uno dei fattori che danno alla vita di ciascuno i tratti principali che la distinguono. Dal sesso, infatti, la persona umana deriva le caratteristiche che, sul piano biologico, psicologico e spirituale, la fanno uomo o donna, condizionando così grandemente l'*iter* del suo sviluppo verso la maturità e il suo inserimento nella società. È questa la ragione per cui — come chiunque può agevolmente constatare — ciò che riguarda il sesso è oggi una materia che frequentemente e apertamente è trattata da libri, riviste, giornali e dagli altri strumenti di comunicazione sociale.

Frattanto, s'è accresciuta la corruzione dei costumi, di cui uno dei più gravi indizi è la smoderata esaltazione del sesso, mentre con la diffusione degli strumenti di comunicazione sociale e degli spettacoli, essa è arrivata ad invadere il campo dell'educazione e ad inquinare la mentalità comune. In questo contesto, se alcuni educatori, pedagogisti o moralisti hanno potuto contribuire a far meglio capire e integrare nella vita i peculiari valori dell'uno e dell'altro sesso, altri, invece, hanno proposto concezioni e modi di comportamento che sono in contrasto con le vere esigenze morali dell'essere umano, addirittura tali da favorire un licenzioso edonismo.

Ne è risultato che, anche fra i cristiani, insegnamenti, criteri morali e maniere di vivere, finora fedelmente conservati, sono stati nel giro di pochi anni fortemente scossi, e sono numerosi quelli che oggi, dinanzi a tante opinioni largamente diffuse e contrarie alla dottrina che hanno ricevuto dalla Chiesa, finiscono col domandarsi quel che devono ancora ritenere per vero.

2. La Chiesa non può restare indifferente dinanzi a tale confusione degli spiriti e a tale rilassamento dei costumi. Si tratta, infatti, di una questione importantissima per la vita personale dei cristiani e per la vita sociale del nostro tempo (cfr. Conc. Vat. II, *Gaudium et spes*, 47).

Ogni giorno i vescovi sono indotti a costatare le crescenti difficoltà che incontrano i fedeli nel prendere coscienza della sana dottrina morale, specialmente in materia sessuale, e i pastori nell'esporla con efficacia. Essi si sentono chiamati, in forza del loro ufficio pastorale, a rispondere su questo punto così grave ai bisogni dei fedeli ad essi affidati; e già importanti documenti sono stati pubblicati circa questa materia da alcuni di loro, o da alcune Conferenze Episcopali. Tuttavia, poiché le opinioni erronee e le deviazioni che ne risultano continuano a diffondersi dappertutto, la Sacra Congregazione per la Dottrina della Fede, in virtù della sua funzione nei confronti della Chiesa universale (Costituz. Apostol. *Regimini Ecclesiae Universae*, 29) e per mandato del Sommo Pontefice, ha ritenuto necessario pubblicare la presente *Dichiarazione*.[1]

Le fonti della morale sessuale della Chiesa

Il documento poi (§§ 3-6) spiega a quali fonti attinge la Chiesa per sviluppare la sua morale sessuale e per applicarla anche alla situazione concreta: esse sono la parola di Dio contenuta nella Bibbia e la legge morale naturale che Dio ha iscritto in ogni cuore, quella legge eterna universalmente valida che Mosè ha semplicemente ribadito nei dieci comandamenti, perché si era offuscata nella coscienza a causa del peccato originale. San Giovanni dice che il Verbo « era la luce vera che illumina ogni uomo che viene in questo mondo » (*Gv* 1, 6 nella tradizionale versione della *Vulgata*): ogni uomo, anche quando non ha ancora la fede, ha questa rivelazione, questa luce interiore che gli permette di distinguere il bene dal male.

Oggi — e lo vediamo specialmente per quanto riguarda la sessualità — è molto diffusa la convinzione che il cambiamento delle condizioni concrete e delle esigenze della vita umana comporti il cambiamento dei princìpi morali. Al contrario, ogni contingenza, ogni epoca storica ha la luce eterna della legge morale naturale, che non muta nel tempo ma si incarna in tutte le condizioni dell'esistenza umana.

La Chiesa, illuminata dallo Spirito Santo, è infallibile non solo nell'esporre la Bibbia e nell'interpretarla, ma anche nell'esporre la legge morale naturale (a questo proposito, sarà opportuno precisare che la Chiesa, in base alla legge morale naturale, è in grado di fornire criteri validi anche in relazione a problemi nuovi — si pensi, ad esempio, alla bioetica —, che ovviamente non possono essere contemplati dalla Bibbia); a partire da que-

---

[1] *Questioni di etica sessuale*, dato a Roma, dalla sede della Sacra Congregazione per la Dottrina della Fede, il 29 dicembre 1975. Le citazioni testuali sono in corpo minore.

ste fonti, essa può dire con chiarezza quali azioni sono buone e quali sono cattive, ponendosi come guida per le coscienze.

La *Dichiarazione* sottolinea che dare alle persone solo un generico criterio di amore come orientamento per la loro condotta e per la valutazione di essa, è fuorviante: di ogni azione si deve esprimere un giudizio in base alla legge di Dio.

L'etica sessuale, dunque, non è un fatto soggettivo e neppure dipende dall'evoluzione dei costumi, ma è una costante nell'insegnamento della Chiesa, attraverso il variare delle circostanze storiche e dei luoghi geografici: la chiarezza e il rigore della predicazione di san Paolo a questo proposito non erano per nulla smussate ed edulcorate dal fatto che la sua predicazione avvenisse nel contesto di una società dove erano ammesse gravi licenze e perversioni. E, per fare un altro esempio, la Chiesa, sia pure con fatica, predica gli identici princìpi di etica sessuale anche nelle aree geografiche in cui, come in molte regioni africane, è in vigore la poligamia. A questi princìpi di origine divina la Chiesa si è sempre e dovunque mantenuta fedele, senza adattamenti a situazioni locali o a circostanze storiche.

Il testo, prima di affrontare altri argomenti particolari, richiama il principio basilare della morale sessuale della Chiesa: la sessualità si realizza solo nel matrimonio; e, nel matrimonio, non basta il reciproco amore a giustificare ogni comportamento, occorre anche che gli atti posti dalla coppia esprimano l'osservanza della legge divina e siano perciò tali da salvaguardare il senso del mutuo dono e da essere aperti alla vita.

3. Gli uomini del nostro tempo sono sempre più persuasi che la dignità e la vocazione della persona umana richiedono che, alla luce della loro ragione, essi scoprano i valori inscritti nella loro natura, che li sviluppino incessantemente e li realizzino nella loro vita, in vista di un sempre maggiore progresso.

Ma, in materia morale, l'uomo non può emettere giudizi di valore secondo il suo personale arbitrio: « Nell'intimo della propria coscienza l'uomo scopre una legge che non è lui a darsi e alla quale deve obbedire... Egli ha una legge scritta da Dio dentro il suo cuore, obbedire alla quale è la dignità stessa dell'uomo e secondo la quale sarà giudicato » (*Gaudium et spes*, 16).

Inoltre, a noi cristiani Dio, mediante la sua Rivelazione, ha fatto conoscere il suo disegno di salvezza e ha proposto il Cristo, Salvatore e Santificatore, nella sua dottrina e nel suo esempio, come la norma suprema e immutabile della vita, Lui, il quale ha detto: « Io sono la luce del mondo; chi segue me non camminerà nelle tenebre, ma avrà la luce della vita » (*Gv* 8, 12).

Non può, dunque, esserci vera promozione della dignità dell'uomo se non nel rispetto dell'ordine essenziale della sua natura. Certo, nella storia della civiltà, molte condizioni concrete ed esigenze della vita umana sono mutate e muteranno ancora; ma ogni evoluzione dei costumi e ogni genere di vita devono essere contenuti nei limiti imposti dai princìpi immutabili, fondati sugli elementi costitutivi e le relazioni essenziali di ogni persona umana: elementi e relazioni che trascendono le contingenze storiche.

Questi princìpi fondamentali, che la ragione può cogliere, sono contenuti nella « legge divina, eterna, oggettiva e universale, per mezzo della quale Dio, nel suo disegno di sapienza e di amore, ordina, dirige e governa l'universo e le vie della società umana. Dio rende partecipe l'uomo di questa sua legge, cosicché l'uomo, sotto la sua guida soavemente provvida, possa sempre meglio conoscere l'immutabile verità » (Conc. Vat. II, *Dignitatis humanae,* 3). Questa divina legge è accessibile alla nostra conoscenza.

4. A torto, quindi, molti oggi pretendono che, per servire di regola alle azioni particolari, non si possa trovare né nella natura umana né nella legge rivelata altra norma assoluta e immutabile, se non quella che si esprime nella legge generale della carità e del rispetto della dignità umana. A prova di questa asserzione essi sostengono che nelle cosiddette norme della legge naturale o precetti della Sacra Scrittura non si deve vedere altro che determinate espressioni di una forma di cultura particolare in un certo momento della storia.

Ma, in realtà, la Rivelazione divina e, nel suo proprio ordine, la sapienza filosofica, mettendo in rilievo esigenze autentiche dell'umanità, per ciò stesso manifestano l'esistenza di leggi immutabili, inscritte negli elementi costitutivi della natura umana e che si manifestano identiche in tutti gli esseri dotati di ragione.

Inoltre, Cristo ha istituito la sua Chiesa come « colonna e sostegno della verità » (*1 Tim* 3, 15). Con l'assistenza dello Spirito Santo, essa conserva incessantemente e trasmette senza errore le verità dell'ordine morale, e interpreta autenticamente non soltanto la legge positiva rivelata, « ma anche i princìpi dell'ordine morale che scaturiscono dalla stessa natura umana » (*Dignitatis humanae,* 14), e che concernono il pieno sviluppo e la santificazione dell'uomo. Ora, di fatto, la Chiesa, nel corso della sua storia, ha costantemente considerato un certo numero di precetti della legge naturale come aventi valore assoluto e immutabile, e ha visto nella loro trasgressione una contraddizione con la dottrina e lo spirito del Vangelo.

5. Poiché l'etica sessuale riguarda certi valori fondamentali della vita umana e della vita cristiana, è pure ad essa che si applica questa dottrina generale. In questo campo esistono princìpi e norme che la Chiesa, senza alcuna esitazione, ha sempre trasmesso nel suo insegnamento, per quanto opposti potessero essere ad essi le opinioni e i costumi del mondo. Questi princìpi e queste norme non hanno affatto origine

da un certo tipo di cultura, ma appunto dalla conoscenza della legge divina e della natura umana. Essi non possono, pertanto, ritenersi superati né messi in dubbio, col pretesto di una nuova situazione culturale.

Sono questi i princìpi che hanno ispirato i suggerimenti e le direttive del Concilio Vaticano II per una educazione e una organizzazione della vita sociale, che tengano debito conto della uguale dignità dell'uomo e della donna, nel rispetto della loro differenza (cfr. *Gravissimum educationis*, 1, 8).

Parlando dell'indole sessuata dell'essere umano e della facoltà umana di generare, il Concilio ha notato che esse « sono meravigliosamente superiori a quanto avviene negli stadi inferiori della vita » (*Gaudium et spes*, 51). Poi si è particolarmente dedicato ad esporre i princìpi ed i criteri che concernono la sessualità umana nel matrimonio e che hanno il loro fondamento nella finalità della sua funzione specifica.

A questo proposito, il Concilio dichiara che la bontà morale degli atti propri della vita coniugale, ordinati secondo la vera dignità umana, « non dipende solo dalla sincera intenzione e dalla valutazione dei motivi, ma va determinata da criteri oggettivi, che hanno il loro fondamento nella natura stessa della persona e dei suoi atti e sono destinati a mantenere in un contesto di vero amore l'integro senso della mutua donazione e della procreazione umana » (*Gaudium et spes*, *ibid.*, cfr. anche 49).

Queste ultime parole riassumono brevemente la dottrina del Concilio — esposta in precedenza con maggior ampiezza nella stessa Costituzione (cfr. *Gaudium et spes*, 49, 50) — circa la finalità dell'atto sessuale e il criterio principale della sua moralità: è il rispetto della sua finalità che garantisce l'onestà di questo atto.

Questo stesso principio, che la Chiesa attinge alla Rivelazione divina e alla propria interpretazione autentica della legge naturale, fonda anche la sua dottrina tradizionale, secondo la quale l'uso della funzione sessuale ha il suo vero senso e la sua rettitudine morale soltanto nel matrimonio legittimo. (La presente *Dichiarazione* non comprende tutte le norme morali della vita sessuale nel matrimonio, che sono state chiaramente esposte nelle encicliche *Casti connubii* e *Humanae vitae*.)

6. La presente *Dichiarazione* non intende trattare di tutti gli abusi della facoltà sessuale né di tutto ciò che implica la pratica della castità; essa si propone di richiamare la dottrina della Chiesa intorno ad alcuni punti particolari, considerata l'urgente necessità di opporsi a gravi errori e a comportamenti aberranti e largamente diffusi.

Principio cardine della morale sessuale della Chiesa è che la sessualità, in sé buona, trova la sua realizzazione nella paternità e nella maternità, quindi soltanto nel matrimonio. Anche nel matrimonio deve essere vissuta secondo la legge morale, cioè in conformità alla volontà di Dio.

In realtà, di nuovo pare che non ci sia nulla: anche ai nostri tempi, i vizi antichi, che sono dilagati nell'umanità a partire dal peccato originale, si ripropongono. La vera novità sarebbe la castità. La legge nuova di Cristo ha raccolto drappelli di vergini e di martiri del cuore, ma il mondo è rimasto in gran parte corrotto. Nulla è più antico del vizio, nulla è più nuovo della virtù.

Mentre negli animali la sessualità è un fatto puramente istintuale, ed ha una finalità limitata alla conservazione della specie, la sessualità umana è iscritta nella spiritualità della persona, implica un dono reciproco di amore e di collaborazione con Dio nel chiamare alla vita nuove creature.

Il documento conciliare citato, cioè la *Gaudium et spes*, esplicita il principio morale che deve reggere il rapporto fra i coniugi: certo vi deve essere un sincero amore e una volontà di mutua donazione, ma questo amore sincero non rende buoni tutti gli atti sessuali; questi devono corrispondere alla legge di Dio. Ogni atto sessuale deve essere in sé e per sé suscitato dall'amore e deve in sé e per sé essere aperto alla vita. Perciò, per attuare i princìpi della paternità e della maternità responsabili, sono consentiti i metodi naturali per determinare i periodi fecondi e infecondi, in quanto rispettano le leggi di natura; invece non sono permesse le varie forme di contraccezione, in quanto non rispettano la finalità dell'atto sessuale, che per sua natura deve esprimere amore e donazione e nel contempo deve sempre essere aperto alla vita.

Tre deviazioni morali

Il documento ora affronta tre deviazioni morali: i rapporti prematrimoniali (§ 7), l'omosessualità (§ 8), la masturbazione (§ 9). Esse sono presenti anche tra i fedeli, e non solo nella realtà dei fatti: anche a livello di coscienza si è smarrita o annebbiata la consapevolezza della loro gravità.

Come si è già detto, quando si parla della gravità di questi peccati, come di qualsiasi altro, ci si riferisce solo alla natura dell'atto preso in sé e per sé, alla sua oggettiva difformità dalla legge di Dio; altro è il discorso sulle condizioni soggettive, cioè sul grado di consapevolezza e di libertà di colui che lo commette: a questo proposito occorre ricordare che solo Dio legge in fondo al cuore delle persone.

Detto questo, è bene ribadire, e la *Dichiarazione* è molto chiara al riguardo, che la sollecitudine pedagogica e pastorale per il peccatore non deve mai essere tale da coonestare la liceità di atti che non possono essere valutati positivamente dal punto di vista morale.

Non sembri, questa, una severità eccessiva: dire la verità, chiamare il male per nome, indicare la via del bene è la più grande carità; la misericordia di Dio poi si riassume nell'affermazione che non c'è peccato così grave che Dio non perdoni, se c'è il pentimento accompagnato dal proposito di non peccare più. E non dobbiamo dimenticare che la grazia sostiene le persone sinceramente desiderose di emendarsi.

Inoltre, una volta che il soggetto ha percepito il suo stato di peccato e ha chiesto perdono a Dio, Dio perdona: l'unica condizione che chiede per perdonare è il pentimento, quindi il proposito di non peccare più, senza il quale non si dà vero pentimento. Rimane l'obbligo della confessione per ricevere la grazia sacramentale.

I rapporti prematrimoniali

Il primo problema affrontato è quello dei rapporti prematrimoniali (§ 7).

A fronte del grande mutamento nei costumi, dovuto in ultima analisi alla eclissi dei criteri morali di fondo sui quali si reggevano le famiglie cristiane, la *Dichiarazione* ribadisce il criterio basilare della morale sessuale cattolica, per cui, solo se sono congiunti da Dio in matrimonio un uomo e una donna possono essere una carne sola; perciò condanna i rapporti prematrimoniali, dimostrando l'inconsistenza delle motivazioni che vengono comunemente addotte per giustificarli.

Pertanto, sarà necessario ristabilire il giudizio morale in tutta la sua chiarezza e addurre le ragioni per cui i giovani devono fare un cammino verso il matrimonio nel rispetto reciproco e nella comprensione del valore autentico della sessualità. Certo, se si intende la sessualità come un gioco, allora non si può capire questo discorso; ma si è osservato che molti giovani di buona volontà, quando si sono sentiti spiegare con chiarezza che i rapporti prematrimoniali sono peccato, sono tornati sui loro passi.

7. Molti oggi rivendicano il diritto all'unione sessuale prima del matrimonio, almeno quando una ferma volontà di sposarsi e un affetto, in qualche modo già coniugale nella psicologia dei soggetti, richiedono questo completamento, che essi stimano connaturale; ciò soprattutto quando la celebrazione del matrimonio è impedita dalle circostanze esterne, o se questa intima relazione sembra necessaria perché sia conservato l'amore.

Questa opinione è in contrasto con la dottrina cristiana, secondo la quale ogni atto genitale umano deve svolgersi nel quadro del matrimonio. Infatti, per quanto sia fermo il proposito di quanti si impegnano in tali rapporti prematuri, resta vero però che questi non consentono di assicurare, nella sua sincerità e fedeltà, la relazione interpersonale di un uomo e di una donna, e specialmente di proteggerla dalle fantasie e dai capricci.

Ora, è un'unione stabile quella che Gesù ha voluto e che ha restituito alla sua condizione originale, fondata sulla differenza del sesso. «Non avete letto che il Creatore da principio li creò maschio e femmina e disse: Per questo l'uomo lascerà suo padre e sua madre e si unirà a sua moglie e i due saranno una carne sola? Così che non siano più due ma una carne sola. Quello dunque che Dio ha congiunto, l'uomo non separi» (*Mt* 19, 4-6).

San Paolo è ancora più esplicito quando insegna che, se celibi e vedovi non possono vivere in continenza, non hanno altra scelta che la stabile unione del matrimonio: «È meglio sposarsi che ardere» (*1 Cor* 7, 9). Col matrimonio, infatti, l'amore dei coniugi è assunto nell'amore irrevocabile che Cristo ha per la Chiesa (cfr. *Ef* 5, 25-32), mentre l'unione dei corpi nell'impudicizia contamina il tempio dello Spirito Santo, quale è divenuto il cristiano. L'unione carnale, dunque, non è legittima se tra l'uomo e la donna non si è instaurata una effettiva comunità di vita.

Ecco ciò che ha sempre inteso e insegnato la Chiesa, trovando peraltro nella riflessione degli uomini e nelle lezioni della storia un accordo profondo con la sua dottrina. L'esperienza ci insegna che, affinché l'unione sessuale possa rispondere veramente alle esigenze della finalità che le è propria, e dell'umana dignità, l'amore deve trovare la sua salvaguardia nella stabilità del matrimonio. Queste esigenze richiedono un contratto matrimoniale sancito e garantito dalla società, tale da instaurare uno stato di vita di capitale importanza, sia per l'unione esclusiva dell'uomo e della donna, sia anche per il bene della loro famiglia e della comunità umana. Il più delle volte infatti accade che le relazioni prematrimoniali escludono la prospettiva della prole. Ciò che viene presentato come un amore coniugale non potrà, come dovrebbe essere, espandersi in un amore paterno e materno; oppure, se questo avviene, risulterà a detrimento della prole, che sarà privata dell'ambiente stabile nel quale dovrebbe svilupparsi per poter in esso trovare la via e i mezzi per il suo inserimento nell'insieme della società.

Il consenso che si scambiano le persone che vogliono unirsi in matrimonio deve perciò essere esternamente manifestato e in un modo che lo renda valido dinanzi alla società. Quanto ai fedeli, è secondo le leggi della Chiesa che essi devono esprimere il loro consenso all'instaurazione di una comunità di vita coniugale, consenso che farà del loro matrimonio un Sacramento di Cristo.

L'omosessualità

Il secondo grave problema che la *Dichiarazione* prende in esame è l'omosessualità (§ 8). Indubbiamente, il risvolto umano, esistenziale, psicologico di questa deviazione morale richiede un'attenzione grandissima; ma non si può non enunciare un giudizio morale sul fatto in se stesso, a prescindere dalle responsabilità soggettive.

Evidentemente, le pratiche omosessuali in sé sono immorali, poiché rappresentano un uso della sessualità che non è significativo, riducendola al livello di gioco o di sfogo. Le parole che Paolo riserva a questo peccato sono parole di fuoco. Considerata oggettivamente, l'omosessualità è, nella tradizione cattolica, il più grave fra i peccati di natura sessuale: abbiamo visto che questa è anche l'opinione di san Tommaso. D'altronde ricordiamo tutti il castigo che Dio fece cadere su Sodoma e Gomorra.

Certo, il documento della Santa Sede, distinguendo la gravità dell'atto in se stesso dalle condizioni soggettive che molte volte ne diminuiscono la colpevolezza, invita ad usare grande carità e delicatezza nei confronti degli omosessuali, per non scoraggiarli e non spingerli alla disperazione.

Ma il prudente confessore, pur nella comprensione delle loro difficoltà concrete, non si stancherà mai di esortare queste persone all'impegno, alla preghiera e alla fiducia nella grazia, indicando loro una via che li porti a Dio e li tolga dall'inferno in cui vivono. Si tratta di un principio pastorale fondamentale: proprio perché il sacerdote deve essere misericordioso, non può fingere di ignorare la natura del fango e lasciare che le persone vi sprofondino; sarebbe irresponsabilità, non misericordia.

8. Ai nostri giorni, contro l'insegnamento costante del Magistero e il senso morale del popolo cristiano, alcuni, fondandosi su osservazioni di ordine psicologico, hanno cominciato a giudicare con indulgenza, anzi a scusare del tutto, le relazioni omosessuali presso certi soggetti.

Essi distinguono — e sembra non senza motivo — tra gli omosessuali la cui tendenza, derivando da falsa educazione, da mancanza di evoluzione sessuale normale, da abitudine contratta, da cattivi esempi o da altre cause analoghe, è transitoria, o almeno non incurabile, e gli omosessuali che sono definitivamente tali per una specie di istinto innato o di costituzione patologica, giudicata incurabile.

Ora, per ciò che riguarda i soggetti di questa seconda categoria, alcuni concludono che la tendenza è a tal punto naturale da dover ritenere che essa giustifichi in loro relazioni omosessuali in una sincera comunione di vita e di amore, analoga al matrimonio, in quanto essi si sentono incapaci di sopportare una vita solitaria.

Certo, nell'azione pastorale, questi omosessuali devono essere accolti con comprensione e sostenuti nella speranza di superare le loro difficoltà personali e il loro disadattamento sociale. La loro colpevolezza sarà giudicata con prudenza; ma non può essere usato nessun metodo pastorale che, ritenendo questi atti conformi alla condizione di quelle persone, accordi loro una giustificazione morale. Secondo l'ordine morale oggettivo, le relazioni omosessuali sono atti privi della loro regola essenziale e indispensabile. Esse sono condannate nella Sacra Scrittura come gravi depravazioni e presentate, anzi, come la funesta conseguenza di un rifiuto di Dio. («Perciò Dio li ha abbandonati all'impurità secondo i desideri del loro cuore, sì da disonorare fra di loro i loro corpi, poiché essi hanno cambiato la verità di Dio con la menzogna e hanno venerato e adorato la creatura al posto del Creatore, che è benedetto nei secoli. Amen. Per questo Dio li ha abbandonati a passioni infami; le loro donne hanno cambiato i rapporti naturali in rapporti contro natura. Egualmente anche gli uomini, lasciando il rapporto naturale con la donna, si sono accesi di passione gli uni per gli altri, commettendo atti ignominiosi uomini con uomini, ricevendo così in se stessi la punizione che s'addiceva al loro traviamento» (*Rm* 1, 24-27. Cfr. anche ciò che San Paolo dice di quelli che sono dediti alla sodomia, in *1 Cor* 6, 10; *1 Tim* 1, 10).

Questo giudizio della Scrittura non permette di concludere che tutti coloro i quali soffrono di questa anomalia ne siano personalmente responsabili, ma esso attesta che gli atti di omosessualità sono intrinsecamente disordinati e che, in nessun caso, possono ricevere una qualche approvazione.

La masturbazione

L'argomento seguente trattato dalla *Dichiarazione*, la masturbazione (§ 9) — sia maschile, sia femminile —, dovrebbe riguardare solo gli adolescenti, ma in realtà riguarda, purtroppo, anche gli adulti. Varie prese di posizione, dal punto di vista psicologico e sociologico, negavano qualsiasi gravità morale a questo atto, adducendo scusanti di vario genere. Ma anche a questo proposito vale la distinzione che si è appena fatta tra l'atto considerato in sé e per sé (la materia del peccato) e le sue condizioni soggettive.

La masturbazione, considerata in se stessa, è conforme alla legge di Dio o è difforme da essa?

Dalla Scrittura e dall'insegnamento della Chiesa risulta che è un atto intrinsecamente e gravemente disordinato, anche se certamente devono essere tenute in considerazione le condizioni soggettive, che possono diminuire la gravità del peccato, soprattutto quando si tratta di ragazzi ripiegati su stessi, non rettamente educati, magari anche fragili psicologicamente.

La Scrittura, pur non nominando la masturbazione con questo termine, la include come «impurità» o «impudicizia» nell'elenco di vizi stilato da san Paolo (cfr. *Gal* 5, 19; *Ef* 5, 3-5).

Secondo alcuni, la masturbazione sarebbe peccato solo se praticata da soli, non sarebbe invece peccato se praticata con il partner. È un'opinione assolutamente contraria alla dottrina della Chiesa, per cui l'uso della sessualità ha il suo vero senso e la sua rettitudine morale solo nel matrimonio legittimo e, all'interno di esso, nella conformità alla legge di Dio.

La frequenza e la diffusione della masturbazione non ne annullano il carattere di peccato: a prescindere dalle circostanze soggettive, si tratta di un atto cattivo in se stesso, agli occhi di Dio, e costituisce «materia grave».

Poiché normalmente un essere umano ha la chiara percezione del bene e del male e sa decidere in merito, presupporre il contrario a proposito di questo comportamento e giustificarlo come se fosse inconsapevole e involontario significa fare torto alla libertà delle persone. Ci può essere una diminuzione di responsabilità, ma non si può parlare in termini globali di mancanza totale di responsabilità.

Se è vero che in passato il ministero pastorale si concentrava eccessivamente sul sesto comandamento, adesso si tende a lasciarlo in ombra e a parlare invece di carità e di giustizia in generale. Ma un buon confessore deve sviluppare tutta intera la responsabilità morale dell'uomo, rispetto a tutta la legge di Dio, perché essa è luce agli occhi e gioia al cuore. Chi vive nel peccato è schiavo, chi vive tutti i comandamenti di Dio vive nella libertà e nella gioia. Saper orientare la coscienza delle persone verso l'osservanza di tutta la legge morale è un atto di grande carità e nobiltà; invece di presumere che le persone non siano in grado di evitare il peccato, bisogna incitarle ad usare i mezzi della lotta ascetica: la preghiera, il digiuno, le mortificazioni, la fuga delle occasioni, mezzi che la Chiesa da sempre raccomanda per dominare le passioni e far progredire le virtù.

9. Spesso, oggi, si mette in dubbio o si nega espressamente la dottrina tradizionale cattolica, secondo la quale la masturbazione costituisce un grave disordine morale. La psicologia e la sociologia, si dice, dimostrano che, soprattutto tra gli adolescenti, essa è un fenomeno normale dell'evoluzione della sessualità. Non ci sarebbe colpa reale e grave, se non nella misura in cui il soggetto cedesse deliberatamente a una autosoddisfazione chiusa in se stessa («ipsazione»), perché in tal

caso l'atto sarebbe radicalmente contrario a quella comunione amorosa tra persone di diverso sesso, che secondo certuni sarebbe quel che principalmente si cerca nell'uso della facoltà sessuale.

Questa opinione è contraria alla dottrina e alla pratica pastorale della Chiesa cattolica. Quale che sia il valore di certi argomenti d'ordine biologico o filosofico, di cui talvolta si sono serviti i teologi, di fatto sia il Magistero della Chiesa — nella linea di una tradizione costante —, sia il senso morale dei fedeli hanno affermato senza esitazione che la masturbazione è un atto intrinsecamente e gravemente disordinato. La ragione principale è che, qualunque ne sia il motivo, l'uso deliberato della facoltà sessuale al di fuori dei rapporti coniugali normali contraddice essenzialmente la sua finalità. A tale uso manca, infatti, la relazione sessuale richiesta dall'ordine morale, quella che realizza, « in un contesto di vero amore, l'integro senso della mutua donazione e della procreazione umana » (*Gaudium et spes*, 51).

Soltanto a questa relazione regolare dev'essere riservato ogni esercizio deliberato della sessualità. Anche se non si può stabilire con certezza che la Scrittura riprova questo peccato con una distinta denominazione, la tradizione della Chiesa ha giustamente inteso che esso veniva condannato nel Nuovo Testamento quando questo parla di « impurità », di « impudicizia », o di altri vizi contrari alla castità e alla continenza.

Le inchieste sociologiche possono indicare la frequenza di questo disordine secondo i luoghi, la popolazione o le circostanze prese in considerazione; si rilevano così dei fatti. Ma i fatti non costituiscono un criterio che permette di giudicare del valore morale degli atti umani. La frequenza del fenomeno in questione è, certo, da mettere in rapporto con l'innata debolezza dell'uomo in conseguenza del peccato originale, ma anche con la perdita del senso di Dio, la depravazione dei costumi, generata dalla commercializzazione del vizio, la sfrenata licenza di tanti spettacoli e di pubblicazioni, come anche con l'oblio del pudore, custode della castità.

La psicologia moderna offre, in materia di masturbazione, parecchi dati validi e utili per formulare un giudizio più equo sulla responsabilità morale e per orientare l'azione pastorale. Essa aiuta a vedere come l'immaturità dell'adolescenza, che può talvolta prolungarsi oltre questa età, lo squilibrio psichico, o l'abitudine contratta possano influire sul comportamento, attenuando il carattere deliberato dell'atto, e far sì che, soggettivamente, non ci sia sempre colpa grave. Tuttavia, in generale, l'assenza di grave responsabilità non deve essere presunta; ciò significherebbe misconoscere la capacità morale delle persone.

Nel ministero pastorale, per formarsi un giudizio adeguato nei casi concreti, sarà preso in considerazione, nella sua totalità, il comportamento abituale delle persone, non soltanto per ciò che riguarda la pratica della carità e della giustizia, ma anche circa la preoccupazione di osservare il precetto particolare della castità. Si vedrà, specialmente se si fa ricorso ai mezzi necessari, naturali e soprannaturali, che l'ascesi cristiana, nella sua esperienza di sempre, raccomanda per dominare le passioni e far progredire la virtù.

La teoria dell'opzione fondamentale

Nel § 10 il documento affronta una teoria morale che ha aspetti suggestivi, ma che può portare a giudizi errati: qualche decennio fa (il documento è del 1975, attualmente questa posizione si è affievolita), alcuni teologi, anche di grande notorietà, sostenevano che fosse peccato solo un atteggiamento interiore di deliberata opposizione a Dio; quando questo atteggiamento fosse assente, non ci sarebbe, secondo questi teologi, peccato mortale, anche se gli atti compiuti in sé e per sé fossero molto gravi dal punto di vista morale.

È la teoria dell'opzione fondamentale: quando una persona ha fatto un'opzione fondamentale per Dio, ossia si è decisa per Dio, ha scelto di orientare la sua vita a lui, di assumerlo come criterio e fondamento del proprio essere e del proprio agire, non pecca, a meno che cambi questa scelta di fondo, assumendo un atteggiamento di disprezzo e di rifiuto verso Dio e verso il prossimo. Le conseguenze di questa posizione teologica per quanto riguarda l'etica sessuale sono evidenti: il pressoché totale annullamento del carattere di colpa grave di molti comportamenti.

L'errore di questa posizione sta nel fatto che noi manifestiamo nei gesti concreti, e cioè in atti che sono moralmente buoni o cattivi, i nostri atteggiamenti nei confronti di Dio, la nostra « opzione » per lui: anzi, sono proprio questi atti concreti a manifestare qual è in realtà il nostro atteggiamento interiore verso Dio, l'orientamento di fondo del nostro cuore. È vero che esiste l'opzione fondamentale per Dio o contro Dio, ma essa non è separabile dalla sua traduzione pratica e concreta in atti e comportamenti conformi alla legge di Dio o difformi da essa. Una scelta di fondo esplicita e voluta di disprezzo e di rifiuto di Dio, che secondo questi teologi rappresenterebbe l'unica vera forma di peccato mortale, in realtà è piuttosto una estrema perversione; è uno stato di impenitenza finale che rappresenta il punto di arrivo di un processo di depravazione iniziato molto prima, con atti difformi dalla legge di Dio.

Molte volte noi inganniamo noi stessi, e a parole possiamo anche dire di agire per amore di Dio e del prossimo, mentre siamo in realtà mossi dalla concupiscenza e dall'egoismo: ma sappiamo dove è rivolto il nostro cuore, se verso Dio o verso il male, e abbiamo la riprova della nostra « opzione fondamentale », proprio dai nostri atti concreti.

È vero che non si arriva al peccato mortale di colpo, ma vi si arriva in genere con tanti piccoli peccati veniali; ma un solo peccato mortale, cioè un atto radicalmente cattivo (materia grave), compiuto con la lucida consapevolezza della sua gravità e con una decisione libera, ci mette in una situazione di disgrazia presso Dio e ci merita l'inferno.

Certo, gli atti che sono ispirati da un diretto rifiuto di Dio e da un esplicito disprezzo del prossimo sono preparati lungamente da una vita costruita sull'egoismo e sulla ribellione a Dio, ed hanno una carica di malizia ben maggiore dei peccati di una persona che sinceramente cerca di fare il bene ma è fragile e cade: in questo secondo caso possiamo parlare piuttosto, secondo una distinzione classica della morale cattolica, di fragilità.

In tutte le violazioni della morale sessuale la materia è oggettivamente grave; queste violazioni sono colpe veniali solo in presenza di attenuanti soggettive, ossia per l'assenza o l'incompletezza delle condizioni che si richiedono perché un atto sia consapevole e libero (piena avvertenza e deliberato consenso).

I confessori non devono né colpevolizzare eccessivamente le persone fragili, né scusarle troppo, ma ricordare semmai a ciascuno che Dio lo ha fatto libero davanti al bene e al male. Devono indicare la strada alla buona volontà, senza gettare le persone né nella disperazione né nell'irresponsabilità morale. Non bisogna chiedere all'ammalato più di quanto riesca a fare, ammoniva santa Caterina da Siena; ma intanto bisogna chiedere qualche piccolo impegno, lo sforzo di resistere qualche giorno, e poi, di fronte a nuove cadute, si tornerà ad esortare e ad incoraggiare; ma mai si dirà a chi ha intrapreso questa lotta: « Tu non ce la puoi fare, quindi le tue azioni non sono peccato ». Cristo è il redentore, è venuto a liberarci dalle nostre catene.

Quando invece noi diciamo che il male non è male, non siamo misericordiosi verso le persone; le condanniamo a morte.

10. Il rispetto della legge morale, nel campo della sessualità, come anche la pratica della castità, sono compromessi non poco, soprattutto presso i cristiani meno ferventi, dall'attuale tendenza a ridurre all'estremo — quando addirittura non è negata — la realtà del peccato grave, almeno nell'esistenza concreta degli uomini.

Certuni arrivano fino ad affermare che il peccato mortale, che separa l'uomo da Dio, si verificherebbe soltanto nel rifiuto diretto e formale col quale ci si oppone all'appello di Dio, o nell'egoismo che completamente e deliberatamente esclude l'amore del prossimo. È allora soltanto, dicono, che ci sarebbe l'« opzione fondamentale », cioè la decisione che impegna totalmente la persona e che sarebbe richiesta per costituire un peccato mortale; per mezzo di essa l'uomo, dall'intimo della sua personalità, assumerebbe o ratificherebbe un atteggiamento fondamentale nei riguardi di Dio e degli uomini. Al contrario, le azioni chiamate « periferiche » (che — si dice — non implicano, in generale, una scelta decisiva) non arriverebbero a modificare l'opzione fondamentale, tanto più che esse procedono spesso — si osserva — dall'abitudine. Esse possono dunque indebolire l'opzione fondamentale, ma non modificarla del tutto. Ora, secondo questi autori, un mutamento dell'opzione fondamentale verso Dio avviene più difficilmente nel campo dell'attività sessuale, dove, in genere, l'uomo non trasgredisce l'ordine morale in maniera pienamente deliberata e responsabile, ma piuttosto sotto l'influenza della sua passione, della sua fragilità o immaturità e, talvolta, anche dell'illusione di testimoniare così il suo amore per il prossimo; al che spesso si aggiunge la pressione dell'ambiente sociale.

In realtà, è, sì, l'opzione fondamentale che definisce, in ultima analisi, la disposizione morale dell'uomo; ma essa può essere radicalmente modificata da atti particolari, specialmente se questi sono preparati — come spesso accade — da atti anteriori più superficiali. In ogni caso, non è vero che uno solo di questi atti particolari non possa essere sufficiente perché si commetta peccato mortale.

Secondo la dottrina della Chiesa, il peccato mortale che si oppone a Dio non consiste soltanto nel rifiuto diretto e formale del comandamento della carità; esso è ugualmente in questa opposizione all'autentico amore, inclusa in ogni trasgressione deliberata, in materia grave, di ciascuna delle leggi morali.

Cristo stesso ha indicato il duplice comandamento dell'amore quale fondamento della vita morale; ma da questo comandamento « dipende tutta la Legge e i Profeti » (*Mt* 22, 40): esso dunque comprende gli altri precetti particolari. Di fatto, al giovane che gli domandava: « Che cosa devo fare di buono per ottenere la vita eterna? », Gesù rispose: « Se vuoi entrare nella vita, osserva i comandamenti:... non uccidere, non commettere adulterio, non rubare, non testimoniare il falso, onora il padre e la madre, ama il prossimo tuo come te stesso » (*Mt* 19, 16-19).

L'uomo pecca dunque mortalmente non soltanto quando il suo atto procede dal disprezzo diretto di Dio e del prossimo, ma anche quando coscientemente e liberamente, per un qualsiasi motivo, egli compie una scelta il cui oggetto è gravemente disordinato. In questa scelta, infatti, come è stato detto sopra, è già incluso il disprezzo del comandamento divino: l'uomo si allontana da Dio e perde la carità. Ora, secondo la tradizione cristiana e la dottrina della Chiesa, e come riconosce anche la retta ragione, l'ordine morale della sessualità comporta per la vita umana valori così alti che ogni violazione diretta di quest'ordine è oggettivamente grave.

È vero che nelle colpe di ordine sessuale, visto il loro genere e le loro cause, avviene più facilmente che non sia pienamente dato un libero consenso, e questo suggerisce di esser prudenti e cauti nel dare un giudizio circa la responsabilità del soggetto. Qui, in particolare, è il caso di richiamare le parole della Scrittura: « L'uomo guarda l'apparenza, il Signore guarda il cuore » (*1 Sam* 16,7). Tuttavia raccomandare una tale prudenza di giudizio circa la gravità soggettiva di un atto peccaminoso particolare non significa affatto che si debba ritenere che, nel campo sessuale, non si commettano peccati mortali.

I pastori devono dunque dar prova di pazienza e di bontà; ma non è loro permesso né di render vani i comandamenti di Dio, né di ridurre oltre misura la responsabilità delle persone. « Non sminuire in nulla la salutare dottrina di Cristo è eminente forma di carità verso le anime. Ma ciò deve sempre accompagnarsi con la pazienza e la bontà di cui il Signore stesso ha dato l'esempio nel trattare con gli uomini. Venuto non per giudicare, ma per salvare, egli fu certo intransigente con il male, ma misericordioso verso le persone » (Paolo VI, *Humanae vitae*, 29).

La virtù della castità

Dopo questa lunga parte negativa, che consiste nel richiamare alcuni gravi peccati sessuali, su cui la vigilanza ai nostri giorni si è allentata, il documento si conclude con una parte positiva, dedicata alla virtù che regola l'uso della sessualità, cioè la castità (§ 11). Si tratta di una virtù che dà a un essere umano il sigillo della luminosità e della trasparenza: non c'è virtù che trasformi e spiritualizzi tanto una persona.

Essa deve essere vissuta da tutti, in modo diverso a seconda dei diversi stati di vita: c'è una castità all'interno del matrimonio, che consiste nell'usare della sessualità nell'ambito della vita coniugale secondo la legge di Dio, e c'è una castità fuori del matrimonio, che consiste nell'astenersi da qualsiasi rapporto sessuale e nel vivere la propria sessualità con purezza di cuore. La castità fuori del matrimonio può diventare addirittura un progetto di vita, e concretizzarsi nella verginità consacrata.

La *Dichiarazione* richiama alla necessità della lotta interiore e alla fiducia nella grazia di Dio per estirpare i desideri cattivi e conseguire la virtù della castità, fonte di libertà e di pace (§ 12). A questi temi dedicheremo una trattazione approfondita nel prossimo capitolo.

11. Come è stato detto sopra, la presente *Dichiarazione* intende attirare, nelle presenti circostanze, l'attenzione dei fedeli su certi errori e comportamenti dai quali si devono guardare. La virtù della castità non si limita però ad evitare le colpe indicate; essa implica altresì esigenze positive e più alte. È una virtù che dà un'impronta a tutta la personalità, nel suo comportamento sia interiore che esteriore.

Essa deve distinguere le persone nei loro differenti stati di vita: le une, nella verginità o nel celibato consacrato, un modo eminente di dedicarsi più facilmente a Dio solo, con cuore indiviso; le altre, nella maniera quale è determinata per tutti dalla legge morale e secondo che siano sposate o celibi. Tuttavia, in ogni stato di vita, la castità non si riduce a un atteggiamento esteriore: essa deve rendere puro il cuore dell'uomo, secondo la parola di Cristo: « Avete inteso che fu detto: Non commettere adulterio; ma io vi dico: Chiunque guarda una donna per desiderarla, ha già commesso adulterio con lei nel suo cuore » (*Mt* 5, 27-28).

La castità è compresa in quella continenza che san Paolo annovera fra i doni dello Spirito Santo, mentre condanna la lussuria come vizio particolarmente indegno del cristiano e che esclude dal Regno dei cieli. « Questa è la volontà di Dio, la vostra santificazione: che vi asteniate dalla impudicizia, che ciascuno sappia mantenere il suo corpo con santità e rispetto, non come oggetto di passioni e libidine, come i pagani che non conoscono Dio; che nessuno offenda e inganni in questa materia il proprio fratello... Dio non ci ha chiamati all'impurità, ma alla santificazione. Perciò, chi disprezza queste norme, non disprezza un uomo, ma Dio stesso, che vi dona il suo Santo Spirito » (*1 Ts* 4, 3-8). « Quanto alla fornicazione e a ogni specie di impurità o cupidigia, neppure se ne parli fra voi, come si addice a santi... Perché, sappiatelo bene, nessun fornicatore, o impuro, o avaro — che è roba da idolatri — avrà parte al Regno di Cristo e di Dio. Nessuno vi inganni con falsi ragionamenti: per queste cose infatti piomba l'ira di Dio sopra coloro che resistono. Non abbiate quindi niente in comune con loro. Se un tempo eravate tenebra, ora siete luce nel Signore. Comportatevi perciò come figli della luce » (*Ef* 5, 3-8; cfr. 4, 18-19).

L'apostolo inoltre precisa la ragione propriamente cristiana di praticare la castità, quando condanna il peccato di fornicazione non soltanto nella misura in cui quest'azione fa torto al prossimo o all'ordine sociale, ma perché il fornicatore offende Cristo, che lo ha riscattato con il suo sangue e di cui egli è membro, e lo Spirito Santo, di cui egli è tempio: « Non sapete che i vostri corpi sono membra di Cristo?... Qualsiasi peccato l'uomo commetta, è fuori del suo corpo; ma chi si dà all'impudicizia, pecca contro il proprio corpo. O non sapete che il vostro corpo è tempio dello Spirito Santo che è in voi e che avete da Dio, e che non appartenete a voi stessi? Infatti siete stati comperati a caro prezzo. Glorificate dunque Dio nel vostro corpo » (*1 Cor* 6, 15; 18-20).

Quanto più i fedeli comprenderanno il valore della castità e la sua necessaria funzione nella loro vita di uomini e di donne, quanto più avvertiranno, per una sorta d'istinto spirituale, ciò che questa virtù esige e suggerisce, tanto meglio essi sapranno anche accettare e compiere, docili all'insegnamento della Chiesa, ciò che la retta coscienza detterà loro nei casi concreti.

12. L'apostolo san Paolo descrive in termini drammatici il doloroso conflitto, nell'interno dell'uomo schiavo del peccato, tra la « legge del-

la sua mente » e la « legge della carne nelle sue membra », che lo tiene prigioniero (cfr. *Rm* 7, 23). Ma l'uomo può ottenere di esser liberato dal suo « corpo di morte » mediante la grazia di Gesù Cristo (cfr. *Rm* 7, 24-25). Di questa grazia godono gli uomini che essa stessa ha reso giusti, coloro che la legge dello Spirito, che dà la vita in Cristo, ha liberato dalla legge del peccato e della morte (cfr. *Rm* 8, 2). Perciò l'apostolo li scongiura: « Non regni più dunque il peccato nel vostro corpo mortale, sì da sottomettervi ai suoi desideri » (*Rm* 6, 12).

Questa liberazione, pur rendendo idonei a servire Dio in novità di vita, non sopprime la concupiscenza che proviene dal peccato originale, né gli incitamenti al male di « un mondo che giace sotto il potere del maligno » (*1 Gv* 5, 19). Perciò l'apostolo incoraggia i fedeli a superare le tentazioni con la forza di Dio (cfr. *1 Cor* 10, 13) e a « resistere alle insidie del diavolo » (*Ef* 6, 11) mediante la fede, la preghiera vigilante (cfr. *Ef* 6, 16-18) e una austerità di vita che riduce il corpo a servizio dello Spirito (cfr. *1 Cor* 9, 27).

Vivere la vita cristiana sulle orme di Cristo richiede che ciascuno « rinneghi se stesso e prenda la sua croce ogni giorno » (*Lc* 9, 23), sorretto dalla speranza della ricompensa: « Se moriamo con lui, vivremo anche con lui; se con lui perseveriamo, con lui anche regneremo » (*2 Tm* 2, 11-12).

Nella linea di questi insistenti inviti, i fedeli anche nel nostro tempo, anzi, oggi più che mai, devono adottare i mezzi che sono sempre stati raccomandati dalla Chiesa per vivere una vita casta: la disciplina dei sensi e dello spirito, la vigilanza e la prudenza nell'evitare le occasioni di peccato, la custodia del pudore, la moderazione nei divertimenti, le sane occupazioni, il frequente ricorso alla preghiera e ai sacramenti della Penitenza e dell'Eucaristia. I giovani, soprattutto, devono preoccuparsi di sviluppare la loro pietà verso l'Immacolata Madre di Dio e proporsi, come esempio da imitare, la vita dei santi e degli altri fedeli, specialmente dei giovani, che si sono distinti nella pratica della castità. Occorre, in particolare, che tutti abbiano un'alta idea della virtù della castità, della sua bellezza e del suo rifulgente splendore. Essa onora l'essere umano e lo rende capace di un amore vero, disinteressato, generoso e rispettoso degli altri.

Educare alla castità

Il successivo § 13 è dedicato alla necessità di una pedagogia della castità, e alle responsabilità di vari settori della vita sociale in tal senso.

13. È compito dei vescovi insegnare ai fedeli la dottrina morale concernente la sessualità, quali che siano le difficoltà che l'adempimento di questo compito incontra di fronte alle idee e ai costumi oggi diffusi. Questa dottrina tradizionale sarà approfondita, espressa in maniera adatta a illuminare le coscienze dinanzi alle nuove situazioni che

si sono create, ed arricchita con discernimento da ciò che può essere detto di vero e di utile circa il significato e il valore della sessualità umana. Ma i princìpi e le norme di vita morale, che sono stati confermati nella presente *Dichiarazione*, devono essere fedelmente ritenuti e insegnati. Si tratterà, in particolare, di far capire ai fedeli che la Chiesa non li mantiene come inveterati « tabù », né in forza di qualche pregiudizio manicheo, come spesso si pretende, ma perché sa con certezza che essi corrispondono all'ordine divino della creazione e allo spirito di Cristo e, dunque, anche alla dignità umana.

Missione dei vescovi è, altresì, quella di vigilare perché nelle facoltà di teologia e nei seminari sia esposta la sana dottrina, alla luce e sotto la guida del Magistero della Chiesa. Essi devono, parimenti, aver cura che i confessori illuminino le coscienze e che l'insegnamento catechistico sia impartito in perfetta fedeltà alla dottrina cattolica. Ai vescovi, ai sacerdoti e ai loro collaboratori spetta di mettere in guardia i fedeli contro le opinioni erronee, spesso proposte nei libri, nelle riviste e in pubblici convegni.

I genitori per primi, come anche gli educatori della gioventù, si sforzeranno di condurre, mediante un'educazione integrale, i loro figli e i loro allievi alla maturità psicologica, affettiva e morale, quale conviene alla loro età. Essi daranno loro, a questo scopo, un'informazione prudente e adatta alla loro età, e formeranno assiduamente la loro volontà ai costumi cristiani, non soltanto con i consigli, ma soprattutto con l'esempio della loro propria vita, con l'aiuto di Dio ottenuto mediante la preghiera. Sapranno anche proteggerli dai tanti pericoli che i giovani neppure sospettano.

Gli artisti, gli scrittori e tutti coloro i quali dispongono degli strumenti di comunicazione sociale devono esercitare la loro professione in accordo con la loro fede cristiana, coscienti dell'enorme influenza che possono esercitare. Essi devono ricordare che « il primato dell'ordine morale oggettivo deve essere rispettato assolutamente da tutti » (Conc. Vat. II, decreto *Inter Mirifica*, 6), e che non è lecito preferirgli un preteso fine estetico, un vantaggio materiale o il successo. Si tratti di una creazione artistica o letteraria, di spettacoli o di informazioni, ciascuno, nel proprio campo, darà prova di tatto, di discrezione, di moderazione e di un giusto senso dei valori. In tal modo, lungi dall'aumentare la crescente licenza dei costumi, essi contribuiranno a frenarla e a risanare anche il clima morale della società.

Da parte loro, tutti i fedeli laici, in virtù del loro diritto e del loro dovere di apostolato, si faranno premura di agire nello stesso senso.

È conveniente, infine, ricordare a tutti queste parole del Concilio Vaticano II: « Il Sacro Concilio dichiara che i fanciulli e i giovani hanno il diritto di essere stimolati sia a valutare con retta coscienza e ad accettare con adesione personale i valori morali, sia a conoscere e ad amare Dio più perfettamente; perciò chiede con insistenza a quanti governano i popoli, o presiedono alla educazione, di preoccuparsi perché mai la gioventù venga privata di questo sacro diritto » (*Gravissimum educationis*, 1).

Il *Catechismo della Chiesa Cattolica*[2]

In anni più recenti, il *Catechismo della Chiesa Cattolica* (1992), sotto il titolo « Le offese alla castità », dà queste definizioni:

2351 La *lussuria* è un desiderio disordinato o una fruizione sregolata del piacere venereo. Il piacere sessuale è moralmente disordinato quando è ricercato per se stesso, al di fuori delle finalità di procreazione e di unione.

2352 Per *masturbazione* si deve intendere l'eccitazione volontaria degli organi genitali, al fine di trarne un piacere venereo. « Sia il Magistero della Chiesa, nella linea di una tradizione costante, sia il senso morale dei fedeli hanno affermato senza esitazione che la masturbazione è un atto intrinsecamente e gravemente disordinato ». « Qualunque ne sia il motivo, l'uso deliberato della facoltà sessuale al di fuori dei rapporti coniugali normali contraddice essenzialmente la sua finalità ». Il godimento sessuale vi è ricercato al di fuori della « relazione sessuale richiesta dall'ordine morale, quella che realizza, in un contesto di vero amore, l'integro senso della mutua donazione e della procreazione umana » (Congregaz. Dottr. della fede, *Persona humana*, 9). Al fine di formulare un equo giudizio sulla responsabilità morale dei soggetti, e per orientare l'azione pastorale, si terrà conto dell'immaturità affettiva, della forza delle abitudini contratte, dello stato di angoscia o degli altri fattori psichici o sociali che attenuano se non addirittura riducono al minimo la colpevolezza morale.

2353 La *fornicazione* è l'unione carnale tra un uomo e una donna liberi, al di fuori del matrimonio. Essa è gravemente contraria alla dignità delle persone e della sessualità umana naturalmente ordinata sia al bene degli sposi, sia alla generazione e all'educazione dei figli. Inoltre è grave scandalo quando vi sia corruzione dei giovani.

2354 La *pornografia* consiste nel sottrarre all'intimità dei partner gli atti sessuali, reali o simulati, per esibirli deliberatamente a terze persone. Offende la castità perché snatura l'atto coniugale, dono intimo degli sposi l'uno all'altro. Lede gravemente la dignità di coloro che vi si prestano (attori, commercianti, pubblico), poiché l'uno diviene per l'altro oggetto di un piacere rudimentale e di un illecito guadagno. Immerge gli uni e gli altri nell'illusione di un mondo irreale. È una colpa grave. Le autorità civili devono impedire la produzione e la diffusione di materiali pornografici.

2355 La *prostituzione* offende la dignità della persona che si prostituisce, ridotta al piacere venereo che procura. Colui che paga pec-

---

[2] Per il commento a questi paragrafi, vedi il mio libro *I dieci comandamenti*, Sugarco Edizioni, Milano 2001[2], pp. 114-137; 164-178.

ca gravemente contro se stesso: viola la castità, alla quale lo impegna il battesimo e macchia il suo corpo, tempio dello Spirito Santo. La prostituzione costituisce una piaga sociale. Normalmente colpisce donne, ma anche uomini, bambini o adolescenti (in questi due ultimi casi il peccato è, al tempo stesso, uno scandalo). Il darsi alla prostituzione è sempre gravemente peccaminoso, tuttavia l'imputabilità della colpa può essere attenuata dalla miseria, dal ricatto, dalla pressione sociale.

2356 Lo *stupro* indica l'entrata per effrazione, con violenza, nell'intimità sessuale di una persona. Esso viola la giustizia e la carità. Lo stupro lede profondamente il diritto di ciascuno al rispetto, alla libertà, all'integrità fisica e morale. Arreca un grave danno, che può segnare la vittima per tutta la vita. È sempre un atto intrinsecamente cattivo. Ancora più grave è lo stupro commesso da parte di parenti stretti (incesto) o di educatori ai danni degli allievi che sono loro affidati.

Sotto il titolo « Castità e omosessualità », il *Catechismo* contiene queste affermazioni:

2357 L'omosessualità designa le relazioni tra uomini o donne che provano un'attrattiva sessuale, esclusiva o predominante, verso persone del medesimo sesso. Si manifesta in forme molto varie lungo i secoli e nelle differenti culture. La sua genesi psichica rimane in gran parte inspiegabile. Appoggiandosi sulla Sacra Scrittura, che presenta le relazioni omosessuali come gravi depravazioni, la tradizione ha sempre dichiarato che « gli atti di omosessualità sono intrinsecamente disordinati » (Congreg. Dottr. della fede, *Persona humana*, 8). Sono contrari alla legge naturale. Precludono all'atto sessuale il dono della vita. Non sono il frutto di una vera complementarietà affettiva e sessuale. In nessun caso possono essere approvati.

2358 Un numero non trascurabile di uomini e di donne presenta tendenze omosessuali profondamente radicate. Costoro non scelgono la loro condizione omosessuale; essa costituisce per la maggior parte di loro una prova. Perciò devono essere accolti con rispetto, compassione, delicatezza. A loro riguardo si eviterà ogni marchio di ingiusta discriminazione. Tali persone sono chiamate a realizzare la volontà di Dio nella loro vita e, se sono cristiane, a unire al sacrificio della croce del Signore le difficoltà che possono incontrare in conseguenza della loro condizione.

2359 Le persone omosessuali sono chiamate alla castità. Attraverso le virtù della padronanza di sé, educatrici della libertà interiore, mediante il sostegno, talvolta, di un'amicizia disinteressata, con la preghiera e la grazia sacramentale, possono e devono, gradatamente e risolutamente, avvicinarsi alla perfezione cristiana.

LA CASTITÀ

Poiché la virtù opposta alla lussuria, la castità, è ben poco conosciuta, ci proponiamo, dopo i cenni con cui abbiamo inquadrato e commentato la *Dichiarazione* della Sacra Congregazione per la Dottrina della Fede, di farne un'esposizione il più ordinata, completa e approfondita che sia possibile.

Pertanto esamineremo nozione, contenuto, motivi, sia naturali sia cristiani della castità, i suoi vari gradi e aspetti, per poi cogliere il significato del consiglio evangelico alla castità perfetta e comprendere in che cosa consiste il voto di castità. Infine metteremo a fuoco i mezzi per difendere questa virtù.

Seguiremo, in primo luogo, il grande filosofo e teologo medievale *san Tommaso d'Aquino* (ca. 1225-1274), domenicano. Egli affronta le virtù e i vizi nella parte della *Summa theologica* intitolata *Secunda secundae*, uno dei capolavori della mente umana, in cui l'autore raggiunge una precisione e una profondità che ne fanno il riferimento obbligato per qualunque studio in campo morale.

In questa trattazione, san Tommaso espone il panorama completo dei vizi e delle virtù sulla base dell'*Etica* del filosofo pagano Aristotele, integrando le conquiste della ragione umana (Aristotele) con la luce del vangelo.

È un riferimento importante, per dimostrare che le virtù hanno un ambito naturale, e non sono parte esclusiva della rivelazione evangelica. Infatti, il vangelo comporta le virtù soprannaturali, che sono la fede, la speranza, la carità; ma non bisogna dimenticare che la grazia suppone la natura e che alla base delle tre virtù teologali ci sono quattro virtù cardinali (prudenza, giustizia, fortezza, temperanza), che costituiscono — ed è questo il senso dell'aggettivo « cardinali » — i cardini della stessa vita umana, anche per coloro che non sono credenti.

La castità, che è certamente una virtù evangelica, è anche una virtù morale umana, nel senso che ha solidi fondamenti razionali ed è necessaria agli uomini perché siano uomini, prima ancora che cristiani.

Perciò la investigheremo non soltanto nel suo significato evangelico, e quindi come virtù necessaria per realizzare la propria vocazione cristiana, ma anche nel suo significato naturale. Tutti gli uomini, anche prescindendo dal riferimento alla fede, per realizzare la loro dignità di persone, devono essere prudenti, temperanti, giusti, forti; ora, anche la castità, che è parte della temperanza, è una virtù « umana », necessaria innanzitutto per essere uomini, per realizzare se stessi come persone dotate di dignità morale.[3]

Nozione e contenuto della castità

La castità è una virtù morale e fa parte della temperanza, che — con la prudenza, la giustizia, la fortezza — è una delle quattro virtù cardinali.

Dal punto di vista razionale, potremmo definirla, sulla scia di Aristotele, una virtù morale che regola la ricerca e il godimento del piacere sessuale, il quale, abbandonato a se stesso, ci distruggerebbe, e perciò deve essere guidato dalla ragione; per noi cristiani, le norme suggerite dalla ragione in questa ricerca e in questo godimento si integrano con quelle della fede, perché il vangelo suppone l'uomo, la grazia suppone la natura, le virtù cristiane suppongono la base delle virtù umane.

San Tommaso afferma che, per facilitare certe attività umane necessarie alla conservazione dell'individuo o della specie — come il nutrirsi o il procreare —, il Signore vi ha unito un godimento particolare. Si tratta indubbiamente di un bene. L'uomo deve usare di questo piacere sano e naturale in modo conforme alla ragione: non a capriccio, in modo indiscriminato, ma secondo i piani e le finalità di Dio. In caso contrario, si diventa schiavi del piacere.

La virtù della castità ha la funzione di rafforzare il dominio dell'anima sul corpo, in modo da regolare la ricerca del piacere sessuale secondo le esigenze della propria condizione e stato di vita. È parte soggettiva o aspetto principale della temperanza. La temperanza modera il desiderio del godimento sensibile: con l'astinenza e la sobrietà modera l'appetito rivolto al godimento del cibo e delle bevande, con la castità regola l'attrazione verso i godimenti sensibili connessi all'atto generativo.

I piaceri uniti alla funzione sessuale si distinguono non solo per la loro natura, ma anche per la veemenza e per la capacità di influenzare dannosamente la vita razionale oscurandola e dirottandola dal suo fine.

Come virtù morale, la castità è radicata nell'anima — nella volontà —, e ha per oggetto il corpo, e precisamente l'uso degli organi destinati alla generazione.

Pertanto, comporta il dominio dello spirito, e in particolare della volontà, sull'istinto sessuale.

---

[3] Seguiremo, come filo conduttore, uno studio di Albino Marchetti, pubblicato sul *Dizionario enciclopedico di spiritualità*, Roma, Studium 1975, s.v. *Castità*, che segue la trattazione di san Tommaso. Le citazioni testuali dal *Dizionario* sono in corpo minore.

È chiaro, a questo punto, che questa virtù è connessa al conseguimento della libertà: infatti col dominio della volontà sugli istinti, noi siamo i padroni e i signori del nostro corpo. Tutti avvertiamo la necessità di decidere se essere persone libere o rassegnarci ad essere schiavi: la mancanza di dominio nell'uso dei piaceri dà luogo a terribili forme di dipendenza (basti pensare alla schiavitù dell'alcool, del cibo, della droga...); anche l'incapacità di regolare l'istinto sessuale è una schiavitù, che comporta gravissime conseguenze per la propria vita e per i diritti degli altri.

È libero chi domina e dirige il proprio corpo: un aspetto della libertà, infatti, consiste in questa capacità. Quando gli istinti non sono sotto il governo della volontà, non siamo più liberi ma schiavi, perché in noi stessi non comandiamo più noi — cioè la nostra intelligenza e la nostra volontà — ma comanda il nostro corpo.

La realtà sessuale, come tutto l'essere umano, è un dono di Dio e perciò un valore che richiede di essere usato secondo le finalità per cui venne concesso, nel quadro generale della creazione e secondo i fini specifici assegnati all'uomo. La castità non tende a sopprimere la sessualità, che fa parte della struttura umana, ma a regolarla in modo che il godimento connesso sia cercato solo nelle condizioni e circostanze previste dalla legge morale. La castità non va intesa principalmente come rinuncia,

essa è piuttosto da considerare come mezzo per conquistare la propria libertà, il dominio del proprio corpo, e quindi come virtù che rettifica e rafforza la nostra personalità.

Si tratta di una grande forza morale, che consente maggiori possibilità e che conduce a più alte affermazioni in diversi campi dell'attività umana: l'uomo casto, che sa dominare il suo corpo, è affidabile, sprigiona da sé grandi energie ed acquisisce un'armonia che gli permette importanti realizzazioni, soprattutto nel campo morale. Una persona immorale è inaffidabile e produce danni incalcolabili a se stesso, al suo prossimo e anche alla società. La lussuria può veramente distruggere una persona e corrompere la rete dei suoi rapporti umani.

Pertanto, la castità si configura come una virtù morale della massima rilevanza anche nell'ambito sociale.

La funzione e l'importanza della castità diventano più evidenti se si tiene presente che, a causa del peccato originale e della concupiscenza, il dominio dell'istinto sessuale è particolarmente difficile per l'indebolimento della volontà. D'altra parte, le realtà che entrano nel campo del sesso hanno ripercussioni maggiori che in ogni altro istinto o tendenza sensibile; l'abuso di questa facoltà può deteriorare o dissolvere tutta la vita morale. La castità si presenta, quindi, come un'esigenza di vita, con un ruolo determinante nello sviluppo armonico dell'uomo. A causa dell'unità personale tra corpo e spirito la virtù della castità non si limita a contenere gli impulsi sessuali che si manifestano fisicamente, ma si radica interiormente e si esprime nel rispetto dei valori umani, anche corporali, nel predominio della volontà illuminata dalla ragione sulle tendenze istintive, nel proposito di restare fedeli al piano creativo di Dio e alla propria dignità personale.

È una virtù che sviluppa fortemente la dignità della persona; nella vita morale, le virtù sono tutte collegate fra loro, ma in particolare la castità comporta una crescita e un equilibrio complessivo della persona. Chi non ha questa virtù è fragile, e ben poco si può costruire su di lui.

La castità, in quanto deriva da un atteggiamento interiore di autodisciplina, favorisce la maturità morale dell'uomo sia come persona individua sia nei suoi rapporti di responsabilità sociale. Dominando l'istinto del sesso, che è tra i più violenti, e inquadrandolo in una prospettiva di bellezza e di virtù, la castità abitua l'uomo a sovrapporre il senso del dovere, e la stessa capacità di soffrire per mantenere la parola data, all'inclinazione al piacere e all'indisciplina dei sensi. Così lo prepara pure a vivere e a soffrire per gli altri; disposizione fondamentale di chi intende costituire una famiglia.

Il senso di responsabilità verso il coniuge e i figli è pericolosamente offuscato in chi non sa essere casto, e la sua condotta provoca guasti e dolori incalcolabili nella famiglia. Sollecitando gli sposi al dominio di sé, questa virtù preserva l'unione degli sposi da tante tentazioni.

Nel campo più specificamente spirituale, la castità prepara e favorisce la crescita della carità in un clima di fede e di libertà interiore. L'uomo travolto dalla sessualità non ha tempo né voglia di attendere alle cose dello spirito, e Dio disdegna di essere posseduto coi piaceri disonesti che per lui sono menzogna (cfr. sant'Agostino, *Confessioni*, 1, 10, 41).

Chi non è casto è incapace di far fiorire le virtù teologali della fede, della speranza, della carità. La tradizione cristiana ha connesso la virtù della castità al dono della sapienza: i più grandi teologi hanno ottenuto da Dio questo dono proprio per aver portato alla sua massima fioritura la virtù della castità.

Aspetti particolari della castità

Per completare e concludere questo quadro, esaminiamo altre virtù, che fanno parte della temperanza e rappresentano sfumature o aspetti particolari della castità.

La *verecondia*, dice san Tommaso, è la vergogna (dal lat. *verecundia, vercundia, vercunia*, vergogna) che noi avvertiamo vedendo commettere un atto turpe, o commettendolo noi stessi; essendo conseguenza di un'azione cattiva, non è propriamente una virtù, ma piuttosto un sentimento lodevole. Esso è un indice della nostra salute spirituale. « Non temono la vergogna gli scellerati », afferma san Tommaso. Costoro, avendo perduto questo sentimento, ritengono che di nulla più ci si debba vergognare, e non hanno ritegno neppure a mostrare le loro scelleratezze davanti al pubblico.

L'*onestà*, nell'ambito della castità, indica la bellezza spirituale, o lo splendore, di chi pratica questa virtù. Trattenersi dalle cose turpi deve essere motivo di santo orgoglio.

Infine, dice san Tommaso, la *verginità*, che significa etimologicamente « verdeggiante età », è la virtù di chi, come i bambini, è immune dall'arsura della concupiscenza. Essa consiste nel proposito di astenersi per tutta la vita dal piacere carnale anche lecito. Perciò è una virtù distinta dalla castità, che consiste nell'astenersi solo dai disordini; e poiché il fine per cui ci si astiene dai piaceri carnali anche leciti è la contemplazione di Dio, la verginità è migliore del matrimonio, come l'anima è migliore del corpo.

Questa affermazione, naturalmente, ha un valore relativo: la verginità è più grande rispetto alla castità, ma non è la più grande di tutte le virtù, che è la carità. Quindi, il vergine che non consegue l'apice della carità ha un livello di virtù inferiore allo sposo o alla sposa casti che lo conseguono. Ma bisogna anche dire che la verginità serve in modo del tutto speciale a conseguire l'unione con Dio.

I motivi della castità

Come virtù *naturale*, la castità si appoggia a motivi razionali: l'ordine e il bene sociale, la dignità della persona, i vantaggi che produce e i danni che evita. Ogni uomo onesto riconosce nelle mancanze contro la castità una profanazione del dono della sessualità, la rinuncia o svilimento di un valore reale, il rifiuto di sé al prossimo; mentre la sottomissione degli istinti sessuali al dominio della volontà tutela il prestigio e l'efficienza dell'uomo che, liberato dalla schiavitù dei sensi, raggiunge più facilmente il pieno e armonico sviluppo delle sue facoltà.

Come virtù *cristiana*, la castità si fonda su motivi più alti, in particolare sull'amore di Dio, nel desiderio di piacergli e di mostrare la propria fedeltà nell'osservanza della sua legge. Dio, infatti, ha comandato la castità con due comandamenti, il sesto che proibisce ogni atto impuro e il nono che vieta anche pensieri e desideri disonesti. Gesù indica genericamente l'esigenza della castità proclamando « beati i puri di cuore perché vedranno Dio » (*Mt* 5,8).

Su questo testo evangelico la tradizione spirituale fonda l'affermazione che la castità è connessa con il dono della sapienza: i puri di cuore hanno dallo Spirito una speciale attitudine a penetrare i misteri di Dio e alla contemplazione. La castità richiesta da Gesù ha dimensioni e radici interiori che vanno ben al di là dell'osservanza esteriore della legge: « Avete udito che fu detto: Non commettere adulterio. Ma io vi dico: chiunque guarda una donna desiderandola ha già commesso nel suo cuore adulterio con essa » (*Mt* 5, 27).

La castità cristiana quindi è superiore a quella che pure è presente come un valore in una morale naturale o in altre religioni (ad esempio nel paganesimo, e nelle forme tradizionali autentiche dell'induismo e del buddismo).

Per san Paolo la castità è un requisito essenziale del cristiano: « Questa è la volontà di Dio, la vostra santificazione: che vi asteniate dalla impudicizia, che ciascuno sappia mantenere il proprio corpo con santità e rispetto, non come oggetto di passioni e libidine, come i pagani che non conoscono Dio » (*1 Ts* 4, 3-5). Tutti, nelle diverse circostanze e nei diversi stati di vita, sono tenuti a questo comportamento. Nella *Lettera ai Galati* (cfr. 5, 16-24), san Paolo mette in guardia dalla gravità dei peccati di lussuria, che escludono dal regno di Dio: infatti, « quelli che appartengono a Cristo hanno crocifisso la carne con le sue passioni e le sue voglie ». Nella *Prima lettera ai Corinzi* (cfr. 6, 12-20) egli sviluppa il tema del rapporto fra la castità e la rinascita battesimale, proponendo quattro motivi di carattere cristologico per una vita casta:

— il corpo appartiene a Dio che lo ha creato;
— il corpo è destinato alla resurrezione e alla gloria del cielo;
— il corpo è, già da ora, membro di Cristo, che nel battesimo santifica tutto intero l'uomo, non solo l'anima: per cui è sacrilegio abbandonarlo all'impurità;
— il corpo è tempio dello Spirito Santo, che il battezzato ha ricevuto da Dio: per questo non ci appartiene più, e deve servire al culto e alla lode del Signore.

San Paolo poi fa osservare che l'impudico avvilisce il suo corpo a strumento e «materia» di peccato, invece di usarlo come strumento dell'anima e come membro di Cristo. «Fuggite la fornicazione!», egli ammonisce con forza, e conclude questo splendido passo con un invito gioioso: «Glorificate dunque Dio nel vostro corpo!».

Queste indicazioni sulla castità come virtù imprescindibile per coloro che appartengono a Cristo sono riprese e riformulate lungo tutto l'insegnamento morale della Chiesa: ad esempio, *san Francesco di Sales* (1567-1622) sottolinea la necessità della castità per tutti i cristiani, precisando che naturalmente essa deve realizzarsi nei modi propri alle diverse condizioni di vita (*Introduzione alla vita devota*, III, 12).

Quindi, le motivazioni che fanno della castità una virtù essenziale per il cristiano sono molto più profonde delle motivazioni, pur validissime, di ordine puramente umano.

I diversi gradi della castità

Ora esaminiamo i diversi aspetti della castità in relazione alle diverse condizioni di vita. Scrive l'autore che stiamo seguendo in questa trattazione:

> Come moderatrice del piacere sessuale, la castità può realizzarsi in due modi: con l'astensione completa da tali piaceri o con la loro limitazione in conformità allo stato di vita abbracciato. Perciò si usa distinguere tra castità perfetta e castità relativa.
>
> La *castità perfetta* è propria di coloro che rinunciano ad ogni piacere sessuale, anche a quelli leciti del matrimonio, e questo per tutta la vita. Caratteristiche della castità perfetta sono la totalità e la perpetuità della rinuncia ai godimenti connessi con la procreazione; quando manca una di queste doti, la castità si dice imperfetta o relativa. La castità perfetta si identifica con la verginità, presa nel senso pieno e sacro di virtù morale, che include il proposito di astenersi perpetuamente dalla dilettazione sessuale per amore di Dio; non esige necessariamente la verginità fisica, potendo la castità perfetta esistere in una persona che ha perduto l'integrità.

Infatti, come spiega san Tommaso (*Secunda secundae*, 152, 3), anche coloro che hanno commesso peccati sessuali possono ugualmente aspirare alla castità perfetta esprimendo — o rinnovando — per il futuro il loro impegno: anche Maria Maddalena, che aveva alle spalle un passato di prostituzione, ha potuto rinascere ed essere considerata vergine, perché dopo il peccato ha fatto a Dio il voto di castità perfetta e perpetua. La perpetuità riguarda il futuro e non il passato, e per tutti coloro che hanno avuto dei cedimenti e devono risalire la china, è possibile impegnarsi nel progetto della castità perfetta: si tratta di verginità, ma in senso morale.

Questo tipo di castità è quella dei sacerdoti, sia secolari sia regolari, per i quali vige il celibato ecclesiastico, è quella delle suore, ed è anche quella di molti laici i quali si impegnano personalmente nel loro cuore, senza professioni esplicite, a questa totale e perpetua rinuncia per amore di Dio. Per i giovani che si preparano al matrimonio, la castità ha un alto valore: li rende più forti, lascia emergere più liberamente le loro esigenze spirituali, li unisce di più nella ricerca di valori ideali, li abitua al dominio di sé, che nel matrimonio è importantissimo per salvaguardare la fedeltà e l'unione.

La *castità relativa* consiste nell'astenersi dai piaceri sessuali illeciti. Finalizzato dalla procreazione e dalla conservazione della specie, il sesso è usato legittimamente solo nel matrimonio e per la procreazione. Perciò la castità relativa si presenta con tre dimensioni diverse:

a) *castità prematrimoniale*, che esclude ogni ricerca attuale del piacere, ma non impedisce di desiderare e di andare incontro al matrimonio. Per il presente ha la stessa ampiezza della castità perfetta; si differenzia per la temporaneità, in quanto ammette la possibilità di usare in avvenire dei piaceri legittimi del matrimonio. Questa castità è doverosa per tutte le persone non coniugate;

b) *castità coniugale*, propria delle persone coniugate che intendono usare onestamente del matrimonio. Essa aiuta i coniugi, ed è loro indispensabile «non per astenersi completamente dai piaceri carnali, ma per contenersi in mezzo ai godimenti onesti» (san Francesco di Sales, *Introduzione alla vita devota*, III, 12). Il casto uso del matrimonio è nobilitato e santificato da un sacramento e il godimento che ne deriva è lecito; e compiuto con prospettive spirituali diventa meritorio. Pio XI dice che gli sposi, uniti da un amore santo e puro, si aiutano reciprocamente a formare e a perfezionare ogni giorno meglio in loro l'uomo interiore (*Casti connubii*, in AAS 1930, 548). La castità coniugale, rafforzando negli sposi il predominio dello spirito, impedisce che l'uso del matrimonio diventi slittamento verso i sensi e, contenendolo nei limiti e nelle modalità della morale cristiana, lo eleva a strumento di perfezione personale secondo la propria vocazione e il piano divino.

Introdotta nella vita matrimoniale come principio vivificatore, la castità coniugale concorre alla sua elevazione e a darle il valore di un segno. San Paolo ricorda che le donne coniugate trovano nella procreazione un motivo di salvezza, se agiscono «nella fede, carità e santità»

(*1 Tm* 2, 15). E in altro luogo dichiara che l'unione intima che il matrimonio crea tra l'uomo e la donna e l'amore che ne deriva e li lega per la vita, sono un'immagine dell'unione di Cristo con la Chiesa. Questo mistero, adombrato fin dalle origini dell'umanità, è stato rivelato con pienezza nel Nuovo Testamento e viene proposto come fondamento della sacramentalità del matrimonio (*Ef* 5, 21-33).

Molti movimenti, nella storia della Chiesa, hanno svilito la sessualità nel matrimonio, demonizzandola: la Chiesa ha sempre difeso il valore della sessualità nell'ambito della creazione di Dio, ha sempre difeso il matrimonio come istituzione di Dio e come sacramento, ha sempre difeso la sessualità matrimoniale conforme alla legge di Dio; ma, ancor di più, ha fatto del matrimonio e della sessualità matrimoniale una via di santità, soprattutto nella vocazione dell'uomo e della donna alla paternità e alla maternità. Essendo gli sposi segno di Cristo e della Chiesa, la loro alleanza è chiamata alla perfezione della carità in cui consiste la santità. È un tema che il Concilio Vaticano II ha approfondito e illuminato con un'attenzione particolare.

c) Infine, la *castità vedovile*, o delle persone che sono rimaste libere dopo l'esperienza della vita matrimoniale, per esempio le persone separate o quelle che hanno subito il divorzio ma non si sono risposate,

ha la stessa ampiezza della castità prematrimoniale, con l'esclusione di ogni godimento sessuale, fino a quando non si realizza l'eventualità di nuove nozze.

Eventualità che riguarda solo i vedovi, in quanto per separati e divorziati sussiste ancora il sacramento del matrimonio.

Queste persone hanno davanti a sé un impegno di altissimo valore morale: nelle loro condizioni, la castità non è una scelta facoltativa, ma un obbligo per vivere in grazia di Dio. La loro rinuncia alla sessualità, particolarmente difficile dopo che hanno lecitamente goduto delle gioie del matrimonio, è anche particolarmente meritoria.

Il consiglio evangelico della verginità o castità perfetta

Ora vorremmo mettere a fuoco il consiglio evangelico della castità perfetta.

Non si tratta di un obbligo, quale è la castità relativa — cui tutti sono tenuti, come abbiamo spiegato, secondo le modalità proprie a ciascuno stato di vita —, ma di un impegno che diventa vincolante a partire dal momento in cui uno se lo è assunto.

Con l'esempio della sua stessa vita e con la sua parola, Gesù propone l'ideale della castità perfetta:

Agli apostoli, che davanti alla dottrina dell'indissolubilità del matrimonio avevano esclamato: «Se questa è la condizione degli uomini, non conviene sposarsi», Gesù rispose: «Non tutti comprendono questa parola, ma solo coloro ai quali è dato. Poiché vi sono eunuchi che sono tali fin dal seno materno, e vi sono eunuchi che sono stati fatti dagli uomini, e vi sono eunuchi che si sono fatti tali per il regno dei cieli. Chi può capire capisca» (*Mt* 19, 10-20). Al celibato imposto da necessità fisiologica o da costrizione esterna, Gesù oppone il celibato virtuoso, scelto liberamente per il servizio di Dio. Questa forma di celibato non è per tutti, ma solo per coloro ai quali Dio ha concesso la grazia di apprezzarlo e di praticarlo onestamente.

Qui si presenta un'obiezione, alla quale vale la pena di dare una risposta: se la castità perfetta è una speciale chiamata che Dio dà a una persona, perché la Chiesa ha reso obbligatorio il celibato per i sacerdoti?

Certamente, il sacerdozio è una chiamata divina, però è la Chiesa che si fa mediatrice di questa vocazione, e ne valuta la verità e la consistenza per ogni candidato. Pertanto la Chiesa può decidere di conferire il sacramento dell'ordine soltanto a coloro che abbiano avuto la chiamata specifica alla castità perfetta del vangelo, mettendola fra le condizioni per consacrare un sacerdote.

La Chiesa latina già dai primi secoli si è orientata in questo senso, fino a fare del celibato una condizione essenziale per ordinare una persona sacerdote; prima di conferire il diaconato, il presbiterato, l'episcopato — cioè i tre gradi del sacramento dell'ordine — la Chiesa latina ha sempre accertato che il candidato avesse questo dono, o chiamata, alla castità perfetta.

Il celibato virtuoso di cui parla Gesù non è una condizione per tutti, ma solo per coloro cui Dio ha concesso una grazia particolare per capirlo, per valutarlo e per praticarlo (come, del resto, c'è una grazia particolare per vivere il matrimonio cristiano).

San Paolo spiega molto chiaramente il consiglio evangelico della castità perfetta: essa consente di dedicarsi a Dio con maggiore libertà che lo stato coniugale: «Chi non è sposato si preoccupa delle cose del Signore, come possa piacere al Signore; chi è sposato invece si preoccupa delle cose del mondo, come possa piacere alla moglie, e si trova diviso! Così la donna non sposata, come la vergine, si preoccupa delle cose del Signore, per essere santa nel corpo e nello spirito; la donna sposata invece si preoccupa delle cose del mondo, come possa piacere al marito. Questo lo dico per il vostro bene, non per gettarvi un laccio, ma per indirizzarvi a ciò che è degno e vi tiene uniti al Signore senza distrazioni» (*1 Cor* 7, 32-35).

Questo carisma, dunque, è dato ad alcuni perché possano dedicarsi a Dio in modo radicale e totale; ma — sottolineiamolo ancora una volta — sul piano soggettivo la radicalità dipende dalla corrispondenza personale di ognuno alla grazia. La santità non si gioca su questa o quella vocazione, ma sulla risposta soggettiva di ciascuno alla vocazione che ha ricevuto: ci sono dei religiosi che non hanno conseguito la santità e dei laici sposati che l'hanno conseguita.

Tuttavia, è indubbio che, sul piano oggettivo, la castità perfetta implichi un ideale di assiduità col Signore superiore a quello consentito dalla situazione matrimoniale. San Paolo è molto realista nel consigliarla come mezzo per coltivare con cuore libero e indiviso l'amore del Signore.

Certamente, la castità perfetta ha un aspetto materiale che consiste nella rinuncia all'attività sessuale e al matrimonio; ma il suo elemento più profondo e santificante è il proposito di dedizione totale a Dio. La vera nobiltà della verginità è nella rinuncia radicale al mondo e agli affetti leciti per appartenere, anima, cuore e corpo, esclusivamente a Dio; essa non è il rifugio e la consolazione a seguito delle delusioni del mondo, ma un atto d'amore, un morire a se stessi per donarsi. Questo è il senso che le viene concordemente attribuito dai Padri e dai Dottori della Chiesa: «La verginità — nota sant'Agostino — non è onorata come tale, ma perché consacrata a Dio»; e sant'Ambrogio vede nella sua esclusività un rapporto di tipo sponsale: «La vergine è sposa di Dio».

I frutti della castità perfetta, o verginità, sono chiaramente richiamati dal Concilio Vaticano II (*Perfectae caritatis*, 12): «La castità abbracciata per il regno dei cieli... rende libero in maniera speciale il cuore dell'uomo, così da accenderlo sempre più di carità verso Dio e verso tutti gli uomini» e rende possibile «dedicarsi generosamente al servizio divino e alle opere di apostolato». Nella rinuncia al matrimonio, alla famiglia, alla parentela, compiuta non per delusione o paura del mondo né per motivi egoistici, ma per amore di Dio, si verifica la promessa di Gesù di «avere il centuplo in questa terra» in figli, figlie, fratelli e sorelle, perché la vita del vergine diventa servizio divino a favore del prossimo e acquista una fecondità inesauribile al di là dello spazio e del tempo.

Inoltre, spiega ancora il Concilio, essa « costituisce un segno particolare dei beni celesti », in quanto mostra e anticipa già su questa terra la condizione futura (cfr. *Mt* 22, 30), in cui non ci si ammoglierà e non ci si mariterà: infatti, in cielo i legami terreni non saranno distrutti, ma sublimati, e sui legami della carne e del sangue prevarrà la fratellanza nello Spirito Santo che ci unirà tutti in un flusso di amore, come figli del medesimo Padre. I vergini prefigurano su questa terra la condizione di verginità che vivremo tutti in cielo (a differenza di ciò che è previsto nel paradiso musulmano).

Come la povertà reale, anche la castità perfetta annuncia la destinazione dell'uomo alla vita eterna e la prevalenza dei valori messianici su ogni realtà temporanea. Perciò è anche una testimonianza e un richiamo all'orientamento escatologico della vita cristiana.

Il Concilio poi mette in luce il valore ecclesiale della castità perfetta, in quanto, per il suo valore di donazione esclusiva a Cristo, essa richiama a tutti i fedeli, che siano sposati o no, « quel mirabile connubio operato da Dio... per cui la Chiesa ha Cristo come unico suo sposo » (*Perfectae caritatis*, 12).

Pio XII si sofferma in una pagina stupenda della lettera *Sacra virginitas* su quest'ultimo aspetto della castità perfetta, segno del mistero profondo della Chiesa, che è vergine e sposa di Cristo. Rivolgendosi in modo particolare alle suore e a tutte coloro che sono consacrate con un voto pubblico o privato, egli scrive: « Le vergini manifestano e rendono pubblica la perfetta verginità della loro madre, la Chiesa, e la santità dei loro vincoli strettissimi con Cristo... Gloria altissima per le vergini è certo essere le immagini viventi di quella perfetta integrità che unisce la Chiesa al suo sposo divino. Esse inoltre offrono un segno mirabile della fiorente santità e di quella spirituale fecondità in cui eccelle la società fondata da Gesù Cristo, alla quale è motivo di una gioia intensissima » (*Sacra virginitas*, AAS 1954, p. 173).

Quindi, la vergine — ma questo vale per tutte le persone consacrate nella verginità — è segno di ciò che è e deve essere la Chiesa, unita indissolubilmente a Cristo, di cui è il corpo.

Pio XII sottolinea anche che « la verginità consacrata a Cristo è da se stessa una tale espressione di fede nel regno dei cieli e una tale prova di amore verso il divino Redentore che non reca meraviglia il vederla arrecare frutti così abbondanti di santità » (*ivi*, p. 172). Chi ha scelto di vivere la castità per amore è incamminato decisamente sulla via della santità; la sua vita, se è coerente con la scelta fatta, è una testimonianza che interpella con forza un mondo incredulo e avvinghiato al piacere sessuale come a un bene irrinunciabile eppure tragicamente effimero. Chi vive la perfetta verginità per amore, in tutta la sua intensità, luce, gioia, umiltà e calma, in tutto il suo profumo e la sua ricchezza è un segno vivente della potenza di Dio in un mondo incredulo, che fatica ad accettare il vangelo per il suo invito a morire alla carne. È una dimostrazione dell'esistenza di Dio che vale più di qualsiasi apologia della fede cristiana.

È veramente una desolazione constatare che alcune persone consacrate hanno perso il significato del loro celibato e del loro voto di verginità: rimpiangono il mondo, non sono riusciti ad essere casti nel cuore — a volte neppure nel corpo —, la loro vita è diventata infeconda e vivono il loro voto nella tristezza.

Infatti, sia nel matrimonio, sia nella verginità consacrata è presente il mistero sponsale di Cristo e della Chiesa: se sono da compiangere gli sposi che non hanno saputo vivere questo mistero nel loro matrimonio, quanto più sono da compiangere quei consacrati che, avendo perso il significato sponsale del loro celibato, lo vivono con sterile inquietudine o con rassegnazione!

I consacrati che vivono la loro totale dedizione a Dio e al prossimo affidandosi alla misericordia di Dio e con il sostegno della sua grazia, realizzano e sperimentano una pienezza che nessun'altra esistenza può raggiungere. Essi diventano segno e strumento della pace e dell'amore di Dio tra gli uomini: lungo la storia della Chiesa, una schiera infinita di persone offre questa luminosa testimonianza; e, a partire dagli scritti dei Padri più antichi, la verginità per il regno dei cieli è celebrata nella profondità dei suoi valori con aperto apprezzamento e con l'intima commozione con cui si contempla un mistero.

Coerentemente con l'insegnamento e con l'esempio di Gesù e di san Paolo, la Chiesa ha sempre sostenuto che, come stato di vita, la castità perfetta è superiore al matrimonio (*Optatam totius*, 10). Il Concilio Vaticano II la definisce « un prezioso dono della grazia divina, dato dal Padre ad alcuni perché più facilmente, con cuore indiviso, si consacrino solo a Dio »; e ancora: « segno e stimolo della carità e speciale sorgente di spirituale fecondità nel mondo » (*Lumen gentium*, 42).

Come abbiamo già osservato, le vocazioni sono tante e diverse, « nella casa del Padre... ci sono molti posti » (*Gv* 14, 2): san Tommaso scrive che, fra la castità relativa del matrimonio e la castità perfetta o verginità, quest'ultima è più grande; ma non è la più grande di tutte le virtù, che è la carità.

Quindi, la santità sta nel vivere con amore e dedizione totale la condizione di vita in cui Dio ci ha posti; ma indubbiamente la verginità per sua natura accresce in modo sconfinato la carità nell'anima. Perché sviluppi tutta la sua ricchezza e la sua luce, deve essere vissuta con autentica convinzione, con vera donazione a Dio e ai fratelli. Se il cuore di un sacerdote o di una persona consacrata comincia ad ospitare affetti e attaccamenti particolari per cui non appartiene più completamente a Dio e non è più a totale servizio del prossimo, lo splendore della verginità si offusca e la fecondità di questa virtù si svuota.

La verginità è uno stato di vita eccelso, ma richiede il martirio quotidiano del cuore, il sacrificio più grande che è quello dell'amore.

Il voto di castità

La castità perfetta è, dunque, la consacrazione totale della mente, del cuore, del corpo, mediante la quale si realizza quell'unione con Cristo di cui nel matrimonio è segno l'unione dello sposo e della sposa; nella castità perfetta si realizza l'unione sponsale di Cristo con la Chiesa, che è la più alta unione possibile qui sulla terra. Tuttavia occorre avere ben chiaro che, se la verginità come stato di vita è superiore al matrimonio, la perfezione di una persona è nella virtù della carità.

Pertanto, in sé è più elevato lo stato della verginità consacrata perché realizza l'unione più perfetta con Dio che sia possibile nella vita terrena, ma nello stato matrimoniale le persone possono vivere la castità relativa e tutti i valori spirituali della loro condizione con una tale carità da superare in santità chi vive la verginità consacrata: per la santità non è tanto decisivo lo stato di vita, quanto l'amore con cui è vissuta ogni personale vocazione.

Per completare questo panorama, esaminiamo il voto di castità. Può essere fatto sia privatamente, sia con vincoli giuridici all'interno della Chiesa.

In primo luogo, la castità perfetta è una *speciale vocazione di Dio*; si tratta di un carisma particolare. Non tutti ricevono questa chiamata, comprensibile solo a colui cui è rivolta (cfr. *Mt* 19, 11: «Non tutti possono capirlo, ma solo coloro ai quali è stata rivolta questa chiamata»); essa è, come dice il Concilio Vaticano II, «insigne dono della grazia» (*Perfectae caritatis*, 12) e per percorrere questa via occorre una grazia specifica, così come per percorrere la via del matrimonio cristiano è necessaria la grazia del sacramento.

Questa chiamata speciale di Dio richiede una *libera risposta* da parte dell'uomo.

Ne deriva che nessuno deve impegnarsi alla castità perfetta con un voto, che è un vincolo giuridico, senza prima avere accertato nel suo cuore, e poi anche con i rappresentanti della Chiesa, di essere chiamato da Dio a questo stato di vita che comporta la rinuncia al matrimonio. Occorre verificare con il padre spirituale le proprie inclinazioni personali e accertare se esistono le disposizioni necessarie a percorrere questa via, prima di assumersi un impegno e di contrarre un vincolo che poi forse non si sarebbe in grado di sostenere.

Molti pensano che per realizzare la castità perfetta sia necessario emettere un voto privato o pubblico o comunque impegnarsi mediante un vincolo giuridico, ma non è così: tutti coloro che sentono la chiamata a servire Dio con cuore indiviso, dopo essersi consigliati con il confessore, possono esprimere direttamente e personalmente a Dio il loro impegno a seguire la via della castità perfetta.

Questo *proposito personale*, fatto davanti a Dio e alla propria coscienza, di vivere per tutta la vita in castità perfetta, ricorrendo ai mezzi opportuni per conservarla e difenderla, non è né voto né promessa, ma è tuttavia altamente meritorio. Se poi queste persone non riusciranno a perseverare, avranno mancato soltanto a un impegno personale.

Il *voto* è qualcosa di più vincolante: costituisce una specie di consacrazione della castità, conferma l'intenzione di un impegno solido e definitivo, togliendo di mezzo ogni esitazione.

Naturalmente, mentre chi ha fatto il semplice proposito personale di vivere la castità perfetta può scioglierlo di sua spontanea volontà (magari consigliandosi con il suo direttore spirituale), sciogliersi da un voto privato o da un vincolo giuridico pubblico è più difficile: occorrono delle particolari dispense.

Il voto di castità perfetta è obbligatorio per tutte le persone che entrano a far parte di ordini e congregazioni religiose. Costoro possono impegnarsi o per un periodo limitato (*voto temporaneo*) o per tutta la vita (*voto perpetuo*).

L'obbligo della castità perfetta riguarda anche tutti i seminaristi o chierici promossi al diaconato nella Chiesa latina. Nel rito greco, ci sono disposizioni canoniche diverse: diaconato e sacerdozio non comportano il voto di castità. Nel rito latino, il seminarista è tenuto alla castità perfetta non nel momento in cui riceve il sacerdozio, ma già al momento del diaconato. Anche i membri degli istituti secolari sono tenuti alla castità perfetta per voto o per altro vincolo equivalente di indole privata, di solito per un periodo limitato ma con la prospettiva di rinnovarlo periodicamente.

Quindi, normalmente fanno voto di castità perfetta impegnandosi con un *vincolo giuridico*:
1) i religiosi e le religiose;
2) tutti coloro che nella Chiesa latina ricevono gli ordini sacri, a partire dal diaconato;
3) i membri degli istituti secolari.

Riassumendo: la castità perfetta è un dono di Dio, al quale si può rispondere in diverse forme. Dalla meno impegnativa alla più completa e generosa, le diverse possibilità sono le seguenti:
1) Uno può impegnarsi personalmente davanti a Dio, senza nessun voto, a vivere tutta la sua vita o solo una parte di essa, in questa condizione. Si tratta di una situazione da cui è consentito recedere con grande libertà, in un dialogo personale tra la coscienza e Dio, quando si constati che è meglio non continuare su questa strada.
2) Alcuni possono anche in forma privata, in accordo con il loro confessore, fare una promessa o un voto di castità per un certo periodo o per un lungo tempo; questo è già un impegno più robusto, e in caso vogliano recedere, non lo possono fare di loro iniziativa, ma devono parlarne con il confessore e avere la sua parola per essere liberati da questo voto privato.
3) Quando invece il voto ha una dimensione ecclesiale — ed è il caso dei religiosi, delle religiose, dei sacerdoti a partire dal diaconato, dei membri di istituti secolari — per esserne dispensati occorre l'intervento della Chiesa.

Quando si parla di voto di castità, normalmente si fa riferimento all'impegno di rinunciare alle nozze e di evitare gli atti esterni ed interni contrari alla purezza, per dedicarsi con pienezza all'amore e al servizio del Signore per sempre. Il significato spirituale di questo voto è altamente positivo: non è la rinuncia ad amare, come qualcuno potrebbe insinuare o malintendere, ma una forma di amore più grande per Dio e, in lui, per tutti gli altri.

Verifica della scelta e preparazione alla castità perfetta

È una via asperrima, ma non dobbiamo mai dimenticare che il Signore non dà una chiamata senza dare nel medesimo tempo la grazia necessaria per seguirla. Ma, proprio perché questo voto rende la persona sacra al Signore, esigendo la consacrazione di mente, cuore e corpo, nessuno può emetterlo con superficialità, correndo il rischio di violarlo. Occorre ponderare attentamente la propria situazione spirituale, la propria maturità affettiva; occorre verificare con il rappresentante della Chiesa — il padre spirituale, il confessore, il responsabile di un istituto religioso — i requisiti necessari e la preparazione conveniente per impegnarsi nella vita di castità. Tutti coloro che percorrono questa via sanno che non è una via facile, perché la natura umana è malata e fragile, soprattutto in questo ambito in cui sono toccate le tendenze più profonde della persona.

Vi sono difficoltà gravissime nella vita a due del matrimonio, ne esistono ancora di più nella via della castità perfetta, che comporta in un primo momento la rinuncia all'affettività umana, per trasformarla in un'altra dimensione, la dimensione dell'amore oblativo. Chi abbraccia questa scelta generosamente, seguendo l'invito divino, può contare sul sostegno e sull'assistenza della grazia: la perseveranza di molti consacrati e la gioia della loro vita dimostrano quanto sia feconda la castità perfetta vissuta nella luce del Signore e con buona volontà; ma indubbiamente, come dimostrano l'esperienza di tanti abbandoni, intraprendere questa via alla leggera è un'imprudenza.

La Chiesa, molto prudentemente, esige che i religiosi facciano un anno di noviziato prima di pronunciare il voto temporaneo di castità. Chi entra in un istituto religioso fa un periodo di postulandato, poi un anno o anche due di noviziato in preparazione dei voti temporanei (per un anno o per tre); in questo periodo al novizio vengono spiegati tutti gli impegni della castità come tutti gli impegni della vita religiosa, della povertà, dell'obbedienza, della vita in comune; si lasciano passare in genere fino a sei anni prima che un giovane o una ragazza emettano i voti perpetui.

I chierici, i seminaristi che non sono religiosi, pronunciano il voto di castità nel momento in cui ricevono il diaconato a cui è connesso il celibato ecclesiastico; in seminario hanno un cammino di preparazione a questo impegno di tutta la vita che viene assunto con il sacramento dell'ordine.

Per i religiosi e le religiose, i diaconi, i sacerdoti è dunque previsto un periodo di preparazione in cui devono dimostrare di essere in grado di assumere l'impegno della castità perfetta, in primo luogo e principalmente mantenendosi casti: è chiaro che se in questo tempo non riescono a vivere castamente e non raggiungono un buon equilibrio affettivo, non sono ritenuti idonei a percorrere questa strada.

Invece, per quanto riguarda i laici che fanno voti privati, la legislazione della Chiesa non prevede una preparazione specifica, ma i sacerdoti che hanno la responsabilità di guidarli e di consigliarli, prima di condurli a impegnarsi con un voto privato, devono accertarsi che siano preparati; e dal momento che i laici, vivendo nel mondo, sono esposti a difficoltà e a tentazioni maggiori, devono dare prova di maturità.

Poiché il voto — sia quello che comporta un vincolo giuridico ecclesiastico, sia quello privato — è un impegno serio, non va intrapreso con leggerezza.

L'equilibrio affettivo

Consapevoli della fragilità umana, tutti coloro che intendono avviarsi per questa strada devono meditare le sagge parole del documento *Perfectae caritatis* che il Concilio Vaticano II ha dedicato al tema della vita religiosa: « Poiché l'osservanza della continenza perfetta tocca le inclinazioni più profonde della natura umana, i candidati alla professione di castità non abbraccino questo stato, né vi siano ammessi, se non dopo una prova veramente sufficiente e dopo che sia stata da essi raggiunta una conveniente maturazione psicologica ed affettiva » (n. 12).

Certamente il problema è quello di conservare la castità nel senso della rinuncia alla sessualità, ma c'è un problema di fondo che è l'equilibrio affettivo. Si tratta di un traguardo di non poco conto, difficile per tutti, anche per coloro che si sposano: molte volte si ha l'impressione che il peccato originale abbia colpito in modo particolare il retto evolversi dei nostri affetti, e cioè la nostra capacità di amare in modo autentico e sano. Pertanto, per i candidati al voto di castità, non è sufficiente la buona volontà di rinunciare alle nozze e di comportarsi bene per quanto si riferisce all'etica sessuale: devono anche raggiungere un equilibrio, potremmo dire una sanità psicologica ed affettiva.

« Essi non solo siano preavvertiti circa i pericoli ai quali va incontro la castità, ma devono essere educati in maniera tale da abbracciare il celibato consacrato a Dio anche come un bene per lo sviluppo integrale della propria persona » (*ibidem*): la via della castità perfetta dà i suoi frutti quando conduce le persone a una pienezza e maturità anche affettiva.

È triste constatare che a volte sacerdoti o religiosi ne sono privi. Essa dipende da tanti fattori: dal clima respirato in famiglia, dall'educazione ricevuta nel seminario o nell'istituto religioso, dagli incontri, dalla buona volontà... Tuttavia, non bisogna generalizzare, sostenendo che la rinuncia al matrimonio ha come inevitabile conseguenza una incompleta e insoddisfacente maturazione dal punto di vista psicologico ed affettivo: troviamo personalità meravigliose per equilibrio e sensibilità tra i consacrati, e troviamo fra gli sposati degli individui instabili e fragili. Non è il fatto di percorrere l'una o l'altra via a conferire armonia e ricchezza umana: nello stato di natura decaduta, il peso enorme delle inclinazioni istintive rende difficile a chiunque la formazione di una personalità completa ed equilibrata.

Infatti, i pazienti che affollano gli studi degli psicologi e degli psichiatri in genere sono persone che *non* hanno scelto la via della castità: e sono persone immature.

I consacrati, come una luce posta sul candeliere, quindi davanti a tutti, chiamati a esercitare una paternità e una maternità ricche e universali, hanno un obbligo di maturità e di equilibrio, e le mancanze eventuali in tale ambito sono avvertite dolorosamente da tutti. Un sacerdote, ad esempio, è chiamato a essere padre della sua comunità, nel senso amplissimo della parola; ma per avere un cuore paterno bisogna fare molta strada sulla via della maturazione psicologica, affettiva e soprattutto spirituale.

È dunque una via difficile, ma ciò che non è possibile alle sole forze umane è possibile alla buona volontà aiutata dalla grazia.

La difesa della castità

Per concludere la trattazione sistematica della virtù della castità, mettiamo ora a fuoco i mezzi per difenderla.

Oggi sono in molti a ritenere impossibile la castità: certamente è una virtù alta e difficile, ma bisogna ricordare che ciò che non è possibile agli uomini è possibile a Dio; tuttavia, la grazia non sostituisce la natura umana ma la perfeziona; quindi, per difendere questa virtù, oltre che fare affidamento nell'aiuto di Dio, occorre anche fare ricorso a mezzi umani.

La castità tanto più è possibile quanto più nell'infanzia sia stata favorita da una *educazione idonea*; inoltre la sua difesa richiede una *vigilanza* continua e coraggiosa. Questi atteggiamenti oggi, purtroppo, sono latitanti: per cui la castità, già difficile intrinsecamente, incontra ostacoli che la fanno sembrare quasi impossibile: si rinuncia addirittura a proporla ai giovani. Si ha persino l'impressione che a volte gli educatori — genitori, catechisti, sacerdoti, la Chiesa stessa come comunità educante — non siano del tutto convinti del grande valore di questa virtù e del suo contenuto ascetico, o perché la ritengono troppo elevata o perché erroneamente la giudicano sorpassata. Innanzitutto è necessario che tutta la comunità educante della Chiesa recuperi la percezione di questa virtù, del suo valore imprescindibile e della sua irrinunciabile necessità, per ogni cristiano in rapporto al suo stato di vita; e si impone anche una realistica presa di coscienza dei pericoli ai quali essa va incontro.

Se oggi manca una proposta adeguata per i giovani, è forse perché questa virtù è poco conosciuta e poco stimata, mentre è cardine della vita cristiana, secondo le parole di Gesù: «Beati i puri di cuore perché vedranno Dio» (*Mt* 5,8); mentre la lussuria è, fra i sette vizi capitali, uno dei più devastanti.

Naturalmente, c'è modo e modo di proporre la castità. Non bisogna presentarla negativamente come rinuncia all'amore, ma come proposta dell'*amore oblativo*. Essa è la virtù degli uomini e delle donne liberi e forti: liberi, perché vincono una delle più tremende schiavitù che è quella dell'istinto sessuale; forti, perché questa virtù esige una tale forza di volontà, sostenuta dalla grazia, quale forse le altre virtù non richiedono.

L'educazione alla castità deve essere collocata nel contesto globale della formazione cristiana e deve essere proposta come un cammino di auto-realizzazione, nel senso che attraverso la castità l'uomo realizza se stesso non come persona che rinuncia ad amare, ma piuttosto come persona che mira a un amore vero, ricco, spirituale, donativo. Il casto, in ogni stato di vita, sa davvero amare perché punta all'amore oblativo che è l'amore autentico, mentre la persona non casta, incapace di autocontrollo, inquina l'amore con l'egoismo, l'appropriazione, la riduzione dell'altro a cosa: il sacrificio del corpo e del cuore che la castità esige è per un amore più grande.

La castità non può essere presentata come un puro ideale ascetico (cioè di perfezionamento morale, da *àskesis*, che significa esercizio, allenamento): deve essere connessa con l'imitazione dei due ideali di umanità che hanno realizzato in sommo grado la capacità di amare: Gesù Cristo e Maria Santissima.

Essendo una virtù controcorrente, la castità richiede non solo una proposta decisa e positiva per i giovani, ma deve anche essere difesa e custodita. Innanzitutto, poiché siamo fragili nel nostro complesso di sentimenti e pulsioni più profondi, la custodia di questa virtù richiede l'uso umile e fiducioso dei mezzi naturali e soprannaturali che la tradizione della Chiesa ci offre in abbondanza: portiamo un tesoro in vasi di argilla! (cfr. *2 Cor* 4, 7).

Il primo punto chiave dell'insegnamento ascetico è la raccomandazione della *fuga* prudente dalle occasioni pericolose e da tutto ciò che turba interiormente. Mentre le altre virtù si realizzano attraverso il combattimento a viso aperto (la pazienza, ad esempio, si coltiva e si realizza con lo stare assieme alle persone moleste, sopportandole), per coltivare questa virtù è somma sapienza e grande coraggio evitare accuratamente le circostanze che possono indurre in tentazione. La presunzione di essere superiori al pericolo è un'illusione destinata al fallimento.

Pio XII avverte:

> Tale fuga non consiste soltanto nell'allontanare premurosamente le occasioni di peccato, ma soprattutto nell'innalzare la mente, durante queste lotte, a colui al quale abbiamo consacrato la nostra verginità (*Sacra virginitas*, AAS 1954, p. 178).

Siccome molte volte la castità è insidiata proprio dai pensieri, e ai pensieri è difficile sfuggire, non è prendendoli in considerazione e dialogando con essi che li vinciamo, ma tenendo gli occhi fissi in Dio, innalzando costantemente il cuore dal fango delle passioni alla sua luce.

Un altro mezzo efficacissimo è il culto — non è una parola esagerata! — del *pudore cristiano*. Il pudore, benché non manchino persone che lo vivono per istruzione innata dello Spirito Santo, è un atteggiamento di cui abbiamo perso addirittura le tracce. È svanito dalla proposta educativa.

Esso comporta che nel linguaggio non si usi nessuna parola scurrile e grossolana; esige che si evitino comportamenti scomposti, perché sono molti gli atteggiamenti esteriori che rivelano se una persona è onesta o no, se è una persona spirituale o se esibisce se stessa come merce in vetrina. Ancora, il pudore cristiano rifugge da familiarità eccessive: la consapevolezza che siamo fratelli e sorelle deve esprimersi con un tratto di vera fratellanza, fatto di rispetto degli altri e di custodia di se stessi, e non ci deve condurre a sciocchi e pericolosi atteggiamenti di intimità.

San Tommaso sottolinea che il pudore non è una virtù distinta dalla castità, ma una manifestazione di essa e anche una sua difesa. La persona pudica manifesta la castità del suo cuore e insieme la custodisce con questa prudenza e misura nel comportamento esterno (*Summa theologica, Secunda secundae*, 152, 4).

Il pudore autentico affina la sensibilità dell'anima, così che essa percepisca immediatamente il rischio di certe situazioni e di certi atteggiamenti, ed eviti con un'istintiva reazione di difesa di esporsi alle tentazioni.

Quante volte si soccombe perché si è esagerato in una familiarità indebita e non si sono previste situazioni pericolose; la persona che ha il senso del pudore le fugge perché ne intuisce prontamente il rischio. Riservatezza e austerità evitano che ci si lasci coinvolgere nella mentalità moralmente accomodante e nella leggerezza che caratterizzano i nostri tempi.

Sempre sul piano ascetico sono da raccomandare la *vigilanza* e la *mortificazione* dei sensi esterni e interni. Certamente sono importanti la fuga delle occasioni pericolose ed il culto del pudore, ma non sono sufficienti: le tentazioni contro la castità spesso sono interiori, e sono causate, più che da situazioni esterne, dalla nostra stessa natura, o da abitudini di vita troppo comode, o dal nostro passato. Per questo occorre una grande attenzione non solo su ciò che ci circonda, ma anche su noi stessi, sui nostri pensieri e sui nostri affetti, per respingere ogni stimolo pericoloso e inquinante al suo primo affacciarsi. Fermarsi a dialogare con la tentazione impura per vincerla è illusorio: bisogna scacciarla decisamente e fissare lo sguardo del cuore in Dio.

Anche la mortificazione del corpo, di tutti e cinque i sensi, è molto fruttuosa: ha il risultato positivo di irrobustire la volontà, di renderci più padroni di noi stessi, capaci di controllare gli istinti e le inclinazioni della carne.

I sensi, i pensieri, la fantasia, gli affetti, in una parola, il cuore, che è la fonte di tutta la vita interiore, come dice Gesù (cfr. *Mt* 15, 19), deve essere vigilato e mortificato, per non dare spazio al nemico e per essere pronto a intervenire fin dall'inizio.

Oltre a queste indicazioni, tipiche della tradizione ascetica (la *fuga* delle occasioni, il *culto del pudore*, la *vigilanza* e la *mortificazione*), vi sono anche mezzi soprannaturali che la Chiesa offre per questo combattimento e che sono raccomandati da tutta la tradizione spirituale cristiana. Le risorse umane non sono sufficienti: i mezzi soprannaturali sono necessari sia per quanto riguarda la difesa di questa virtù, sia, soprattutto, quando si tratta di uscire da situazioni di peccato. Infatti, solo la potenza della preghiera e della grazia può ottenere qualche risultato contro la schiavitù del demonio.

In primo luogo dunque stanno i *sacramenti della penitenza e dell'eucaristia*, fonti della grazia.

Chi deve uscire da una condizione di peccato e riconquistare la virtù della castità ha particolarmente bisogno di ricorrere al sacramento della penitenza, compiendo l'atto di umiltà di confessarsi ogni volta che ha commesso una colpa grave contro la castità; in questo modo mantiene vigile la sua coscienza e ottiene la grazia per sconfiggere quel peccato.

Il sacramento dell'eucaristia, poi, comunica la forza di Cristo per sostenere il combattimento spirituale e vincere le tentazioni.

Insieme coi sacramenti, altro mezzo efficace è la *preghiera* intensa, che ci ottiene la luce e la forza di Dio: « Questa razza di demoni non si scaccia se non con la preghiera e con il digiuno », ammonisce Gesù (*Mt* 17, 21). E, nella preghiera per ottenere questa virtù, è particolarmente necessario ricorrere alla Vergine Maria, esempio e difesa delle anime caste.

San Clemente Romano scrive: « Chi è casto nel suo corpo non se ne vanti, sapendo bene che il dono della continenza gli viene da un altro » (*Cor* 38, 2): non è possibile ottenere e conservare la virtù della castità senza l'aiuto di Dio. Essa esige la nostra lotta spirituale, il nostro sacrificio, ma alla fine è un dono di grazia perché è troppo superiore alle fragili forze della natura umana.

Il Concilio Vaticano II, nel già citato documento *Perfectae caritatis,* sintetizza questi mezzi, con una sottolineatura molto pertinente, sia per chi si è impegnato nella castità perfetta, sia per chi, nel matrimonio o in altri stati di vita, è tenuto alla castità propria della sua condizione: oltre alla fede in Dio, alla preghiera, ai sacramenti, alla mortificazione, all'umiltà, raccomanda « un vero amore fraterno nella comunità ». È un consiglio veramente appropriato, non solo a chi vive in una comunità religiosa, ma anche a chi vive nella comunità familiare o inserito nella rete di altri rapporti umani: poiché spesso le tentazioni contro la castità nascono dal bisogno di colmare un vuoto affettivo, coltivare un vero amore fraterno nei confronti di chi ci sta vicino colma questa solitudine e rende più facile custodire il cuore.

Anche il terzo Sinodo dei vescovi consiglia come mezzi per conservare la castità « l'incremento della vita interiore, con l'aiuto della preghiera, dell'abnegazione, dell'ardente carità verso Dio e verso il prossimo ».

Il *Catechismo della Chiesa Cattolica*

Il *Catechismo della Chiesa Cattolica* prende in considerazione questi argomenti nella terza parte, *La vita in Cristo,* nella quale rientra la trattazione sui dieci comandamenti. Nell'articolo riguardante il sesto comandamento — che « la Tradizione della Chiesa ha considerato... come inglobante l'insieme della sessualità umana » (n. 2336) — il *Catechismo* illustra innanzitutto il significato profondo della differenza dei sessi nel piano divino della creazione, affermando, tra l'altro, che « ciascuno dei due sessi, con eguale dignità, anche se in modo differente, è immagine della potenza e della tenerezza di Dio. L'unione dell'uomo e della donna nel matrimonio è una maniera di imitare, nella carne, la generosità e la fecondità del Creatore... » (n. 2335).

Poi il *Catechismo* dedica ampio spazio alla « Vocazione alla castità » (nn. 2337-2359): prima di definire e valutare i comportamenti che si oppongono a questa virtù (nn. 2351-2359, che abbiamo già trascritti alle pp. 153-154), esso tratta ampiamente il valore della castità sotto l'aspetto positivo, prendendo in esame tre temi: « L'integrità della persona » (nn. 2338-2345); « L'integralità del dono di sé » (nn. 2346-2347); « Le diverse forme della castità » (nn. 2348-2350). Trascriviamo alcuni di questi punti:

2338 La persona casta conserva l'integrità delle forze di vita e di amore che sono in lei. Tale integrità assicura l'unità della persona e si oppone a ogni comportamento che la ferirebbe... Non tollera né doppiezza di vita né doppiezza di linguaggio (cfr. *Mt* 5, 37).

2339 La castità richiede l'*acquisizione del dominio di sé* che è pedagogia per la libertà umana. L'alternativa è evidente: o l'uomo comanda alle sue passioni e consegue la pace, oppure si lascia asservire da esse e diventa infelice (cfr. *Sir* 1, 22). « La dignità dell'uomo richiede che egli agisca secondo scelte consapevoli e libere, mosso cioè e indotto da convinzioni personali, e non per un cieco impulso o per mera coazione esterna. Ma tale dignità l'uomo la ottiene quando, liberandosi da ogni schiavitù di passioni, tende al suo fine con scelta libera del bene e si procura da sé e con la sua diligente iniziativa i mezzi convenienti » (*Gaudium et spes*, 17).

2340 Colui che vuol restare fedele alle promesse del suo battesimo e resistere alle tentazioni, avrà cura di valersi dei *mezzi* corrispondenti: la conoscenza di sé, la pratica di un'ascesi adatta alle situazioni in cui viene a trovarsi, l'obbedienza ai divini comandamenti, l'esercizio delle virtù morali e la fedeltà alla preghiera. « La continenza in verità ci raccoglie e ci riconduce a quell'unità che abbiamo perduto disperdendoci nel molteplice » (sant'Agostino, *Confessioni*, 10, 29, 40).

2342 Il dominio di sé è un'*opera di lungo respiro*. Non lo si potrà mai ritenere acquisito una volta per tutte. Suppone un impegno da ricominciare ad ogni età della vita. Lo sforzo richiesto può essere maggiore in certi periodi, quelli, per esempio, in cui si forma la personalità, l'infanzia e l'adolescenza.

2343 La castità conosce *leggi di crescita*, la quale passa attraverso tappe segnate dall'imperfezione e assai spesso dal peccato. L'uomo virtuoso e casto « si costruisce giorno per giorno, con le sue numerose libere scelte: per questo egli conosce, ama e compie il bene morale secondo tappe di crescita » (Giovanni Paolo II, *Familiaris consortio*, 34).

2344 La castità rappresenta un impegno eminentemente personale; implica anche uno *sforzo culturale*, poiché « il perfezionamento della persona umana e lo sviluppo della stessa società » sono « tra loro interdipendenti » (*Gaudium et spes*, 25). La castità suppone il rispetto dei diritti della persona, in particolare quello di ricevere un'informazione e un'educazione che rispettino le dimensioni morali e spirituali della vita umana.

2345 La castità è una virtù morale. Essa è anche un dono di Dio, una *grazia*, un frutto dello Spirito (cfr. *Gal* 5, 22). Lo Spirito Santo dona di imitare la purezza di Cristo (cfr. *1 Gv* 3,3) a colui che è stato rigenerato dall'acqua del battesimo.

2346 La carità è la forma di tutte le virtù. Sotto il suo influsso, la castità appare come una scuola del dono della persona. La padronanza di sé è ordinata al dono di sé. La castità rende colui che la pratica un testimone, presso il prossimo, della fedeltà e della tenerezza di Dio.

2347 La virtù della castità si dispiega nell'*amicizia*. Indica al discepolo come seguire ed imitare colui che ci ha scelti come suoi amici, si è totalmente donato a noi e ci rende partecipi della sua condizione divina. La castità è promessa di immortalità. La castità si esprime particolarmente nell'*amicizia per il prossimo*. Coltivata tra persone dello stesso sesso o di sesso diverso, l'amicizia costituisce un gran bene per tutti. Conduce alla comunione spirituale.

2349 « La castità deve distinguere le persone nei loro differenti stati di vita: le une nella verginità o nel celibato consacrato, un modo eminente di dedicarsi più facilmente a Dio solo, con cuore indiviso; le altre, nella maniera quale è determinata per tutti dalla legge morale e secondo che siano sposate o celibi » (Congregazione per la Dottrina della Fede, dich. *Persona humana*, 11, AAS 68, 1976, 77-96). Le persone sposate sono chiamate a vivere la castità coniugale; le altre praticano la castità nella continenza: « Ci sono tre forme della virtù della castità: quella degli sposi, quella della vedovanza, infine quella della verginità. Non lodiamo l'una escludendo le altre... Sotto questo aspetto, la disciplina della Chiesa è ricca » (sant'Ambrogio, *De viduis*, 23).

2350 I *fidanzati* sono chiamati a vivere la castità nella continenza. Messi così alla prova, scopriranno il reciproco rispetto, si alleneranno alla fedeltà e alla speranza di riceversi l'un l'altro da Dio. Riserveranno al tempo del matrimonio le manifestazioni di tenerezza proprie dell'amore coniugale. Si aiuteranno vicendevolmente a crescere nella castità.

Completata la visione d'insieme della castità, vogliamo soffermarci su qualche autore della tradizione ascetica e mistica che ci aiuti ad appropriarci dei grandi insegnamenti della Chiesa a proposito di questa virtù.

La conquista della castità nell'ascesi cristiana

La lunga battaglia degli asceti cristiani per conseguire la castità indubbiamente ha maturato un'approfondita conoscenza sperimentale della natura umana e della difficoltà che essa incontra in ordine a questa virtù, e ha messo in luce nel contempo quanto sia necessaria in questo ambito la forza guaritrice della grazia per sconfiggere il potere delle tenebre che si annidano nell'animo umano. La tradizione spirituale cattolica pertanto ha scoperto molti mezzi che Dio ha messo a disposizione dell'uomo per questa lotta, affinché egli possa pervenire all'integrità precedente al peccato originale, cioè alla perfetta luminosità della mente, alla purezza del cuore, al dominio della volontà su tutti gli istinti della carne.

Certo non possiamo passare in rassegna tutta questa tradizione ecclesiastica, perciò ci limiteremo a fare alcune soste: esamineremo qualche episodio della vita dei Padri del deserto, i quali hanno sviluppato un insegnamento molto interessante sulla custodia della mente, cioè sul modo di combattere e di vincere la battaglia contro i pensieri impuri e in genere contro i pensieri che ostacolano la pratica della virtù; poi vedremo un gesuita spagnolo del 1600, padre Alfonso Rodriguez, che ha elaborato per i novizi dell'ordine una serie di direttive concrete, utili anche a tutto il popolo cristiano per conseguire e rinsaldare la virtù della castità, tant'è vero che la sua opera ha influito moltissimo sulla successiva riflessione ascetica e ha formato intere generazioni di cristiani; infine ci soffermeremo su santa Caterina da Siena, alla quale il Signore rivelò — come lei stessa scrive — che il mondo è malato di lussuria e che sono necessarie anime pure che intercedano affinché Dio faccia misericordia, soprattutto per i peccati di lussuria commessi dai consacrati.

Molti di questi insegnamenti possono sembrare superati, ma l'ossatura di questa dottrina è valida tuttora, perché la natura umana non è cambiata.

I Padri del deserto

I Padri del deserto non erano certo indenni dalle tentazioni per il fatto di vivere lontani dal mondo: essi avvertivano particolarmente il flagello dei pensieri.

Un'attività che il demonio predilige per indurre le persone al male consiste, infatti, nel disturbarle con pensieri di ogni tipo, nella speranza di distrarle da Dio e di insinuarsi nel loro cuore, compromettendone la purità.

Non potendo sedurre i Padri del deserto con le seduzioni del mondo, il demonio cercava di sedurli colpendo la loro mente soprattutto con pensieri impuri. Come conseguire la custodia della mente, come conservare la pace e la serenità del cuore? Ed ecco che uno degli insegnamenti più efficaci ed attuali che troviamo nei loro scritti riguarda proprio questo aspetto della lotta ascetica.

L'*abate Agatone* afferma che sono importanti la penitenza, la fuga delle occasioni, la mortificazione e il digiuno; ma soprattutto è importante vigilare sulla mente e sul cuore, perché di lì parte ogni pensiero impuro:

Si domandò un giorno all'abate Agatone:
« Che cosa è meglio? L'ascesi corporale o la custodia della mente? ».
« Gli uomini », rispose, « sono come gli alberi: il lavoro del corpo ne è il fogliame e la custodia della mente ne è il frutto. Ora, per gli alberi che non danno frutto, sta scritto che saranno tagliati e gettati nel fuoco. In vista dei frutti dunque bisogna sorvegliare quello che accade in noi, vale a dire custodire la nostra mente. Abbiamo anche bisogno dell'ombra e della bellezza del fogliame, che rappresentano l'ascesi corporale ». Del resto l'abate Agatone era infaticabile e molto accorto nel lavoro, bastava a se stesso in tutto; assiduo al lavoro manuale, si accontentava di poco cibo e di semplici vesti.[4]

Ne risulta che la radice è conservare la mente libera dai pensieri, benché concorrano alla virtù la sobrietà, il lavoro, la semplicità di vita.

Un anziano disse:
« Credete forse che satana voglia introdurre in voi tutti i pensieri insieme? No, è per mezzo di un pensiero solo che vince l'anima, e spera di condurla a perdizione. Egli abbandona in essa quell'unico pensiero, non occorre altro. Attenti dunque a non mostrare compiacenza verso un solo cattivo pensiero ».

Questo cattivo pensiero può essere di concupiscenza, di vanagloria, di odio, di risentimento... Ne basta uno solo, che si attacchi alla nostra mente, perché satana incanti il nostro occhio interiore e ci conduca con sé, al guinzaglio.

L'abate Geronte di Pietra disse:
« Molti di coloro che sono tentati dalle voluttà del corpo, non peccano con il corpo, ma commettono impurità nel pensiero e pur conservando la verginità del corpo, commettono impurità nella loro anima. Dunque, miei diletti, fate come sta scritto: ciascuno custodisca il suo cuore con vigilanza ».

---

[4] Da *Detti e fatti dei Padri del deserto*, a cura di Cristina Campo e Piero Draghi, Rusconi, Milano 1975. Le citazioni testuali sono in corpo minore.

Gesù afferma che col desiderio del cuore si può commettere adulterio (cfr. *Mt* 5, 28): non c'è dubbio che chi fa propri i pensieri impuri, facendoli passare dalla mente al cuore, accettandoli e compiacendosi in essi, commette peccato. Forse troppe persone ormai da molto tempo non si confessano di avere avuto pensieri impuri. Ma, attenzione! L'essere bersagliati da questi pensieri non è peccato. Vengono dalla nostra natura umana corrotta. Noi pecchiamo quando li accogliamo e vi acconsentiamo.

L'abate Ammon interrogò l'abate Pastor sui pensieri impuri e i vani desideri del cuore umano.

L'abate rispose: « Un'ascia può vantarsi di far qualcosa senza colui che se ne serve per tagliare? Ebbene, tu non coltivare questi pensieri, ed essi saranno senza effetto su di te ».

Quindi i pensieri, senza che siano afferrati dal libero arbitrio, sono come uno strumento senza la mano che lo maneggi, perciò non possono fare nulla.

Anche l'abate Giuseppe interrogò l'abate Pastor sui pensieri impuri, ed egli rispose:

«Se si chiude un serpente o uno scorpione in un vaso e lo si tappa, dopo un certo tempo finirà per soffocare. Lo stesso avviene per i pensieri cattivi che il demonio fa germogliare in noi: a poco a poco sono soffocati dalla pazienza di colui che li ha avuti ».

Perciò, quando vengono i pensieri cattivi, è bene non lasciarli passare, non prenderli in considerazione, sopportare con pazienza il loro assedio, pensare ad altro, e così pian piano essi morranno da soli.

Quando l'abate Pastor si preparava a uscire per l'uffizio, sedeva dapprima in disparte per circa un'ora, per sbrogliare i propri pensieri, poi usciva.

Molte volte nella preghiera siamo disturbati da pensieri che ci distraggono: questo succede perché prima di cominciare a pregare non sgombriamo la nostra mente e il nostro cuore, fissandoli in Dio e aprendoli alla grazia. Facendo così, invece, la preghiera fluirà senza distrazioni:

Un fratello, assillato dai cattivi pensieri, era molto addolorato e per grande umiltà diceva:

« Io con tali pensieri non sono in grado di ottenere salvezza ».

Se ne andò dunque presso un grande anziano e gli raccomandò di pregare perché tali pensieri gli fossero tolti. L'anziano gli disse: « Questo non ti è utile, figlio mio ».
Ma lui insisteva con violenza, e come costui ebbe pregato, Dio tolse la lotta a quel fratello. E subito egli cadde nella presunzione e nell'orgoglio. E se ne andò a pregare l'anziano che gli ritornassero i pensieri e l'umiltà che aveva.

L'aneddoto è quasi un commento di ciò che san Paolo racconta di se stesso: che Dio, affinché non si insuperbisse per la grandezza delle rivelazioni, gli aveva dato una spina nella carne, un angelo di satana che lo schiaffeggiava (cfr. *2 Cor* 12, 7); può darsi che si trattasse proprio di tentazioni di lussuria; comunque, resta il fatto che, se i pensieri non entrano nel cuore, ci abituano al combattimento spirituale, rafforzano la nostra volontà, ci ottengono dei meriti, ci tengono nell'umiltà.
I Padri del deserto consigliavano anche di svelare i pensieri impuri al padre spirituale, perché anche questo era un modo per vincerli.

Se tu sei assillato da pensieri impuri, non nasconderli, ma raccontali subito al tuo padre spirituale e così dominali: perché, nella misura in cui si nascondono i propri pensieri, essi si moltiplicano e prendono forza. Allo stesso modo di un serpente che esce dalla sua tana e subito fugge correndo, così i pensieri malvagi, una volta palesati, dileguano subito.
È come un verme in un legno, così i cattivi pensieri corrompono il cuore. Chi palesa i propri pensieri è rapidamente guarito; chi li nasconde fa peccato d'orgoglio. Poiché, se non hai abbastanza fiducia in qualcuno per svelargli le tue lotte, questa è la prova che non hai l'umiltà. Poiché a colui che è umile tutti appaiono santi e buoni, mentre considera se stesso come l'unico peccatore. D'altronde, se qualcuno invoca Dio con tutto il suo cuore e interroga un uomo sui propri pensieri, l'uomo gli risponde o piuttosto è Dio che per la mediazione dell'uomo risponde come si deve, lui che aprì la bocca dell'asina di Balaam, anche se l'interrogato è indegno e peccatore ».

Non si deve dunque avere paura ad esporre queste tentazioni al padre spirituale, facendo un atto di umiltà che giova moltissimo.

Un fratello domandò a un anziano:
« Che devo fare, abba, per combattere i pensieri che vengono dalle passioni? ».
Egli rispose:
« Prega il Signore, affinché gli occhi della tua anima vedano gli aiuti che Dio manda all'uomo per fargli da baluardo e proteggerlo ».

È importante renderci conto che contro le tentazioni del demonio non siamo soli a combattere, ma Dio permette che siamo tentati con un'intensità tale da non superare le nostre forze, purché ricorriamo alla grazia di Dio, quindi al dono della fortezza, che possiamo ottenere mediante la preghiera.

Un fratello interrogò un anziano e gli disse:
« Che vuoi che faccia di questi pensieri cattivi che penetrano nel mio cuore? ».
L'anziano gli rispose:
« Vedi il vestito che riponi in una cassapanca e dimentichi, senza toglierlo più di là, né sbatterlo: sarà perduto, non sarà più di nessuna utilità a nessuno. Ma se tu sbatti il vestito e lo porti costantemente, non si rovinerà e durerà. Così è per i cattivi pensieri: se tu parli loro e te ne compiaci, essi spingeranno sempre più la loro radice nel tuo cuore, cresceranno e non se ne andranno più. Se al contrario tu non gli parli, se anziché compiacertene tu li hai in odio, periranno e usciranno dal tuo cuore ».

Questo è in sintesi l'insegnamento dei Padri sul modo più efficace per combattere i pensieri cattivi: distogliere il nostro sguardo da loro e non dar loro più nessuna importanza. Non dobbiamo dialogare con loro, neppure per scacciarli, ma ignorarli e rivolgere subito la mente alla luce e alla pace di Dio: allora le tenebre svaniscono. Possiamo aiutarci anche con delle giaculatorie o ricorrere ad altre tecniche, ma l'importante è che i nostri occhi siano fissi nel Signore, come dice il *Salmo 25*. Se invece lo sguardo del nostro cuore si fissa sui pensieri della mente, rischiamo di restare ipnotizzati. Al sopraggiungere dei pensieri cattivi, non dobbiamo lasciarci trascinare lungamente da queste vere e proprie vessazioni; incominciamo a fare altro; per esempio, dedichiamoci ai doveri quotidiani e alla preghiera: i pensieri molesti se ne andranno.

Purtroppo oggi molte persone, anche a causa di malattie psicologiche, sono ossessionate da pensieri ricorrenti di vario genere, anche impuri: anche per loro vale il suggerimento di lasciarli morire non prendendoli in considerazione, ricorrendo all'impegno nelle normali attività quotidiane e alla preghiera. Soprattutto, come dice san Giovanni della Croce, « dobbiamo tenere lo sguardo del cuore in amorosa attenzione verso la presenza di Dio in noi ».

I Padri del deserto, nei loro detti, insegnamenti ed aneddoti, ci trasmettono una ricchissima esperienza e ci forniscono molti suggerimenti efficaci anche per quanto riguarda le tentazioni della fornicazione.

Uno dei Padri diceva:

« Numerose sono le passioni della fornicazione. L'Apostolo infatti disse: "La fornicazione, l'impurità, la cupidigia non siano neppure nominate fra di voi, come conviene a dei santi". La fornicazione è consumare il peccato nel proprio corpo, l'impurità è carezzare il corpo, ridere e parlare senza ritegno: ciò avviene spesso nel corso di una conversazione, sia per qualche buona intenzione che sembra giustificarsi, sia anche lottando, quando si commette l'impurità e la passione si sviluppa e fa la guerra. Comincia con un'intenzione che sembra giustificarsi quando si dice per compiacenza: "Il fratello buono porta la pace". Ci si mette a parlare senza ritegno, a mangiare e a bere, e si arriva alle enormità... E finalmente l'anima è assorbita da questo, il pensiero si oscura allontanandosi dalla preghiera, dall'*hesychìa* (contemplazione interiore) e dal timore di Dio. »

Anche questi solitari del III-IV secolo, che vivevano in capanne distanti chilometri l'una dall'altra nel deserto egiziano, trovandosi ogni tanto insieme, avvertivano la difficoltà di evitare il linguaggio licenzioso e scurrile, fonte di peccati impuri. A maggior ragione, quanto dobbiamo vigilare noi, vivendo in un contesto che offre infinite occasioni di male!

L'abate Pietro interrogò l'abate Isaia:

« Cos'è un servo di Dio? ».

L'anziano rispose:

« Finché qualcuno è schiavo di una passione qualunque, non è da considerare come un servo di Dio, ma è servo della passione che lo domina, e finché abita in quella passione, non può insegnare a colui che è dominato dalla stessa passione, poiché è una vergogna per lui insegnare prima di esserne liberato e pregare Dio a questa intenzione per il suo prossimo finché lui è ancora prigioniero ».

L'osservazione seguente ci fa riflettere sul fatto che la custodia del cuore è certamente decisiva, ma sono importanti anche gli atteggiamenti esterni che riguardano il corpo: sobrietà, laboriosità, semplicità e pudicizia nel vestire.

L'abate Mosè ha detto:

« Quattro cose generano la passione: l'abbondanza del cibo e delle bevande, la sazietà del sonno, l'oziosità e il gioco, e il portare vesti eleganti ».

Qui, invece, è curiosa la connessione fra la collera della lingua, che rivela l'incapacità di dominarsi, e la sensualità:

Un anziano ha detto:

« Se qualcuno non sa trattenere la lingua quando è in collera, non potrà mai dominare la passione della carne ».

Ed ora un insegnamento che può sembrare esagerato, ma che, davanti alla dabbenaggine o imprevidenza odierna, può costituire un suggerimento utile:

Un fratello viaggiava con la madre, che era avanti negli anni. Arrivarono alla riva di un fiume, che la vecchia donna non poteva attraversare. Il figlio prese il mantello, se ne avvolse le mani, per non toccare il corpo della madre e, portandola, attraversò il fiume.

La madre gli disse allora:

« Figlio mio, perché ti sei avvolte le mani? ».

« Perché il corpo di una donna è fuoco — rispose il figlio — e toccandolo mi sarei ricordato di altre donne ».

Ed ecco un altro ammonimento molto severo a non sottovalutare il pericolo dell'impurità:

L'abate Matoe ha raccontato questo:

« Un fratello, durante una visita, voleva convincermi che la maldicenza è peggiore dell'impurità. Io gli risposi: "Tu esageri".

"Perché?", egli mi chiese.

Io gli dissi:

"La maldicenza è sì un male, ma essa si guarisce rapidamente, spesso chi commette un tale peccato fa penitenza dicendo: Ho parlato male, ed è finita lì. L'impurità conduce normalmente alla morte" ».

La vittoria su questo genere di tentazioni viene dopo una lunga lotta:

Un fratello fu assalito dall'impurità, la lotta era come un fuoco che bruciava nel suo cuore notte e giorno. Lottava, non compiacendosi in questi pensieri, né consentendovi in nulla. Molto tempo dopo, la tentazione si allontanò, non avendo potuto vincere la sua perseveranza. E subito una luce venne nel suo cuore.

Dobbiamo combattere ogni giorno, ricominciando sempre da capo, e, se è necessario, durare tutta la vita in questa condizione perché questa tentazione difficilmente demorde, anche se concede dei momenti di tranquillità. Non dobbiamo dimenticare che è Dio che amministra le tentazioni, e spesso ritiene che per noi sia molto più importante essere tentati affinché rimaniamo nell'umiltà.

Ora un ammonimento che, nella sua crudezza, ha molto valore per tutti, ma specialmente per i consacrati, a non allentare mai la vigilanza:

Un anacoreta viveva nel Basso Egitto. Era molto celebre, essendo il solo del monastero che vivesse nella solitudine. Ma, istigata dal diavolo, una donna depravata che aveva inteso parlare di lui disse ad alcuni ragazzi:

« Che cosa mi date perché faccia cadere il vostro anacoreta? ».

Fissarono quello che le avrebbero dato. Ella partì dunque la sera, e andò alla sua cella, fingendo di essersi smarrita. Bussò, l'anacoreta uscì e rimase turbato nel vederla.

« Come sei venuta sin qui? », le disse.

« Mi sono perduta », ella rispose piangendo.

Il monaco, commosso, la fece entrare nel cortile. Lui rientrò nella sua cella e vi si rinchiuse. Ma la sventurata si mise a gridare:

« Padre, le bestie feroci stanno per divorarmi! ».

Egli si turbò di nuovo e disse, nel timore del giudizio di Dio:

« Donde mi viene questa durezza? ».

Aprì la porta e la fece entrare. Il diavolo allora si mise a trafiggergli il cuore con frecce, e il monaco capì che questo veniva dal demonio. "Le vie del nemico sono tenebre", si disse egli, "ma il Figlio di Dio è luce". Si levò dunque per accendere la lucerna, ma la passione lo divorava.

"Ah!", pensò, "quelli che fanno questo vanno al supplizio. Suvvia, prova: puoi sopportare il fuoco eterno?".

E mette un dito sulla fiamma, che lo brucia e lo consuma. Ma egli non sente niente, tanto è violento il fuoco del suo malvagio desiderio. Così fece sino al mattino: si bruciò tutte le dita.

Quanto alla sciagurata, ella provò tanta paura nel vedere ciò, che divenne come pietra. Nella mattinata, i giovani vennero dall'anacoreta e gli dissero:

« È venuta ieri sera una donna? ».

« Sì — egli rispose — ha dormito là ».

Essi entrarono e la trovarono morta.

« Padre! — gridarono — è morta! ».

Si tolse allora egli bruscamente il mantello e mostrò loro le mani:

« Ecco che cosa ha fatto questa figlia del diavolo: mi ha fatto perdere tutte le dita ».

Raccontò ciò che era accaduto e soggiunse:

« Sta scritto: Non renderai il male per il male ».

Poi si mise a pregare e la risuscitò. La donna si convertì e da allora tenne una buona condotta.

La malizia umana è grande, ma questo monaco avrebbe conservato la sua mano se non avesse commesso l'imprudenza iniziale!

Quest'altro racconto contiene un incoraggiamento per chi cade, affinché non perda mai la speranza e la fiducia nella misericordia, e dà un insegnamento importante: non parlare mai col demonio, neanche quando dice cose buone, e stare attenti allo scoraggiamento che ci assale dopo il peccato, perché viene sempre da lui. Noi presentiamo a Dio un cuore contrito e il suo perdono ci deve lasciare nella pace.

Un altro dei grandi asceti che abitavano all'Ennaton di Alessandria cadde in un grave peccato e, con il disgusto, i demoni lo portarono allo scoraggiamento. Vedendosi dunque vinto dalla tristezza, come un medico esperto si fece coraggio e disse:

« Ho fiducia nella misericordia di Dio e credo che avrà certamente pietà di me ».

Quando ebbe pronunciato queste parole, i demoni gli dissero:

« Egli avrà certamente pietà di te! ».

Egli rispose loro:

« Chi siete voi? Che egli abbia o no pietà di me, voi siete una volta per sempre i figli della Geenna e della perdizione. Se Dio è buono, che ve ne importa? ».

E così, confusi, se ne andarono.

Un altro bellissimo suggerimento dei Padri del deserto, rivolto a chi è caduto, è quello di non tornare mai sopra i peccati, specialmente su quelli impuri:

Se hai commesso peccati carnali, non riflettere su come li hai commessi, altrimenti la tua anima si insudicerà, ma prega dicendo:

« Signore, perdonali come tu vorrai, e cancellali, perché io non oso pensarvi ».

È importante combattere i pensieri impuri disprezzandoli e rivolgendo l'occhio della mente a Dio; nello stesso tempo occorre mantenere una disciplina del corpo, che consiste nella sobrietà e nel lavoro. Si deve evitare nel modo più assoluto che ci assalga il demonio dello scoraggiamento e della disperazione: con umiltà bisogna riportare tutto a Dio e rialzarsi senza paura dopo le cadute, riprendendo il combattimento.

In questo modo il demonio è sconfitto.

Un gesuita spagnolo del 1600: padre Rodriguez

Un insegnamento fecondissimo sul modo di conservare e incrementare la castità è quello del gesuita spagnolo *Alfonso Rodriguez* (1538-1616); la sua opera, *Esercizi di perfezione e di virtù cri-*

stiane, concepita espressamente per i novizi dell'ordine, è stata tradotta in moltissime lingue, persino in arabo e in cinese, e ha fondato una spiritualità che ha dominato a lungo nella storia della Chiesa.

Si tratta di un libro molto pratico, che, facendo tesoro di un insegnamento secolare, guida minuziosamente all'esercizio delle varie virtù, prendendo in considerazione con molto realismo le difficoltà concrete che si incontrano sul cammino; la conoscenza della natura umana e la sagacia nella conduzione delle anime, di cui il Rodriguez dà prova, hanno ancora molto da insegnare, anche alle persone non avviate alle altezze ascetiche. Nel medesimo tempo questo autore sa essere ameno e dilettevole perché i suoi consigli sono accompagnati da molti esempi e aneddoti.

Indubbiamente, alcuni aspetti di questa dottrina morale appaiono discutibili, legati come sono a una sensibilità diversa e a circostanze storiche superate; ma certo dispiace che, nell'attuale insegnamento sulla castità, si sia lasciato in ombra un patrimonio di tradizioni e di consigli che la Chiesa ha maturato lungo quindici secoli: un patrimonio di grande validità, perché è scaturito dal combattimento spirituale dei santi, non da teorie astratte!

I sette gradini della castità

Anche Rodriguez (come Cassiano) individua sette gradini della castità, che rappresentano le tappe di una graduale conquista del dominio di sé. Egli, come si è detto, si rivolge propriamente ai novizi; ma queste considerazioni possono prestarsi anche per una cerchia più ampia di persone. Le tappe che egli individua sono le seguenti:

— vegliando, non lasciarsi catturare da nessun pensiero sensuale;
— non trattenersi su questo genere di pensieri, ma allontanarli;
— non alterarsi né tanto né poco alla vista di una donna (o di un uomo, se si amplia il discorso);
— non permettere al demonio di assalire la persona neanche con il più semplice moto corporale;
— dovendo trattare o studiare argomenti relativi alla sessualità, farlo con animo puro e tranquillo;
— non essere sfiorati, neppure dormendo, da immagini o fantasmi di cose disoneste (cosa che, nel sonno, non costituisce peccato; ma il fatto che non avvenga è segno del buon dominio di sé);

— né vegliando né dormendo avvertire i moti del corpo, avendo quindi raggiunto la perfetta armonia fra anima e corpo che è propria della condizione umana anteriore al peccato originale.

Si tratta di un'integrità che a pochi è concessa; è un dono di purezza angelica che il Signore fa solo ad alcuni; al giorno d'oggi poi è molto rara: infatti, le precoci esperienze negative che si fanno lasciano tracce permanenti nella psiche, così che risulta quasi impossibile conseguire questa condizione.

Ma, anche se ci si rende conto di non avere raggiunto neppure il primo di questi sette gradini, è importante impegnarsi nella quotidiana battaglia e non scoraggiarsi per le sconfitte: e Rodriguez è una miniera di consigli pratici, desunti dalla Bibbia, dai Padri della Chiesa e dalla vita dei santi.

La custodia degli occhi

Per conservare la castità, egli ammonisce di mortificare i sensi e di custodire specialmente gli occhi, perché di qui il male penetra nel cuore: che consiglio appropriato per i nostri tempi, dominati dall'immagine! Chi si lascia tentare a guardare le cose del mondo, lascia che si accenda il desiderio. Dall'imprudenza dello sguardo, per *Davide* venne l'adulterio e poi l'omicidio. È attraverso gli occhi che i pensieri entrano nel cuore e diventano desideri cattivi. Bisogna privare gli occhi delle immagini che poi inquinano il cuore. *Giobbe* confida: « Ho fatto un patto con gli occhi di non fissare nemmeno una vergine » (*Gb* 31, 1). E accanto alla custodia degli occhi, sono importanti anche la temperanza e il silenzio.

Rodriguez illustra i suoi suggerimenti anche con aneddoti della vita dei santi, che possono magari farci sorridere: come quello di *san Bernardo*, che in pieno inverno si getta in uno stagno gelato per aver guardato un attimo una donna. A noi certe cautele sembrano esagerate, ma in questi aneddoti c'è una profonda sapienza: i santi hanno conosciuto la corruzione umana e ne hanno diffidato.

Vigilanza sulle piccole cose

La castità è una virtù tanto delicata che basta poco per provocare turbamenti: essa infatti coinvolge gli equilibri psico-affettivi della persona. Rodriguez ne è ben consapevole ed osserva che, quanto più essa è nobile e preziosa, tanto più occorre curare le piccole cose che possono deteriorarla. Egli la paragona a uno specchio lucido e terso che si appanna per un solo respiro; perciò ammonisce a tagliar corto con i pensieri cattivi e a fuggire le occasioni: nella battaglia per conservare questa virtù, si vince fuggendo.

Un'altra osservazione importante di questo autore è che in materia di castità non è facile tracciare un confine preciso tra ciò che è permesso e ciò che non lo è: *sant'Ignazio di Loyola* afferma che « ciò che appartiene al voto di castità non ha bisogno di esposizione », ossia, non si può dire se si può giungere a questo o a quel punto. Non bisogna incominciare, perché poi non ci si ferma più, pur non avendo all'inizio l'intenzione di spingersi tanto avanti. La tendenza della carne ci trascina. Occorre precludere il passo a ogni movimento disordinato perché la passione non si impossessi del cuore.

Quando poi una persona è forte, il demonio la tenta con la presunzione e con la sicurezza di sé, per cui occorre una strettissima vigilanza anche a chi apparentemente sembra non correre pericoli. Il demonio si comporta in questo campo come un ladro di professione, quando vuol derubare una casa ben chiusa: fa tesoro di una feritoia o di una finestrella e, dove non può passare lui, fa passare un ladruncolo di piccole dimensioni che entri e gli apra la porta. Quindi, è atteggiamento di grande saggezza prevenire le occasioni molto da lontano, perché al demonio basta un piccolo particolare per insinuarsi.

Consigli sulla confessione

L'opera di Rodriguez dà anche dei consigli molto concreti e molto acuti per quanto riguarda la confessione dei peccati contro la castità.

In primo luogo, bisogna guardarsi dal tacerli per vergogna: comportamento frequente nelle persone buone, che temono di perdere la buona reputazione che il confessore ha di loro. Alcuni, per non tacere del tutto, dicono le cose a metà o con tali oscurità che il confessore non riesce a capire. Quando ci si confessa, lo si deve fare con chiarezza, riferendo numero e specie dei peccati, in modo che il confessore ne capisca la gravità e le circostanze, altrimenti è come non confessarsi: « Ha poco dolore delle sue colpe chi non ha la virtù necessaria per manifestarle al confessore », osserva Rodriguez. Invece, proprio quella vergogna e quel dolore andrebbero offerti in riparazione del male compiuto, e il fatto di avvertire vergogna e ripugnanza a confessarsene deve metterci sull'avviso che ciò che preferiremmo tacere è male, e spingerci a confessarlo.

Inoltre, raccomanda l'autore, è vero che si deve rendere conto di ciò che riguarda la castità con precisione, ma bisogna farlo con sobrietà di linguaggio, senza indulgere a particolari eccessivi, perché è difficile anche parlare castamente della castità. E, inoltre, è bene evitare di rispondere a domande troppo particolareggiate dei confessori.

La custodia del cuore

L'amore è una passione da temere per la sua veemenza. Non custodita e non controllata, può portare a gravi peccati (mentre, come sappiamo bene, c'è un amore buono e santo che porta al matrimonio). Ma quando l'amore divampa in persone che hanno già degli impegni, gli effetti sono disastrosi.

Rodriguez, per illustrare la gravità delle conseguenze a cui questa passione può condurre, richiama molti esempi. Anzitutto si rifà alla spiegazione del peccato originale offerta da *sant'Agostino*: Adamo è caduto per il desiderio di non contristare la moglie che gli offriva il frutto proibito; non fu vinto dalla concupiscenza della carne, ma fu ingannato dall'amore, trasportato da quella benevolenza amichevole per cui a volte, per accontentare un amico, diamo dispiacere a Dio. Anche l'esempio di Salomone è significativo: fu l'amore per le donne idolatre che pervertì il suo cuore e lo fece cadere nell'idolatria.

I maestri spirituali ci invitano a fare attenzione e ci raccomandano di guardarci da tale passione e da tutte le occasioni che possono condurci ad essa: *san Bonaventura* osserva che anche l'amore spirituale suole degenerare e trasformarsi in carnale e sensuale. È un'astuzia del demonio, che si comporta come l'architriclinio del vangelo, mescendo prima il vino buono, poi quello scadente: infatti, in questo genere di relazioni, si inizia con l'amore spirituale e si finisce con quello sensuale e carnale. *Gerson* racconta il caso di un religioso che aveva colloqui quotidiani prolungati con una religiosa molto devota. Erano convinti ambedue di fare cosa buona, poiché la loro era una conversazione spirituale. Fu solo in occasione di un viaggio che il religioso, grazie alla lunga separazione, ebbe modo di rendersi conto che quell'amicizia non era affatto casta e che Dio lo aveva salvato da un grande male facendolo partire.

È difficile spegnere una passione peccaminosa, una volta che sia divampata. Occorre mettere sentinelle al cuore e vigilare, perché il demonio spesso promuove delle relazioni con colore di virtù, che poi da amore spirituale degenerano in amore carnale.

I rimedi soprannaturali contro le tentazioni disoneste

Il più importante dei mezzi soprannaturali, insegnatoci dalla Scrittura, dai santi e da Gesù stesso, è la *preghiera*. Rodriguez lo raccomanda caldamente, citando numerosi esempi. *San Beda* dice che il clamore della preghiera fa fuggire il demonio e sveglia angeli e santi, che vengono in nostro aiuto. Nella vita di *san Bernardo* si legge che una volta, essendosi avvicinato il demonio per rubargli la castità, egli incominciò a gridare: « Ladro, ladro! », e il ladro (cioè il demonio) fuggì.

Qui viene richiamato un principio fondamentale della vita cristiana: Dio permette la tentazione, ma lui stesso viene a soccorrerci se lo chiamiamo nella preghiera; e la preghiera deve essere pronta: si deve invocare aiuto non appena ci si accorga che l'assedio del demonio è incominciato.

Un altro efficacissimo mezzo che padre Rodriguez suggerisce consiste nel raccoglierci a *pensare alla passione di Cristo* e nel nasconderci nelle sue piaghe, come raccomanda *sant'Agostino*: « Non c'è mezzo più potente né più efficace contro le tentazioni disoneste che pensare alla passione e alla morte del nostro Redentore. Non ho trovato rimedio più efficace del raccogliermi nelle sue piaghe: lì riposo sicuro e torno a vivere ».

Cristo ha sofferto nella sua carne per riparare i nostri peccati di carne. Il suo costato « aperto » — e non « ferito » —, osserva un altro autore, ci indica la via per la quale entrare nel luogo dove troviamo il nostro rifugio, cioè il suo cuore. Il corpo di Cristo, offerto in sacrificio e donato per amore, è l'esempio di come dobbiamo vivere la nostra corporeità: come dono, non come strumento di peccato e di egoismo.

Anche *san Bernardo* raccomanda il raccoglimento nella passione di Cristo, accompagnato da queste parole: « Dio mio e mio Signore, inchiodato su di una croce, posso io concedermi diletti e passatempi? ».

Altri si aiutano con la *considerazione dei novissimi*: « In tutte le tue opere ricordati della tua fine e non cadrai mai nel peccato » (*Sir* 7, 36)): è una riflessione utile, anche se non per timore servile dell'inferno, ma per amore filiale verso Dio dobbiamo evitare il peccato.

La meditazione dell'inferno ci suggerisce di mettere la sua eternità a confronto con la durata effimera del piacere. *San Gregorio Magno* raccomanda di discendere all'inferno ora, da vivi, con la meditazione, per non discendervi da morti.

Un'altra efficace motivazione per respingere le tentazioni disoneste sta nella speranza del paradiso: è pazzia perdere la gloria eterna per un così breve diletto, osserva Rodriguez.

Insomma, avere sempre ben presenti la morte e il giudizio finale è un aiuto molto valido per questo punto della lotta ascetica: ognuno poi ricorra a quella che, tra queste riflessioni, per lui è più efficace.

Bisogna anche *rivolgersi alla Madonna* frequentemente e con fiducia: non può esser priva di misericordia colei che per nove mesi portò nel suo seno la stessa misericordia. Lei, *mater misericordiae* e *refugium peccatorum*, vede che i peccatori sono il motivo dell'incarnazione e ottiene per loro tutto ciò che vuole; il suo sguardo materno deve anche fugare ogni nostro timore nel confessare questo peccato. La Madonna è la Vergine purissima e in lei vediamo una grande forza per vivere la virtù della castità, a lei tanto cara. Certi autori dicono che il grado così elevato di purezza verginale che — secondo la tradizione spirituale — contraddistingue la vita di san Giovanni Battista dipende dalla visita della Vergine a santa Elisabetta, durata tre mesi. « Fu, quella, una visita corporale e spirituale — dice *sant'Ambrogio.* — La Vergine non rimase tanto tempo in casa di sua cugina solo per amicizia o a causa della parentela, ma anche per il bene di così gran profeta. E se il primo incontro fu così fecondo che il bimbo esultò nel ventre della madre, e ne rimase santificato, e santa Elisabetta fu ripiena di Spirito Santo al saluto della Vergine, quale non sarà stato il frutto di una così lunga presenza e conversazione? ».

I *santi*, amici di Dio e amici nostri, possono intercedere presso Dio per ottenerci questa virtù, e specialmente quelli di loro che si sono distinti nella virtù della castità; la devozione a loro e alle loro reliquie è un altro rimedio a cui ricorrere.

Infine, la *visita frequente al Santissimo Sacramento* dell'altare e soprattutto il riceverlo spesso nella *comunione* (naturalmente, in grazia di Dio), sono sovrano rimedio e mezzo efficace per ottenere forza nel combattimento spirituale: « Davanti a me tu prepari una mensa / sotto gli occhi dei miei nemici » (*Sal* 23, 5). Contro tutte le tentazioni, e in particolare contro quelle di questo genere, « questo divino sacramento mitiga la spinta peccaminosa, diminuisce e spegne i moti della carne e gli ardori della concupiscenza, come l'acqua il fuoco », scrive *san Cirillo*: e conferma l'affermazione con un versetto del profeta Zaccaria, applicato, nella sua versione tradizionale, all'efficacia dell'eucarestia per spegnere le fiamme della concupiscenza: «Quali beni, quale bellezza! Il grano darà vigore ai giovani e il vino nuovo alle fanciulle» (*Zc* 9, 17).

I mezzi ascetici

Rodriguez passa poi in rassegna, nel cap. 7, i mezzi di carattere ascetico per tenere a freno la lussuria, condensando anche su questo tema una lunga tradizione di insegnamento della Chiesa.

In primo luogo viene la *mortificazione della carne*. Essa comporta le veglie e i digiuni, raccomandati da molti santi. *San Gerolamo* afferma: «Le ardenti saette del demonio devono essere estinte col rigore delle veglie e del digiuno»; egli racconta poi che sant'Ilario, quando era sbattuto dalle tentazioni della carne e dai cattivi pensieri, si adirava contro il suo corpo e gli diceva: «Farò di te un asinello che non sa più dar calci, perché ti toglierò la biada e ti darò soltanto paglia; ti farò morire di fame e di sete, ti imporrò pesanti carichi, ti farò soffrire il gelo e gli ardori del sole, e così non potrai più pensare al cibo e alle cose disoneste».

(Ma santa Caterina da Siena raccomanda di evitare gli eccessi nelle privazioni fisiche: la vera mortificazione deve coinvolgere soprattutto e in primo luogo il cuore, dove si svolge il combattimento spirituale.)

La tradizione raccomanda il digiuno a pane e acqua il mercoledì e il venerdì; si possono praticare altre piccole mortificazioni che non fanno male al corpo e non compromettono l'equilibrio psichico, seguendo un criterio di sobrietà, con buon senso e misura.

Naturalmente, dice padre Rodriguez, la mortificazione deve essere dosata con discrezione, valutando le forze, la tentazione e il pericolo di ciascuno. A volte il pericolo è lieve e facilmente evitabile, a volte siamo assaliti da tentazioni forti, che mettono veramente a rischio la castità: allora occorrono decisioni drastiche, specialmente per quanto riguarda la fuga delle occasioni. Ma non è tanto il corpo la sede di queste tentazioni, quanto il cuore e la mente: è sulla volontà che bisogna agire.

Suggestioni diaboliche

Vi sono delle tentazioni che nascono da vere e proprie suggestioni diaboliche, e dall'anima passano al corpo: ce ne accorgiamo perché, in questo caso, siamo combattuti più da sentimenti e immagini che da moti naturali. Queste ossessioni non sono peccato, perché nascono contro la nostra volontà; ma sono una grande croce: anche i santi le hanno dovute sopportare. *San Gerolamo* in una lettera ci racconta l'esperienza personale di una suggestione diabolica impura: il suo corpo era consunto, affranto, quasi morto per le durissime penitenze, e intanto gli pareva di trovarsi fra i balli e i festini delle giovani romane.

Queste difficoltà sopravvengono senza che si dia loro la minima occasione, magari nei momenti o nei luoghi più santi (spesso proprio mentre ci si accosta alla comunione, nel tempo dell'orazione, durante la celebrazione della messa). Da ciò si capisce che sono opera del demonio. Il demonio agisce sulla mente, poi di lì la tentazione passa alla carne, che a volte è debolissima, mentre i pensieri sono molto vivi.

Alcune volte si tratta di pensieri del tutto nuovi, di cose mai sapute o mai immaginate prima, e nascono con tale forza che ci si accorge interiormente che non vengono dalla propria intimità, ma da un altro che le suggerisce. Quindi, è vero che alcune tentazioni partono dalla debolezza del nostro corpo o della nostra psiche, ma altre sono di origine diabolica. La carne non ne è responsabile e ne soffre.

In questi casi occorre raccogliersi in preghiera, rivolgere l'occhio del cuore a Dio e alla sua luce, aspettare che le suggestioni passino, occupandosi di qualcosa che impegni fortemente: con questo intento san Gerolamo si mise a studiare l'ebraico, come racconta egli stesso. Egli riferisce anche un fatto di cui fu testimone oculare in Egitto: un superiore religioso, per guarire da questo genere di tribolazioni un suo monaco, ordinò a un tale di sottoporlo ad angherie e ingiurie per un anno; al termine del quale, il giovane, interrogato se fosse ancora molestato dai pensieri di un tempo, esclamò: « Caspita! Non mi si lascia neppure il diritto di vivere, e mi prenderò il gusto di fornicare? ». Le angherie avevano eliminato le tormentose tentazioni contro la castità: un pensiero caccia l'altro.

San Francesco diceva che i demoni fuggono di fronte alle privazioni e alle mortificazioni, e invece accorrono dove vedono una vita comoda e delicata. *Sant'Antonio abate* spiegava ai suoi discepoli che il demonio teme le veglie dei buoni, le loro orazioni, i digiuni e la povertà volontaria; così anche altri santi. *Sant'Ambrogio* commenta a questo proposito i versetti del *Salmo 69*: « Mi sono estenuato nel digiuno... Ho indossato come vestito un sacco... » (11, 12); questa, egli dice, è una buona difesa, un'ottima armatura contro il nemico. Ci conforta la dottrina di Cristo, rivelata quando cacciò lo spirito immondo, che i discepoli non avevano potuto cacciare: «Questa specie di demoni non si può scacciare in alcun modo, se non con la preghiera» (*Mc* 9, 29; cfr. anche *Mt* 17, 21). Penitenza e mortificazioni, in aggiunta alla preghiera, sono dunque mezzi suggeriti chiaramente dal vangelo, e bisogna ricorrervi in queste difficoltà, sempre con l'aiuto e il consiglio del direttore spirituale (o del superiore, se si tratta di religiosi), per essere sicuri di agire per il meglio.

Questo mezzo è così potente che può bastare poco per allontanare le tentazioni impure. Padre Rodriguez enumera diverse piccole mortificazioni, di cui lui o i suoi novizi hanno sperimentato l'efficacia: stendere le braccia in croce, inginocchiarsi, darsi pizzicotti o pugni, stare un minuto su un solo piede, e altre cose simili... Forse sono mortificazioni che ci fanno sorridere e che per noi sono poco praticabili: ma il senso profondo e sempre attuale di questi insegnamenti è che dobbiamo esercitare la vigilanza del cuore, tenere la mente sempre occupata e fare piccoli fioretti, quelli che sono più consoni alle circostanze in cui si svolge la nostra vita.

Gli atteggiamenti interiori nella lotta per la castità

Rodriguez ci raccomanda di tenere due atteggiamenti interiori durante il combattimento spirituale riguardo alla virtù della castità: l'umiltà, che ci induce a dire a noi stessi: «Mi merito veramente queste tentazioni»; e il temere di sé, nella consapevolezza che, senza l'aiuto di Dio, siamo capaci di cose terribili, come ci insegnano i santi, non solo con le loro parole, ma a volte con gli avvenimenti della loro stessa vita. Sono due atteggiamenti vittoriosi nella lotta per conservare la virtù della castità.

L'umiltà

San Gregorio dice che spesso i pensieri disonesti sono strascichi della mala vita trascorsa; occorre spegnere quel fuoco con le lacrime dell'umiliazione, con cui ci si riconosce fragili ed esposti al peccato, lavando in questo modo le colpe precedenti.

San Bonaventura insegna che nelle tentazioni è ottimo rimedio giudicarsi degni di subire quest'afflizione e ammettere che essa è un ben meritato castigo per le colpe passate: è un atteggiamento di superbia adombrarsi di queste difficoltà, come fossero immeritate, mentre bisogna accoglierle con umiltà e pazienza, accettando i propri limiti e la propria fragilità. In questo modo,

Dio si commuoverà e la tentazione si muterà in un vantaggio: spesso nella Sacra Scrittura leggiamo che il popolo di Israele otteneva il perdono professandosi meritevole del castigo di Dio.

Altro mezzo efficacissimo è il non fidarci di noi e porre tutta la nostra fiducia in Dio. Guai a chi si sente forte in questo campo! L'umiltà è davvero un grande rimedio contro le tentazioni.

Sant'Antonio eremita, vedendo il mondo pieno di tranelli, gridava in lacrime: « Signore, chi sfuggirà a tante reti? ». E udì una voce rispondergli: « L'umile! ».

È cosa ottima e proficua trarre da queste tentazioni una umile conoscenza di noi stessi, dicendo al Signore che dalla nostra bassezza non ci si può aspettare altro, se egli non viene a purificarci. I pensieri vili e sudici che passano in noi sono un'occasione privilegiata per considerare la nostra miseria e umiliarci.

Sicuramente è difficile tenere questo atteggiamento spirituale in modo equilibrato: la vera umiltà non conduce né alla presunzione né al disprezzo di sé, figli ambedue dell'orgoglio. Ambedue ci tolgono la pace, ambedue ci portano a peccare.

Rodriguez ammonisce che è cosa ottima in qualsiasi tentazione non fermarsi mai a pensare l'oggetto a cui la tentazione stimola. È meglio raccogliersi in se stessi, pensando: « Sono ancora tanto cattivo che mi passano per la mente tali cose? ». In tal modo, la tentazione si svuota e il demonio, che davanti all'umile fugge, rimane burlato.

Inoltre, osserva il nostro autore, il fatto di umiliarsi e riconoscersi miserabili, come se la tentazione fosse colpa nostra e non del demonio, anche se siamo molto lontani dall'acconsentire, è di grande utilità, perché il demonio si sente sconfitto e furibondo vedendoci trarre un guadagno proprio dall'insidia con cui voleva perderci; inoltre ci darà soddisfazione e sicurezza il renderci conto in questo modo di essere ben lontani dal voler offendere Dio.

Secondo Rodriguez, giova anche beffare il demonio e offenderlo con il nostro disprezzo. Tuttavia, personalmente, sono convinto che sia meglio non parlare mai con lui, neppure per disprezzarlo (il che equivarrebbe a dargli importanza). Invece di dire: « Via di qui, spirito immondo! », rivolgiamoci piuttosto a Dio, parliamo con lui, e con lui solo, chiedendogli: « Caccia via questo spirito immondo! ». Lasciamo che Cristo soltanto, con la sua forza divina, si rivolga al demonio.

È un insegnamento che si trova in un grande libro del 1600, la vita della Madonna intitolata *La mistica città di Dio* — una rivelazione privata — di suor Maria Gesù de Agreda: nel bel mezzo delle tentazioni, la Madonna ha sempre mantenuto fisso lo sguardo in Dio e non ha mai nemmeno degnato di un'occhiata il demonio: così lo ha messo in fuga. È, anche per noi, il migliore atteggiamento: se si vuole veramente umiliare il demonio, non c'è che ignorarlo. Per manifestare il nostro disprezzo verso di lui, conviene non azzardarsi mai a parlare con lui, nemmeno per scacciarlo, e tenere fissi gli occhi in Dio.

Temere di se stessi e confidare in Dio

Affine all'umiltà è il santo timore di Dio, che consiste nel temere di se stessi e nel confidare in Dio. È il contrario della presunzione, a causa della quale molti cadono: infatti attribuiscono a sé il merito della propria virtù, pensano che l'hanno acquisita con le loro forze, non che è Dio a donarla. Perciò, sono soprattutto le persone già avanti nel cammino spirituale della castità quelle che rischiano maggiormente di cadere.

Padre Rodriguez a questo proposito richiama le parole di Paolo: «Attendete alla vostra salvezza con timore e tremore» (*Fil* 2, 12), e invita a diffidare di noi stessi, mettendo in Dio tutta la nostra fiducia: «Beato l'uomo che sempre teme» (*Prv* 28, 14): naturalmente, questo timore riguarda noi stessi.

Il fidarsi di sé, con poca cautela e timore, ha fatto fare anche ai santi delle miserevoli cadute: «Il saggio teme e sta lontano dal male, lo stolto è insolente e presuntuoso» (*Prv* 14, 16).

Se non si è consapevoli della fragilità del vaso in cui portiamo il tesoro della castità, e non si usano cautela e prudenza, è ben difficile conservare questa virtù attraverso i pericoli. Chi vive in una falsa sicurezza finisce per perderla.

«Donde credi che derivi a certe persone l'essersi conservate caste in gioventù, nonostante le lotte e le tentazioni, e l'essere poi cadute vilmente nella vecchiaia in turpitudini di cui esse stesse sono stupite?», si chiede *san Bernardo*; e risponde: «In gioventù vissero nel santo timore di Dio e con umiltà, e vedendosi vicine a cadere seppero ricorrere a Dio e ne furono difese; ma dopo che, inorgoglite dal lungo possesso di queste virtù, cominciarono a confidare in se stesse e a sentirsi sicure, furono immediatamente abbandonate dalla mano di Dio e fecero quello che era loro più consono, cioè cadere». Anche *sant'Ambrogio* sottolinea questo concetto: coloro che diventano superbi per essersi a lungo conservati nella virtù abbassano la vigilanza e il demonio li vince; per la presunzione in se stessi finiscono per commettere ciò che per le tentazioni più violente non avevano fatto in gioventù. *Sant'Agostino* scrive: «Abbiamo visto molti, e di molti altri abbiamo sentito parlare, che erano saliti fino al cielo e avevano posto il loro nido tra le stelle. Ahimè, non posso ricordare ciò senza gran timore: quante stelle sono cadute dal cielo, quanti, che erano assisi alla mensa di Dio, e mangiavano il pane degli angeli, hanno poi desiderato riempirsi il ventre delle ghiande dei porci, quante castità più fini e più candide dell'antico avorio si sono macchiate e trasformate in carboni di fuoco! ».

Rodriguez racconta vari esempi, tra cui quello di *Giacomo l'eremita*: dopo aver servito Dio santamente per quarant'anni in severissima penitenza, ebbe l'imprudenza di presumere della propria saldezza e della propria virtù, e trattenne presso di sé per una notte una fanciulla, dalla quale aveva scacciato un demonio; lo fece per acconsentire alle insistenti preghiere dei parenti, che non potevano, quella sera, ricondurla a casa; ma, caduto in tentazione, peccò e poi, sopraffatto dalla vergogna e dalla paura di essere scoperto, uccise la fanciulla e la gettò in un fiume (ed osserviamo, per inciso, il binomio lussuria-omicidio, tutt'altro che raro: basti pensare all'aborto). Disperando ormai della salvezza, ritornò al secolo e si abbandonò a una vita sregolata. Ma la misericordia di Dio lo fece ravvedere e, dopo dodici anni di rigorosissima penitenza, egli recuperò la primitiva santità, tanto che fu canonizzato.

Gli aneddoti di questo genere sembrano eccessivi, ma la natura umana è proprio così: la presunzione conduce alla perdita della grazia di Dio (Dio resiste al superbo) e a questo punto, tolta la grazia di Dio, è possibile qualsiasi turpitudine.

Nessuno, osserva *san Gerolamo*, può dichiararsi più santo di Davide, più saggio di Salomone, più forte di Sansone: eppure, tutti costoro caddero nell'impurità.

Non ci si inganni dicendo di non vedere pericoli, di non sentire tentazioni, di essere indenni da suggestioni: non bisogna fidarsi, perché è il demonio a dare questa illusoria sicurezza, per poi far cadere a tradimento. Anzi, quanto maggiori sono le grazie e i doni che Dio ci ha dato, tanto più si deve temere, perché i demoni sono più che mai attenti e solleciti a farci cadere. *San Gerolamo*, scrivendo alla giovane Eustochio per esortarla nell'alto stato della verginità, le dice: « Per la tua consacrazione non devi insuperbirti, ma provare timore; avanza carica d'oro, sta' attenta ai ladri; non credere di avere pace su questa terra piena di rovi e di spine, non c'è mai sicurezza, ma lotta. Bisogna stare sempre all'erta, navighiamo su un mare tempestoso in una fragile navicella, qual è la nostra carne, circondati da tanti nemici che cercano di sollevare quante più tempeste è possibile per farci annegare, senza stancarsi mai né addormentarsi, spiando l'occasione per penetrare in noi. Ci ammonisce san Paolo con voce potente:

"Chi crede di star bene in piedi, guardi di non cadere. Vegli sempre guardandosi le spalle, e non pecchi". Se c'è cosa che possa rassicurarci è il vivere sempre nel santo timore di Dio».

Questi, che padre Rodriguez raccoglie dalla lunga tradizione della Chiesa, sono tutti insegnamenti che denotano una profonda conoscenza della natura umana.

Sono una medicina necessaria per il nostro tempo, in cui vanno di pari passo presunzione e corruzione.

Santa Caterina da Siena

Tra i grandi insegnamenti della tradizione riguardo la virtù della castità, non si può tralasciare quello di *santa Caterina da Siena* (1347-1380), proclamata dottore della Chiesa nel 1970 da Paolo VI, autrice di un'opera mistica tra le più alte che mai siano state scritte, *Il dialogo della divina provvidenza*, che costituisce una grande rivelazione privata di Dio a Caterina: la santa scrive sotto dettatura del Padre celeste «alla sua figliola diletta».

Tutta la vita di Caterina è caratterizzata da una particolarissima comprensione del valore di Cristo, sommo ed eterno sacerdote, a cui è collegata una profonda meditazione sul significato e sulla dignità del sacerdozio, innanzitutto quello del Papa, «il dolce Cristo in terra», e poi quello di tutti i ministri di Dio: essi sono come il sole che dà la vita alla Chiesa, attraverso la parola e i sacramenti; sono «altri Cristi»: di qui l'altissima esigenza che la loro vita sia santa.

Una sezione del *Dialogo*, intitolata «Il corpo mistico della santa Chiesa» (capitoli 120-134), si propone di richiamare i sacerdoti alla grandezza del loro ministero, mettendo davanti ai loro occhi le bassezze in cui incorrono quando non seguono Cristo crocifisso; la condizione di peccato in cui vivono alcuni di essi è descritta in pagine di fuoco, che tuttavia non hanno mai l'intento di denunciare, bensì di sottolineare una situazione non scusabile e soprattutto di sollecitare le anime di preghiera a un'intensa supplica e a un generoso spirito di sacrificio, per ottenere da Dio la conversione dei sacerdoti, quando fossero caduti nel vizio «laido» della lussuria, così che nella loro vita rinasca la grande virtù della castità e risplenda la santità stessa di Cristo. La prospettiva in cui si mette Caterina è quella di indicare innanzitutto ai sacerdoti la bellezza di questa virtù, specialmente in connessione con il sacramento dell'eucaristia, mostrando il contrasto stridente tra l'altezza e la santità del sacerdozio e una vita di peccato.

Ti ho spiegato anche che questi perfetti miei servi hanno la condizione perfetta del sole: essi illuminano e riscaldano il loro prossimo, grazie all'ardore della carità... Io te li ho paragonati a degli angeli... Dovete avere rispetto verso questi miei figli diletti, che sono come il sole messo nel corpo mistico della santa Chiesa. Se ogni uomo virtuoso è degno di essere amato, molto più lo sono costoro grazie al ministero affidato alle loro mani. Dovete perciò amarli e per la loro virtù e per la dignità che hanno ricevuto dal sacramento dell'ordine. Dovete anche odiare i difetti di coloro che vivono in modo miserabile, ma odiando i difetti non dovete mai erigervi a loro giudici: io non lo voglio, perché essi sono i miei consacrati. Voi sempre dovete amare e riverire in loro l'autorità da me conferita.

Sapete bene che se una creatura immonda o vestita di stracci vi portasse un gran tesoro dal quale debba venirvi la vita, voi non odiereste il portatore, sebbene stracciato ed unto, grazie all'amore per il tesoro e per colui che ve lo manda.[5]

Con grande sicurezza dottrinale, santa Caterina mette in chiaro, con queste e con le successive parole, il fatto che i sacramenti sono validi anche quando il sacerdote che li amministra è in peccato, e che il sacerdote, quando amministra i sacramenti, anche se è in peccato, rappresenta Cristo:

Certo vi dispiacerebbe e vi dareste da fare per amore di chi ve lo manda affinché egli fosse ben vestito e ripulito della sporcizia; allo stesso modo voi avete il dovere di comportarvi secondo l'ordine della carità, e così io voglio che facciate nei confronti di quei miei ministri poco ordinati che con immodestia e con l'abito del vizio, e come straziati per essersi separati dalla carità, tuttavia vi portano quei grandissimi tesori che sono i sacramenti della Chiesa. Da quei sacramenti, infatti, se voi vi accostate ad essi degnamente, ricevete vita di grazia, anche quando i ministri fossero in difetto, ricevete vita di grazia per amor mio, di me eterno Dio che ve li dono e per amore della vita di grazia che traete dal grande tesoro, cioè dal corpo e dal sangue del Figlio mio, unito con la mia natura divina, che i miei ministri vi danno, somministrandovi tutto me, Dio e uomo. I loro difetti vi devono dispiacere, anzi, dovete odiarli e adoprarvi con ardore di carità e con santa orazione affinché essi possano rivestirsi di grazia ed essere lavati dalla loro immondizia, colle vostre lacrime e con grandissimo desiderio che io per mia bontà abbia a rivestirli con l'abito della carità... Io li ho destinati e mandati a voi affinché fossero come angeli e come il sole...; se essi così non sono, dovete pregarmi per loro, anziché giudicarli, lasciando il giudizio a me. Ed io, grazie alle vostre orazioni, se la loro volontà sarà disposta a riceverla, userò loro misericordia. Ma, se non correggeranno la loro

---

[5] Santa Caterina da Siena, *Il dialogo della divina provvidenza*, Studio Domenicano. Le citazioni sono in corpo minore.

vita, la dignità che essi posseggono si volgerà in rovina, e nel momento estremo della morte, se non si correggeranno e non si affideranno alla sovrabbondanza della mia misericordia, col grave rimprovero di me, sommo giudice, saranno cacciati nel fuoco eterno.

Poi, il Padre celeste invita Caterina a considerare la condizione della Chiesa del suo tempo, sacerdoti e laici, in cui satana manifesta il volto infame del peccato: tutto il mondo è nel fango della superbia, dell'avarizia e soprattutto della lussuria. Occorrono anime che preghino e si sacrifichino per implorare il dono della purezza e della castità alle membra malate della Chiesa. Da ogni parte si leva un « fetore di peccato mortale », che a Dio certo non può nuocere, ma che nuoce moltissimo a coloro che commettono i peccati. Particolarmente dure le parole riservate ai sacerdoti che si macchiano di lussuria:

Guai, guai, alla loro misera vita! Quel che il dolce Verbo, l'unigenito mio Figlio, acquistò con tanta sofferenza sul legno della santissima croce, essi lo buttano con pubbliche meretrici. Divorano le anime riscattate dal sangue di Cristo, miserabilmente straziandole in molti e diversi modi e arricchiscono i loro figli illegittimi con quel che spetta ai poveri. O templi del demonio, io vi ho scelti affinché foste come angeli in terra durante questa vita, e voi vi siete fatti demoni e ne avete preso l'ufficio.

Caterina accosta l'ufficio dei demoni, che spingono l'uomo al male, a quello dei sacerdoti indegni, che con l'esempio della loro vita immorale diffondono le tenebre del peccato invece che la luce: i demoni distribuiscono le tenebre che sono loro proprie, i sacerdoti indegni

somministrano l'oscurità della loro vita disordinata e scellerata ai loro fedeli e alle altre creature dotate di ragione. In tal modo generano confusione e sofferenza nelle menti delle creature che li vedono vivere in tale disordine, anzi, sono causa di pena e confusione in quelle stesse persone che loro medesimi hanno sottratto dallo stato di grazia e allontanato dalla verità, e portandoli alla colpa li hanno sospinti sulla via della menzogna.

Tuttavia, l'esempio dei sacerdoti indegni non può essere una scusa per un laico che ne imiti la vita scellerata; i laici che seguono questi esempi sono essi stessi colpevoli davanti a Dio. Nessuno, infatti, può essere costretto alla colpa, né dai demoni invisibili, né da quei veri e propri « demoni visibili » che sono gli indegni ministri di Dio.

« I ministri santi devono stare alla mensa della croce per santo desiderio »: devono nutrirsi di Dio, accogliere l'amore di Dio, e spendersi per le anime, con lo stesso desiderio della loro salvezza che fece dire a Cristo in croce: « Ho sete ».

Le espressioni con cui Caterina deplora la corruzione dei sacerdoti sono terribili e devono riscuoterci dalla superficialità con cui oggi si considera il problema:

Demoni, peggiori dei demoni! Almeno le vostre iniquità si nascondessero... Offendereste me, fareste danno a voi, ma non al prossimo. Invece, esponendo la vostra vita scellerata agli occhi di tutti apertamente con il vostro esempio siete materia e causa a che i fedeli cadano in colpe simili alle vostre e anche maggiori... È forse questa la purezza che io richiedo al mio ministro, quando si avvicina all'altare per celebrare? La sua purità è di questo genere: la mattina si alzerà con la mente corrotta ed il corpo contaminato, essendo giaciuto in peccato mortale, e così andrà alla celebrazione. O tabernacolo del demonio, dov'è la veglia della notte, con la recita devota del santo uffizio? Dov'è la continua e devota orazione? Nel tempo della notte hai da disporti al santo mistero che devi celebrare la mattina, devi stare nella conoscenza di te, per conoscerti e reputarti indegno di così grande mistero, devi giungere a quella conoscenza di me che ti fa riconoscere come per la mia bontà e non certo per i tuoi meriti ti ho fatto degno di essere mio ministro, affinché tu amministrassi le altre mie creature!

Parole durissime e sublimi che escono da un cuore ardente di amore e di sollecitudine per la Chiesa.

Eucaristia e purezza dei sacerdoti

Il *Dialogo* sottolinea l'esigenza della purità nei ministri, in modo particolare perché il sacerdote deve consacrare e distribuire il pane degli angeli che è l'eucaristia.

Il Padre celeste detta a Caterina queste parole:

Voglio che tu sappia che io chiedo a loro e a voi, quando vi accostate a questo sacramento, tutta la purezza che è possibile ad un uomo durante questa vita. Sia loro che voi, dovete ingegnarvi di accrescerla continuamente. Dovete pensare che, se fosse possibile che la natura angelica si purificasse, ebbene, per accostarsi a questo mistero angelico dell'eucaristia, anch'essa dovrebbe purificarsi... Questo ti dico affinché tu intenda quanta grande purezza io richieda a voi fedeli e a costoro per questo sacramento, e a costoro specialmente. Essi però si comportano in modo opposto, poiché si accostano al mistero del tutto immondi, e non soltanto a causa di quella impurità e labilità alla quale siete naturalmente inclini per la vostra fragile natura, benché la ragione, se il libero arbitrio l'asseconda, possa frenare la ribellione causata dalla vostra fragilità; ma questi miseri non pongono argine alla propria debolezza ma fanno peggio commettendo i maledetti peccati impuri contro natura; come ciechi e stolti, una volta offuscato il lume dell'intelletto, non distinguono più la puzza e la miseria nella quale versano.

Come è vero! Il peccato impuro viene scusato con facilità, viene considerato una cosa naturale, in cui non c'è nulla di male, e non si è più consapevoli dello stato miserabile e dell'indegnità a cui conduce.

Stanno [i sacerdoti indegni] in uno stato che non infastidisce soltanto me, che sono purità somma; tanto mi riesce intollerabile questo solo peccato [contro natura] che per sua causa sprofondarono cinque città in seguito al mio giudizio divino (cfr. *Gn* 19, 24-25 e *Sap* 10, 6, le città della Pentapoli bruciate dal fuoco per punizione del peccato impuro contro natura che vi si commetteva), poiché la mia giustizia divina non poteva tollerare oltre, tanto gravemente mi dispiace questo orribile peccato: esso dunque... infastidisce persino i demoni, che questi miserabili hanno eletto a loro padroni.

Qui è espressa l'opinione, diffusa nel Medioevo, che i peccati di lussuria contro natura disgustino persino i demoni: benché essi siano contenti del fatto in sé che gli uomini pecchino, la loro natura, che fu in origine angelica, in quanto tale ha ribrezzo nel vedere questo gravissimo peccato. Caterina poi spiega, secondo la mentalità del suo tempo e secondo la Bibbia, che anche la peste, che nel 1374 causò grande mortalità, è stata una punizione per i peccati impuri e una spinta alla penitenza.

Dio ha mostrato alla sua figlia diletta la vastità della lussuria e in particolare del peccato contro natura, che non risparmia nessun ambiente e nessuna condizione; Caterina ne è quasi morta di spavento e di disgusto:

Sai anche come fu grande la pena che ne ricevesti nella tua mente, e tanto il lezzo che quasi ti pareva di essere in punto di morte, non vedevi luogo dove tu e gli altri miei servi poteste posare affinché questa lebbra non avesse a toccarvi: potevi constatare che non era possibile starsene né fra i piccoli né fra i grandi, né fra i vecchi né fra i giovani, né fra i religiosi né fra i chierici, né fra i prelati né fra i sudditi, né fra i signori né fra i servi, le cui menti e i cui corpi non fossero contaminati da questa maledizione.

Non è una denuncia scandalistica fine a se stessa, ma una richiesta di purità, di amore, di intercessione perché Dio faccia misericordia a un mondo così malato: vi è ancora un manipolo di giusti, che Dio si è riservato, ed è grazie alla loro giustizia che Dio frena la sua giustizia e continua a pazientare, cercando le vie e i modi per usare misericordia, disponendo fra i ministri corrotti «servi sani e non guastati da questa lebbra, affinché preghino per loro». La denuncia di questa situazione degradata ha lo scopo di ottenere anime generose che facciano scendere i fiumi della misericordia a purificare il mondo. È un appello che dobbiamo sentire rivolto anche a noi, affinché preghiamo, oggi come allora, per la purezza delle anime sacerdotali. E, ai giusti spaventati e smarriti per lo spettacolo del male così ampiamente diffuso, il Padre celeste rivolge l'invito a rifugiarsi in Cristo:

Il luogo dove conviene che voi siate, sia Cristo crocifisso, l'unigenito Figlio mio. Abitate e celatevi nella caverna del suo costato, dove, per affetto d'amore, gusterete in quella natura umana la mia natura divina. Nel suo cuore aperto troverete la carità mia e del vostro prossimo, poiché per onorare me eterno Padre e per compiere l'obbedienza che io gli diedi per la vostra salvezza, egli corse alla obbrobriosa morte della santissima croce. Vedendo e gustando questo amore di Cristo crocifisso, voi seguirete la sua dottrina, cibandovi alla mensa della croce, cioè sopportando il vostro prossimo con vera pazienza e carità, pene, tormenti e fatiche da qualunque parte vi vengano. Solo così vivrete e scamperete alla lebbra del peccato.

In questo modo noi evitiamo la corruzione del peccato, ma contribuiamo anche alla conversione dei peccatori.

A Caterina, atterrita dalla bruttura del peccato contro natura, tanto che non riusciva a liberarsi da una sensazione di tenebre e di fetore, la provvidenza di Dio dà infine sollievo nell'eucaristia: infatti, dice il Padre celeste,

comunicandoti con il corpo e il sangue del figlio mio, tutto Dio e tutto uomo, come lo ricevete nel sacramento dell'altare, in segno di verità fu spazzato via ogni fetore grazie al profumo che proveniva dal sacramento e la tenebra fu tolta grazie alla luce che nel sacramento stesso tu ricevesti; e per più giorni, come sai, ti rimase in modo mirabile, così come piacque alla mia bontà, l'odore del sangue nella bocca e nel gusto del tuo corpo.

Non potrebbe esservi opposizione più radicale di questa, fra il vizio impuro contro natura e l'eucaristia: accostarsi a questo sacramento esige la massima purità ed è il mezzo più efficace per spegnere in noi le braci della lussuria che covano il loro fuoco nel profondo.

I peccati di lussuria, che a Dio spiacciono molto, tanto più lo addolorano quando a commetterli sono proprio i suoi ministri. Scelti a essere lucerne, questi diffondono invece le tenebre e, con stridente contrasto, trattano il sacramento dell'eucaristia in stato di peccato mortale. La doppiezza della vita, anche se non rende invalidi i sacramenti, toglie però ai ministri la forza interiore per esercitare il loro ministero: « I loro peccati li privano di ogni ardimento e di ogni cura amorosa per la santa giustizia »; il loro insegnamento, i loro consigli, le loro correzioni sono screditati e non hanno forza per promuovere la santità dei fedeli: è proprio la vita santa la vera parola che ammonisce, che riprende, che esorta.

Il Padre celeste rimprovera anche i pastori della Chiesa, i grandi prelati, che sopportano nei loro sacerdoti questi comportamenti indegni: anche loro hanno una grave responsabilità verso la Chiesa di Cristo:

> Tutti questi mali... conseguono anche alla mancanza dei cattivi pastori, perché non correggono né puniscono i difetti dei sudditi e non si curano con zelo che l'ordine sia osservato, dal momento che essi stessi a volte non sono osservanti. Saranno pronti piuttosto a porre il peso delle grandi obbedienze sul capo di quelli che obbediscono, punendoli di colpe che non hanno commesso, e questo fanno perché in loro non risplende la perla della giustizia, bensì l'ingiustizia... Poiché vivono come accecati, come accecati distribuiscono le cariche e governano i sudditi, e se non si correggono, con questa cecità giungono alle tenebre dell'eterna dannazione e debbono render conto a me, sommo giudice, delle anime dei loro sudditi, e se il loro conto sarà negativo, riceveranno giustamente da me quello che hanno meritato.

Per capire la severità di questo richiamo, dobbiamo tenere presente che nel secolo di Caterina spesso la scelta dei vescovi era condizionata da una forte ingerenza del potere politico, e tante volte gli incarichi di maggior responsabilità nella Chiesa erano attribuiti con criteri di opportunità mondana piuttosto che in considerazione delle doti morali, spirituali e religiose delle persone: una situazione che, francamente, era ben diversa da quella della Chiesa attuale. Ma la grande lezione di questa donna che parla senza paura — un vero dono di grazia — vale per tutti i tempi: se i ministri non hanno vita conforme alla santità dei sacramenti che amministrano, finiscono per trascinare tante anime sulla via del peccato.

A tutti i sacerdoti Caterina ricorda la grandezza del loro ministero e l'esigenza di una purezza angelica nell'esercitarlo; e ammonisce i laici a non giudicare i sacerdoti, perché non spetta a loro; essi invece devono pregare e intercedere presso Dio per la santità di tutto il corpo sacerdotale della santa Chiesa.

Dopo la denuncia dell'indegnità di molti sacerdoti — denuncia di una durezza inusitata nella letteratura cristiana —, Caterina scrive che il Padre celeste infine vuole ristorare la sua anima presentandole la grandezza e la santità di tanti ministri buoni. Nonostante le miserie umane, la vita della Chiesa è costellata da santi che hanno saputo esprimere nella loro vita il mistero della santità di Cristo. La loro luce fa ancor più risaltare le tenebre dei ministri indegni, che vengono apostrofati con accenti di grande dolore:

Con tutto il tuo corpo tu [sacerdote indegno] percuoti il corpo del Figlio mio, facendo il contrario di quel che ha fatto lui e di quanto tu ed ogni creatura siete obbligati a fare.

Il ministro che si abbandona alla lussuria crocifigge Cristo nuovamente, e si configura come una sorta di anti-Cristo. A questo portano i vizi. Se l'imitazione di Cristo consiste nel seguire il Cristo crocifisso, rifuggendo dalla croce si realizza una opposizione radicale a lui, si diventa degli anticristi.

La minaccia della dannazione eterna suona tremenda:

O demonio che superi il demonio, in tutto sei peggio di lui! Molti demoni hanno repulsione per questi peccati, e tu ti sei fatto peggio di loro, e vi ti avvolgi come il porco nel fango. O animale immondo, è forse questo quel che ti chiedo, tu che, con il potere del sangue di cui sei il ministro, devi cacciare il demonio dalle anime e dai corpi, e invece tu i demoni li spingi nelle anime? Non vedi che la scure della divina giustizia è già posta alla radice del tuo albero? E ti dico che le tue iniquità ti frutteranno a usura a tempo e a luogo, se tu non le punisci con la tua penitenza e la contrizione del cuore, né ti sarà fatto riguardo perché sei sacerdote, anzi, sarai punito miserabilmente, e dovrai soffrire pene per te e per loro, e più dolorosamente degli altri sarai tormentato. Pensa che in quell'ultimo momento l'uomo iniquamente vissuto è accusato dai demoni, dal mondo e dalla propria fragilità. Allora essi non lo lusingheranno più, né più gli mostreranno adescamenti, dove era amarezza; né attrattive, dove stavano imperfezioni; né lumi ingannevoli, dove erano tenebre, come solevano fare durante la vita; anzi, gli mostreranno la verità nuda e cruda per quello che è; il cane della coscienza che prima era debole incomincia allora ad abbaiare tanto furiosamente da condurre quasi l'anima alla disperazione, sebbene nessuna dovrebbe disperare ma afferrarsi con speranza al sangue nonostante tutti i peccati commessi: è infatti incomparabilmente più grande la mia misericordia, che voi ricevete nel sangue di Cristo, in confronto ai peccati che si commettono nel mondo. Ma nessuno indugi!... Poiché è assai arduo per l'uomo trovarsi disarmato di ogni virtù sul campo di battaglia fra tanti nemici.

Queste pagine di grande severità — non soltanto relative alla lussuria, ma anche alla superbia e all'avarizia — vanno collocate nel contesto: innanzitutto, come abbiamo visto, Caterina sa bene che esistono molti ministri buoni e virtuosi, dei quali elogia con parole stupende la dignità e la conformità al volere del Padre; inoltre, con grande chiarezza dottrinale, afferma la validità dei sacramenti anche se amministrati da sacerdoti indegni; e soprattutto il fine di questa denuncia non è quello di criticare, di sminuire, di calunniare, ma di invitare a pregare, a implorare, a sacrificarsi perché i ministri che tradiscono l'altissima dignità della loro vocazione si convertano. La santificazione della Chiesa è il motivo e il fine della rivelazione che il Padre celeste fa a Caterina:

Ora vi invito... a piangere sopra questi morti, e a starvene come pecorelle nel giardino della santa Chiesa, a pascolare per santo desiderio e assidue preghiere, offrendomele per loro, perché io voglio fare misericordia al mondo e non vi ritirate da questo pascolo, né per ingiuria né per prosperità, voglio che non alziate il capo né per impazienza né per disordinata allegrezza, ma umilmente attendiate all'onore mio, alla salvezza delle anime e alla riforma della santa Chiesa. Questo precisamente sarà il segno che tu e gli altri mi amate in verità.

Una lunga e intensa preghiera per la santità della Chiesa conclude questa parte del *Dialogo*:

Non indugiare più, Padre, a usare misericordia al mondo!... Io so bene che la misericordia è solo tua, e perciò non puoi fare a meno di concederla a chi te la chiede... I tuoi servi ti invocano misericordia, rispondi dunque loro. È nella tua verità, l'Unigenito tuo Figlio, che essi conoscono l'amore ineffabile che porti all'uomo. Apri dunque, Padre, schiudi e spezza i cuori induriti delle tue creature. Non farlo per loro, che non bussano, ma fallo per la tua infinita bontà e per amore di quei servi che per loro bussano alla porta... E che cosa chiedono? Il sangue di questa porta, tua verità, e nel sangue tu hai lavato le loro iniquità, e per il sangue hai tolto il marciume del peccato di Adamo, il sangue è nostro, poiché ce ne hai fatto bagno. Non puoi smentirlo né vuoi disdirlo a chi te lo chiede in nome della tua verità. Dona dunque il frutto del sangue alle tue creature; poni sulla bilancia il prezzo del sangue del Figlio tuo, affinché i demoni infernali non si portino via le tue pecorelle... Questo è il sangue che i tuoi servi ti domandano come affamati stando a questa porta; per esso pregano che tu faccia misericordia al mondo, e che rinverdisca la tua santa Chiesa di fiori profumati, di buoni e santi pastori la cui fragranza spenga il lezzo dei fiori iniqui e putridi. Apri la porta della tua carità inestimabile, Padre... Sì, io so che tu apri prima che noi bussiamo, perché se i tuoi servi bussano e chiamano, cercando il tuo onore e la salvezza delle anime, lo fanno con l'affetto e l'amore che tu hai dato loro. Dona loro il pane della vita, che è il frutto del sangue del tuo Figlio Unigenito: di questo ti pregano a gloria e lode del tuo nome e per la salvezza delle anime, perché a loro pare che a te venga più gloria e lode dal salvare tante creature che dal lasciarle ostinate a permanere nella loro durezza di cuore. A te ogni cosa è possibile: se ci hai creati senza di noi, e se non vuoi salvarci senza di noi, allora ti prego di sforzare le loro volontà, disponendole a volere quello che ancora non vogliono.

Con questa intensità di amore Caterina conclude l'appello per tutti noi a pregare per la santità della Chiesa e per tutti i suoi ministri.

La *Filocalìa*

Dopo aver preso in considerazione l'insegnamento a proposito della castità di alcuni maestri della spiritualità occidentale (Rodriguez e Caterina da Siena), gettiamo uno sguardo anche all'insegnamento della spiritualità orientale, che sviluppa le tematiche dei Padri del deserto, presentando un approccio originale e complementare al tema delle virtù.

Infatti, mentre la spiritualità occidentale tende a suddividere le varie virtù e a studiarle quasi teoricamente, l'Oriente cristiano le vede in modo più esistenziale e concreto, e soprattutto colloca il fiorire di tutte le virtù nel cuore, radice della vita spirituale e centro dell'intero processo di conversione.

Pertanto, attraverso i Padri orientali possiamo vedere la castità nel processo reale del cammino spirituale, dal momento della conversione al momento della vittoria nel combattimento, che i Padri orientali chiamano impassibilità, cioè al momento in cui tutte le passioni sono messe a tacere.

Una grande opera di spiritualità raccoglie il fiore di questi insegnamenti, offerti dalla tradizione spirituale greco-bizantina e slavo-ortodossa, a partire dai Padri del deserto, via via nelle epoche successive, fino alla metà del XVI secolo: la *Filocalìa*.[6]

---

[6] *Filocalìa* significa propriamente *Amore per la bellezza*. Vedi *La Filocalìa*, Gribaudi, Milano 1982.

Si tratta di un'altissima guida spirituale verso la purezza del cuore. Il termine di ogni cammino spirituale è la contemplazione di Dio e secondo la *Filocalìa* si ottiene mediante un cuore puro: naturalmente per purezza di cuore non si intende soltanto la virtù della castità, ma si intende la purificazione del cuore da tutte le manifestazioni del male, quindi da tutti e sette i vizi capitali e da tutti i peccati che ne proliferano.

Conseguita questa purezza, è possibile l'apice della preghiera, cioè la contemplazione: « Beati i puri di cuore perché vedranno Dio ».

La virtù della castità nella prospettiva di questa ricchissima opera non è considerata a sé, ma in relazione e in armonia con tutte le altre virtù. Infatti, sul piano concreto, nella vita spirituale vale il principio fondamentale che, se si colpisce un vizio, si colpiscono tutti gli altri, che pian piano crollano; così come, edificando una virtù, si sviluppano anche le altre. È un insegnamento molto importante, perché la spiritualità occidentale dà un po' l'impressione di aver concentrato la sua attenzione sulla castità facendone quasi una virtù a sé, separata; mentre i maestri orientali la collocano al centro del cuore, fra tutte le altre virtù.

Anche sant'Agostino e Pascal sottolineano la centralità del cuore nel cammino spirituale, ma, in genere, nel pensiero occidentale questa non è la prospettiva prevalente. Gli insegnamenti della spiritualità occidentale sono più teorici e scolastici, e i grandi mistici, ad esempio quelli tedeschi, invece che di cuore, parlano di anima, di fondo dell'anima o di punta dell'anima.

I Padri orientali, facendo perno sulla Bibbia e soprattutto sul Vangelo, concentrano tutto il cammino spirituale nel cuore dell'uomo, centro determinante dei desideri e delle scelte. Il cuore include sentimenti ed emozioni, ma è soprattutto il centro della vita conoscitiva, morale e spirituale: nel cuore si pensa, col cuore si decide, col cuore si ama, nel cuore si combatte. È una prospettiva molto vicina all'insegnamento evangelico.

Tutti i maestri dell'Oriente cristiano si chiedono come ottenere un cuore puro per pervenire alla contemplazione di Dio. Questo è un tema fondamentale nella *Filocalìa;* e, mentre la spiritualità occidentale descrive il cammino spirituale in tre tappe, che sono la *conversione*, la *purificazione*, la *contemplazione*, la spiritualità orientale traccia un percorso molto più articolato, che prevede sette momenti: *il pentimento, l'afflizione spirituale, la compunzione, la sobrietà, l'esichia, la preghiera di Gesù, l'impassibilità.*

1) Il *pentimento* (in greco *metànoia*, cambiamento della mente)

indica un capovolgimento del modo di pensare che avviene sotto l'impulso della grazia. Una persona dedita a una vita di peccato, convinta di realizzarsi e di essere felice per quella via, con il pentimento cambia la valutazione della vita. Avverte inquietudine, poi rimorso, sospetta che la sua vita sia in perdita, si accorge che la sta dissipando, capisce che si è ingannato o che è stato ingannato: il pentimento è un giudizio negativo sulla via che uno sta seguendo; si intravede la possibilità di una vita diversa, che consiste nella conformazione della propria condotta alla volontà di Dio per realizzare se stessi e conseguire la gioia e la pace a cui tutti aspirano.

Anche nella spiritualità occidentale, specialmente nelle *Confessioni* di sant'Agostino, l'analisi del processo di conversione e quindi del pentimento ha trovato un'espressione profondissima.

Ma nel secondo e nel terzo passo, la spiritualità orientale descrive la psicologia della conversione presentando delle sfumature che sono sfuggite alla spiritualità occidentale.

2) L'*afflizione spirituale* è, letteralmente, il lutto (*pénthos*) perché nel momento della *metànoia* abbiamo constatato che eravamo morti, che con il peccato mortale avevamo ucciso la nostra anima: ecco quindi che la nostra anima si mette in lutto. Ma, per essere veramente evangelica, questa afflizione, che sempre accompagna la conversione, non è una forma di disperazione — che aprirebbe la porta al maligno — ma è unita a una certa gioia. Non è una tristezza secondo la carne, ma secondo Dio. San Paolo vi si riferisce nella *Seconda lettera ai Corinti* quando scrive che Dio ci ha fatto la grande grazia di accorgerci che eravamo morti mentre credevamo di essere vivi (cfr. 7, 9-10: « La tristezza secondo Dio produce un pentimento irrevocabile che porta alla salvezza, mentre la tristezza del mondo produce la morte »). Il lutto è accompagnato dalla gioia e dalla gratitudine, da un amore pieno di stupore per colui che è venuto a rischiararci con la sua luce e ci ha resi consapevoli dello stato di morte in cui ci trovavamo. I Padri orientali applicano a questa situazione di lutto per la morte morale dell'anima la beatitudine evangelica: « Beati gli afflitti perché saranno consolati » (*Mt* 5, 4): secondo loro, le parole di Gesù si riferiscono appunto all'afflizione per aver portato se stessi in una situazione pericolosa per la propria anima, da cui però è ancora possibile uscire, per grazia di Dio.

3) Il passo successivo del processo di conversione analizzato dai Padri orientali — che invece non troviamo così accurata-

mente individuato e descritto dalla spiritualità occidentale — è la *compunzione* (*katànyxis*). Etimologicamente, il termine significa essere trafitti, essere punti (*com - punzione*): la parola esprime l'intima esperienza del cuore che, avendo visto la propria vita di peccato ed essendo in lutto per la propria morte, giunge alla percezione della gravità della sua colpa in rapporto alla immensità dell'amore divino e alla maestà divina, e avverte una trafittura. E, come pungendo un gonfiore infetto del corpo ne escono gli umori corrotti che vi si sono raccolti, così da questa trafittura del cuore gonfio di peccato esce il veleno del male. La compunzione ammorbidisce la durezza del cuore, e insieme infonde anche un sentimento profondo di pace, di sollievo, di mite, umile, amante riconoscimento della nostra indegnità, da un lato, e dell'indicibile amore divino, dall'altro. Non è dunque quell'atteggiamento di inquietudine che avvertiamo quando non crediamo veramente che Dio ci abbia perdonato. Nella compunzione sappiamo che Dio ci ha perdonato totalmente: siamo addolorati per non aver corrisposto al suo amore, ma siamo invasi dalla pace e dalla gratitudine. Questo stato è meno intenso dell'afflizione spirituale, che è un vero lutto; è uno stato più pacato, di dolore misto a dolcezza perché si sperimenta l'amore di Dio.

Questi sono i tre gradini corrispondenti nella spiritualità occidentale alla *conversione*.

4) Poi viene la *sobrietà* (in greco *léxis*). Nella spiritualità occidentale, dopo la conversione viene la *purificazione*: dobbiamo intraprendere la lotta per estirpare da noi le radici del male. A questa purificazione corrisponde, nella spiritualità orientale, la virtù della sobrietà. Si tratta dello sforzo per custodire mente, intelletto, volontà, cuore da tutte le passioni e le distrazioni: è come se dovessimo metterci di guardia alla porta del cuore per impedire che esse vi entrino. È il momento più doloroso della vita spirituale: mentre le tappe precedenti sono addolcite dalla consapevolezza di essere amati e perdonati da Dio e di essersi sottratti alle tenebre, questo è il momento della fatica della virtù, in cui bisogna bruciare le radici dei sette vizi capitali e dedicarsi con tutta la buona volontà a sradicare le cattive abitudini contratte con il peccato, esercitando le virtù opposte. Il continuo richiamo della *Filocalìa* alla sobrietà è il richiamo alla vigilanza perché nulla entri nel cuore a inquinarlo. Questa battaglia davanti alla porta del cuore, procedendo, diventa sempre più faticosa e insidiosa: all'inizio si lotta contro i vizi che riguardano il corpo,

per arrivare a quelli più sottili e difficili da estirpare, come l'orgoglio.

5) Ed ecco che, dopo questo lungo impegno, perveniamo gradualmente a una situazione di pace interiore, di raccoglimento, di silenzio delle passioni: il cuore si dilata, sempre più gli si fa udire la voce di Dio, sempre più gli si fanno percepire la sua gioia e la sua serenità. Questo ulteriore gradino a cui conduce la sobrietà (o sforzo di purificazione) quando consegue i suoi risultati è la *esychìa* (pace, quiete): la situazione di chi, avendo condotto con decisione il suo combattimento spirituale, è riuscito a far tacere la voce delle passioni e sta nella pace. Il suo cuore è pronto perché Dio vi entri e vi abiti. È il primo gradino di quello che nella spiritualità occidentale rappresenta il traguardo del cammino spirituale, cioè la *contemplazione*.

È il sentimento che sperimentiamo quando siamo riusciti a vincere le nostre battaglie, quindi siamo sereni, fiduciosi, ci sentiamo protetti e amati da Dio, ci sentiamo fermi su questa strada. Questo stato — silenzio, serenità, solitudine, raccoglimento, unione con Dio — per la *Filocalìa* è il frutto della lunga battaglia della sobrietà.

6) I Padri orientali sviluppano poi quella che viene chiamata la *preghiera di Gesù*: nel cuore pacificato, che è riuscito a conseguire il silenzio delle passioni, sgorga la preghiera di Gesù.

Anche il buddismo e l'induismo propongono all'uomo la liberazione dalle passioni: il *nirvana*, nel buddismo, e il *moxa*, nell'induismo, sono gli stati di chi finalmente si è liberato della negatività del mondo, ma la spiritualità del buddismo e dell'induismo non va oltre; *nirvana* e *moxa* rappresentano il punto di arrivo definitivo del cammino dell'uomo. Invece, secondo la spiritualità cristiana, quando siamo riusciti a liberarci dalle passioni, il cuore purificato e silenzioso non può restare vuoto. Dal raccoglimento e dalla pace nasce la preghiera, che accompagnava già come una sorgente sotterranea tutto il cammino di conversione e di purificazione. Ora questa sorgente incomincia a zampillare e sgorga copiosa: è la preghiera con cui dobbiamo continuamente richiamare in noi la presenza di Gesù. Essa ha alcune formulazioni ricorrenti nella spiritualità orientale e una delle più comuni è: « Signore Gesù Cristo, Figlio di Dio, abbi pietà di me »; o anche semplicemente la ripetizione del nome di Gesù, in modo tale che la sua presenza regni nel nostro cuore purificato. Questa è la preghiera del cuore, risultato di un lungo cammino di purificazione: al posto delle passioni, c'è Cristo, il Verbo, che noi rendiamo presente con la nostra incessante invocazione.

7) Quanto più è vera, profonda, radicata nel cuore questa preghiera, tanto più conseguiamo il vertice della vita spirituale o del cuore puro, vertice che i padri greci chiamano *apàtheia*, cioè impassibilità. Quando nel cuore è presente Cristo vivo, il cuore ha raggiunto la purezza e la libertà originali, quelle di cui era adorno il cuore di Adamo e di Eva al momento della creazione, prima del peccato.

Questo ideale dei padri greci di pervenire alla purezza di cuore e alla santità originarie deve essere completato: anche se in questa vita il nostro cuore è sempre un po' malato e inquinato, e anche se fino all'ultimo giorno della nostra vita resteranno le spinte al male e al peccato, al vertice del cammino spirituale noi possiamo veramente superare lo stato di Adamo ed Eva. Lo stato di *apàtheia* o di fermezza deve essere interpretato in chiave cristologica, fino a poter dire con san Paolo: «Non sono più io che vivo, ma è Cristo che vive in me» (*Gal* 2, 20). Il culmine del cammino spirituale è il nostro inserimento in Cristo, e se Cristo vive in noi, anche il suo cuore puro e santo vive nel nostro: è un cuore che realizza la perfezione dell'amore, che ama il Padre con amore di Figlio e ama tutti gli uomini con l'amore di un fratello.

Dobbiamo quindi ringraziare i Padri greci che ci hanno aiutato a vedere la castità nell'unione con le altre virtù, collocata in un cuore puro che, mediante la preghiera di Cristo, richiama continuamente la sua presenza e vive nel cuore puro e santo di Cristo stesso.

In questa purezza totale, in questa identificazione del nostro cuore con il cuore di Cristo trova la sua collocazione la virtù della castità che, insieme con tutte le altre, ci rende conformi a Cristo: mite, umile e casto.

Capitolo 4

L'IRA

Tratteremo dell'ira da due punti di vista: inizieremo con alcune osservazioni di carattere organico e clinico, poi la prenderemo in esame più approfonditamente, sotto l'aspetto religioso e morale; metteremo a fuoco il vizio capitale dell'ira e le virtù che lo contrastano ed estirpano.

L'ira è una componente del temperamento e in sé non è né buona né cattiva: ci può essere un'irritazione nei confronti del male come nei confronti del bene.

Attenendoci alle indicazioni del passato, a partire dai filosofi greci, e in particolare da Aristotele, che già nel V sec. a.C. hanno dato l'avvio all'indagine sui vizi e sulle virtù dell'uomo, e ricollegandoci alle più recenti ricerche mediche e psicologiche, dobbiamo dire che l'ira ha come substrato il sistema nervoso. Quando questo è particolarmente eccitabile, si parla di nervosismo. Non siamo ancora nell'ambito morale: la virtù e il vizio non sono su questo piano, si può parlare di virtù e vizio solo quando si è in presenza di scelte deliberate, che coinvolgono la volontà. Sul piano clinico (e già la filosofia scolastica, nel Medioevo, lo metteva in luce) l'ira è un impulso di per sé indifferente al bene e al male; può essere più o meno violento, con « trasmutazione organica »: il che significa che si vede quando una persona è irata, in quanto tutto il sistema nervoso partecipa dello stato di eccitazione. Si tratta di una reazione contro qualcosa che è causa di contrasto.

Quando parliamo di vizio dell'ira, non facciamo riferimento a un carattere nervoso, ma a un moto disordinato che vuole reagire nei confronti di un torto — vero o presunto — fino alla vendetta. Allora siamo nel campo morale e si può parlare di vizio.

L'ira si chiama *impazienza* quando è semplicemente una naturale disposizione a inquietarsi; è il caso di persone che si agitano per dei nonnulla; diventa *trasporto* se all'impazienza aggiunge parole e atti minacciosi (atteggiamento frequente, per esemplificare, durante la guida dell'automobile). Siamo ancora nell'ambito delle disposizioni abituali; passiamo nella *violenza* se l'ira si esprime in azioni brutali. Oltre la violenza c'è il *furore*, se acceca la ragione; dal furore colmo di ira ecco l'odio e la vendetta. L'*odio* è l'ira continuata; la *vendetta* è la volontà di fare il male ad ogni costo per rispondere al male ricevuto.

Partiamo quindi da una base organica, un'abituale disposizione a inquietarsi, che non ha ancora un significato morale negativo, fino ad arrivare all'impazienza, al trasporto, alla violenza, al furore, all'odio, alla vendetta. Dal primo grado, ancora veniale, che è l'impazienza, entriamo nel vizio capitale dell'ira.

Il livello organico

La scienza biologica e psicologica ha cercato di individuare la base organica dell'ira e ne ha trovato la radice biologica nell'istinto fisiologico della conservazione: l'ira in tutte le sue manifestazioni fino alla vendetta è mossa dall'istinto della propria conservazione. Quella che sembra aggressività verso gli altri in realtà è una forma di autodifesa. Secondo gli scienziati, alla base dell'ira può esserci o un'energia organica chiamata *iperstenia*, che noi chiameremo ira che si riversa all'esterno; oppure una debolezza organica, chiamata *astenia*, cioè un'ira che si riversa all'interno e viene trattenuta.

Dall'iperstenia vengono le esplosioni dell'ira con vistose manifestazioni esteriori, che il linguaggio comune coglie molto vivacemente: «ribollire d'ira»; «non vederci più, essere accecati dall'ira»; «essere sordi per la rabbia», ed altre consimili espressioni, indicano gli effetti di questa passione che «va alla testa», offuscando il raziocinio. La fatica, alcune malattie (ad es. infezioni epatiche ed epilessia), l'assunzione di varie sostanze eccitanti come l'alcool, il tabacco, la caffeina, possono causare questo tipo di ira.

Dall'astenia abbiamo l'ira contenuta, detta anche ira sorda, o ira fredda, che produce come un movimento dalla periferia del nostro corpo al centro, e invece di inveire, percuotere, sfogarsi, si contrae e si riversa su se stessa: donde l'espressione comune — colorita e pertinente — «crepare di rabbia». Nell'ira trattenuta le cause sono varie: ereditarietà, sesso, età, costituzione emotiva, e anche condizioni atmosferiche e climatiche.

Queste osservazioni scientifiche hanno la loro importanza: se non si tiene conto della base organica delle passioni umane, che costituisce un condizionamento tutt'altro che trascurabile, si corre il rischio di identificare i cattivi con i nervosi e i buoni con i linfatici, mentre non dobbiamo imputare come vizio capitale dell'ira ciò che è semplicemente l'espressione di un composto psico-fisico. Una persona nervosa non è perciò stesso una persona cattiva, come non possiamo dire che è buona una persona flaccida, lenta, poco reattiva.

Il piano morale e religioso

Il piano morale è un altro, molto più elevato. Aristotele distingueva tre specie di ira:

— l'ira dei violenti, che si irritano subito per il più piccolo motivo; non si può qualificarli come cattivi solo perché per carattere si accendono immediatamente;
— l'ira di quelli che serbano rancore con il ricordo delle ingiurie ricevute: qui siamo già sul piano morale, siamo entrati nel vizio dell'ira;
— infine c'è l'ira degli ostinati che non si danno pace finché non si sono vendicati.

Molto importante dunque distinguere il livello organico da quello morale. Non possiamo certo qualificare in modo moralmente negativo una persona pronta all'ira, ipersensibile e reattiva.

Entrando in un ordine di considerazioni prettamente religiose, troviamo nei testi biblici delle tremende manifestazioni d'ira anche di significato positivo. Gesù nel tempio pieno di ladroni si lascia prendere da una santa ira, intreccia una frusta e li scaccia (cfr. *Gv* 2, 14-17): certamente dotato di un carattere sensibile e di una struttura nervosa finissima, egli reagisce nei confronti del male.

Nella sua sorgente, l'ira è dunque un impulso moralmente indifferente. La vera misura morale è questa: se essa esprime il disgusto e l'opposizione al male di una coscienza retta, se — rimanendo comunque nei limiti del lecito — rappresenta un modo di contrastare una situazione di ingiustizia e di degradazione morale, ha un valore positivo. Se è la reazione sproporzionata a una contrarietà o a un torto subìto ed è mossa da egoistica smania di rivalsa, rappresenta un comportamento moralmente negativo.

Ora nella Bibbia vediamo, da una parte, la condanna dell'ira, quando essa è la reazione violenta di un uomo che si adira contro un altro uomo, mosso dall'invidia, come Caino, o mosso dalla furia per un diritto violato, come Esaù nei confronti del fratello Giacobbe, o mosso da un eccesso di giustizia, come Simeone e Levi che vendicarono in modo spropositato l'oltraggio fatto alla loro sorella; d'altra parte vi troviamo anche l'ira di Dio e le sante ire degli uomini.

Da un punto di vista morale, l'uomo che reagisce violentemente contro un altro uomo è condannato da Dio: quando l'ira è mancanza di amore, e si manifesta come offesa al prossimo, entriamo nel vizio capitale, un vizio che può condurre fino all'omicidio.

I *Libri sapienziali* biasimano la stoltezza dell'iracondo, « che non controlla il soffio delle sue narici », come dice il libro dei *Proverbi* (29, 11): i sapienti ammirano coloro che hanno il fiato lungo, a differenza degli impazienti che hanno il fiato corto. L'ira è condannata perché genera ingiustizia nei confronti del prossimo. Gesù si è dimostrato ancora più radicale, assimilando l'ira al suo effetto ultimo, che è l'omicidio: « Avete inteso che fu detto agli antichi: *Non uccidere*; chi avrà ucciso sarà sottoposto a giudizio. Ma io vi dico: chiunque si adira con il proprio fratello sarà sottoposto a giudizio. Chi poi dice al fratello: stupido, sarà sottoposto al sinedrio; e chi gli dice: pazzo, sarà sottoposto al fuoco della Geenna » (*Mt* 5, 21-22).

Paolo la giudica incompatibile con il comportamento dell'« uomo nuovo »: è un male puro e semplice (cfr. *Col* 3, 8), da cui bisogna guardarsi perché è un'offesa alla carità: « Rivestitevi dunque... di sentimenti di misericordia, di bontà, di umiltà, di mansuetudine, di pazienza; sopportandovi a vicenda e perdonandovi scambievolmente... » (*ibid.*, 12).

Quindi, nella misura in cui contraddice il comandamento dell'amore e danneggia il prossimo, l'ira è condannata da Dio. Offende la giustizia, ferisce il fratello, rischia di avere come sbocco finale l'omicidio: è un vizio capitale.

La santa ira degli uomini di Dio

Ma, come abbiamo detto, l'ira può anche essere una reazione al male. La Bibbia parla di sante ire, ed è un atteggiamento originale rispetto agli ideali umani di altre culture: per esempio, nella cultura greca, l'uomo virtuoso è sempre calmo, ha la virtù della *apàtheia*, ossia l'assenza delle passioni (è il termine che ha dato luogo alla parola italiana *apatia*), non reagisce né contro il bene né contro il male. Al contrario, la Bibbia conosce due tipi di ira: una (quella che nasce da un istinto egoistico e porta a offendere il prossimo) è un vizio, l'altra (quella che nasce dalla ribellione al male) è una virtù, e in molte circostanze vediamo prorompere la santa ira di Dio e quella degli uomini di Dio, quando è in gioco la santità di Dio.

Vi sono numerosi esempi dell'ira « buona » di personaggi che reagiscono di fronte a ciò che offende la santità di Dio: Mosè si adira col popolo perché manca di fede raccogliendo la manna (cfr. *Es* 16, 20), e molto più gravemente si adira quando il popolo apostata all'Oreb (cfr. *Es* 32, 19) o quando trascura i riti.

In questi casi la santa ira si identifica con lo zelo per il Signore, che spinge anche ad atti per noi incomprensibili: un testo terribile (cfr. *1 Re* 18, 40) ci racconta che il profeta Elia scanna personalmente i quattrocento profeti di Baal che diffondono l'idolatria, perché la verità di Dio è più importante della vita degli uomini; e ancora Elia fa cadere il fuoco sugli emissari del re Acazia, che si rivolgeva a divinità straniere (cfr. *2 Re* 1, 10-12).

Anche l'ira di san Paolo ad Atene « al vedere la città piena di idoli » (*At* 17, 16) è l'ira stessa di Dio nei confronti dell'incredulità e del peccato. Dinanzi all'ostinazione caparbia di chi rifiuta o addirittura irride la parola di Dio, questi uomini sono, come Geremia, ripieni dell'ira di Jahve: « Io sono pieno dell'ira del Signore, non posso più contenerla » (*Ger* 6, 11; cfr. anche 15, 17). In questo modo comprendiamo l'ira di Gesù, che prende la frusta contro i ladroni del tempio, che chiama i farisei « razza di vipere » (*Mt* 12, 34), che annuncia: « Se non vi convertirete perirete tutti » (*Lc* 13, 3).

In un certo senso, secondo la Bibbia, solo Dio può adirarsi; per cui egli proclama più volte: « A me la vendetta » (cfr. *Dt* 32, 35 e 41; *Is* 47, 3; ecc.). È un concetto ripetuto anche da san Paolo, che ammonisce: « Non fatevi giustizia da soli, lasciate fare all'ira divina perché sta scritto: A me la vendetta, io do la giusta paga, dice il Signore » (*Rm* 12, 19).

Uno stupendo testo di *Isaia* descrive la terribile manifestazione dello sdegno divino: « Ardente è la sua ira e gravoso il suo divampare, le sue labbra traboccano sdegno, la sua lingua è come fuoco divorante, il suo soffio come torrente che straripa, che giunge fino al collo... Il Signore farà udire la sua voce maestosa e mostrerà come colpisce il suo braccio con ira ardente in mezzo a un fuoco divorante, tra nembi, tempesta e grandine furiosa... Il Tofet è preparato da tempo, esso è pronto anche per il re; profondo e largo è il rogo, fuoco e legna abbondano, lo accenderà, come un torrente di zolfo, il soffio del Signore » (30, 27-33). Che cos'è quest'ira? È la santità di Dio che non tollera il peccato e che lo castiga duramente, per salvare il peccatore.

L'ira di Gesù

Gli uomini di Dio che si accendono di santa ira lo fanno in nome di Dio e nello stesso senso di Dio: lo comprendiamo meglio se ci soffermiamo a considerare il comportamento di Gesù. Egli certamente era un agnello, mite e umile di cuore, eppure dalla sua bocca sono uscite parole terribili, di ira tremenda, parole in cui sfolgora la santità di Dio che non tollera l'ingiustizia e la malvagità: «Via da me, maledetti, nel fuoco eterno!» (*Mt* 25, 41).

Gesù non si comporta come un filosofo greco che non si turba mai: Gesù manifesta i suoi sentimenti, si turba e si commuove (cfr. *Gv* 11, 33). Egli non si rivolge a satana con gentilezza, ma gli comanda con forza (cfr. *Mt* 4, 10); minaccia duramente i demoni (cfr. *Mc* 1, 25); e Giovanni (cfr. *Gv* 8, 44) sottolinea che Gesù è quasi fuori di sé di fronte all'astuzia diabolica degli uomini, e specialmente dei farisei, di coloro che uccidono i profeti. Come Jahve, Gesù si adira contro tutto ciò che si leva contro Dio; e va detto con molta chiarezza che non ricorre al linguaggio diplomatico — che spesso è in uso anche nella Chiesa — non solo nei confronti di satana, degli scribi e dei farisei, ma anche di tante altre persone che vivono nell'ambiguità: rimprovera i disobbedienti (cfr. *Mc* 1, 43; cfr. *Mt* 9, 30), rimprovera i discepoli di poca fede (cfr. *Mt* 17, 17). Tratta con durezza persino Pietro, che protesta all'annuncio della passione, chiamandolo «satana» (*Mt* 16, 23); e soprattutto si adira contro coloro che, come il fratello maggiore, geloso del fratello prodigo, accolto dal Padre delle misericordie, non si mostrano misericordiosi (cfr. *Lc* 15, 11-32); infine, manifesta chiaramente l'ira del giudice che non sopporta l'ingiustizia, come il signore del banchetto (cfr. *Mt* 22, 1-7) o come il padrone del servo spietato (cfr. *Mt* 18, 23-35).

Egli preannuncia sventura alle città che non si pentono (cfr. *Mt* 11, 20), scaccia i venditori dal tempio, se la prende pure con una pianta incolpevole, il fico sterile (cfr. *Mc* 11, 21): è assolutamente fuori posto descrivere Gesù come una persona impassibile o remissiva. È un uomo forte, che non tollera l'ingiustizia; è mitissimo, dolcissimo, tenerissimo, ma ha parole di fuoco nei confronti dei malvagi, di coloro che vogliono ingannare Dio e il prossimo: allora vediamo manifestarsi in lui l'ira santa, l'ira di Dio.

L'ira nella nostra vita personale

Entriamo ora nella nostra vita personale. Innanzitutto c'è un'aggressività che non è in sé peccaminosa, anzi, che va coltivata in noi: chiamiamola aggressività o insofferenza o impazienza, è quella che non è disposta ad accettare il male che è in noi. È in questo ambito, innanzitutto, che si deve accendere la nostra santa ira, perché, dice Gesù, prima togli la trave dal tuo occhio, e poi ci vedrai bene per togliere la pagliuzza dall'occhio del tuo fratello (cfr. *Mt* 7, 3).

Questa aggressività è la santa ira in noi, che si deve in primo luogo manifestare nella lotta al vizio annidato nelle profondità del nostro cuore, rifiutando i compromessi, la tiepidezza, la mediocrità, o addirittura le mancanze gravi e le tenebre.

Ma c'è anche un'aggressività da manifestare all'esterno, ed è il desiderio di diffondere il bene, senza essere indiscreti: è lo zelo per la causa di Dio. Esso si esprime e agisce soprattutto attraverso la nostra vita, le azioni e le opere di bene, più che con le parole: queste sono spesso inefficaci, e comunque hanno sempre bisogno da parte di chi le ascolta della verifica dei fatti. Questa aggressività, sublimata e portata all'esterno, si deve tradurre in opere e gesti pieni di amore verso il prossimo.

LA PAZIENZA

Invece, per quanto riguarda quei moti profondi che nascono in noi e che, se non sono estirpati all'origine, danno luogo al vizio dell'ira — moti di intolleranza, di rancore, di rivalsa e di aggressività verso il prossimo —, in questo campo dobbiamo cercare di sviluppare le virtù opposte.

In primo luogo è necessaria una grande forza di resistenza e di sopportazione nelle contrarietà. Queste spesso vengono dalle circostanze stesse della vita, e molte volte dipendono dalla cattiveria degli uomini, arrivando a comportare addirittura ingiurie e persecuzioni: ebbene, qui è regina la virtù della pazienza, che giustamente santa Caterina da Siena definisce «il midollo della carità». Le avversità si sopportano con pazienza, spesso tacendo, a volte, addirittura, sorridendo.

Di questa grande capacità di sopportazione ci dà esempio Gesù durante la sua passione: *pazienza* viene da *patire*, come *passione*. Gesù percosso — fisicamente e moralmente — non ha né un gesto né una parola, tace e sopporta una violenza inaudita da parte dei peccatori — come dice la *Lettera agli Ebrei* (12, 3) — dimostrando un altissimo dominio di sé. Noi abbiamo in questo un'indicazione chiarissima. Cristo, pazienza vivente, ci indica come dominare l'ira che nasce dalla reazione al male che ci fanno gli altri: attraverso il silenzio, la calma, perfino il sorriso. Infatti, alla guardia che lo aveva percosso alla guancia, rinfacciandogli: «Così rispondi al sommo sacerdote?», Gesù risponde gentilmente: «Se ho detto male, dimmi dove ho sbagliato, se ho detto bene, perché mi percuoti?» (*Gv* 18, 23).

IL PERDONO

Il sommo del dominio di sé, della carità e dell'amore si manifesta quando Cristo perdona dalla croce quelli che lo stanno uccidendo. È l'altro aspetto della virtù contraria all'ira: il primo è l'atteggiamento paziente nei confronti delle avversità della vita e della cattiveria degli uomini, il secondo — e qui siamo al vertice della virtù, che sradica dalle fondamenta il vizio dell'ira — è la capacità di perdonare.

L'ira nel suo itinerario porta alla vendetta, fino all'omicidio. San Tommaso osserva con attenzione (*Summa theologica, Secunda secundae,* 158, art. 7) l'*escalation* dell'ira: «L'ira accende quest'uomo di rabbia, produce in lui pensieri e progetti di vendetta, l'ira si impadronisce della sua lingua, e lo fa erompere anche in parole irreligiose contro Dio, l'ira afferra le facoltà fisiche del suo corpo, e le porta ad azioni esterne perfino gravemente lesive della vita altrui».

Di fronte a questa mala pianta, dobbiamo opporre la sopportazione, la pazienza, il silenzio, la capacità di perdonare. Questo ultimo punto è molto importante, perché spesso è l'ira degli altri che si riversa su di noi, è l'ingiustizia degli altri che ci colpisce: in questi casi, la catena dell'ira minaccia di prendere anche noi nei suoi ingranaggi, e di distruggerci. Soltanto il perdono ci permette di sfuggire a questo meccanismo. Diversamente, l'ira ingiusta che gli altri riversano su di noi finisce per distruggere noi stessi.

Il perdono salva: noi e gli altri.

Alcuni consigli pratici

Per terminare, vorrei trasmettere alcune indicazioni soprattutto ai genitori e agli educatori, perché al dominio di sé — all'*encràteia* — bisogna educare i fanciulli fin dai primi anni. I maestri di spirito fanno osservare che addirittura prima della nascita, in un certo senso, occorre iniziare una preventiva educazione morale. Per esempio, è stato osservato che i trasporti irascibili di una madre possono avere gravi conseguenze sul nascituro; i buoni esempi di mitezza dei genitori, degli educatori, dei superiori hanno grande influenza sulle giovani generazioni.

I maestri di spirito danno queste direttive sul piano pedagogico: prevedere l'ira, e cercare di evitare tutte le occasioni; insorgere subito contro tutti gli impulsi di collera, e troncare o cambiare discorso; ritirarsi, andare altrove, se necessario; riflettere e indugiare prima di rispondere; controllarsi prima di agire; meditare la mitezza di Cristo, della Madonna, dei santi; e sempre, soprattutto, pregare, contemplando il cuore di Cristo, mite ed umile.

Il Cristo che più di tutti arse di zelo, che arse dell'ira santa di Dio, più di tutti seppe sopportare con estrema mansuetudine e umiltà l'ira dei peccatori.

Capitolo 5

LA GOLA

Affrontiamo il vizio capitale della gola, tratteggiando brevemente l'insegnamento della Sacra Scrittura, quello della tradizione patristica — molto ricca al riguardo —, per poi esaminare il vizio della gola spirituale, che è forse di una attualità ancora maggiore che il vizio della gola inteso nella sua realtà fisica.

La gravità morale del vizio della gola

A partire da un grande moralista del 1700, sant'Alfonso Maria de' Liguori, il quale sosteneva che i peccati connessi agli eccessi della gola sono in genere veniali e raramente pervengono al peccato mortale, i moralisti non hanno preso in grande considerazione questo vizio.

Anche la mentalità comune non attribuisce eccessiva importanza al vizio della gola, ma non dobbiamo lasciarci trarre in inganno: in realtà, per quanto riguarda il cammino spirituale — e qui i maestri di spirito sono concordi — la gola va considerata in tutta la sua gravità. Infatti è una delle sette manifestazioni della concupiscenza, cioè di quella pericolosa inclinazione della natura umana che è rimasta in noi anche dopo il battesimo.

La tendenza al male che resta nell'uomo dopo il battesimo non è in sé peccato, ma viene dal peccato originale e spinge al peccato. Secondo la tradizione spirituale, la concupiscenza si esprime attraverso i sette vizi capitali, e la gola è una delle espressioni della malattia spirituale della natura umana. La concupiscenza è una manifestazione dell'io egoistico: se non la si taglia alla radice, anche nella sua forma rappresentata dalla gola, non si fanno progressi nel cammino spirituale.

Non è un caso che proprio i grandi maestri della vita monastica e della tradizione mistica insistano molto sulle virtù che colpiscono alla radice il vizio della gola, con la raccomandazione della sobrietà e soprattutto del digiuno. Chi non sa dominare questo vizio, non sa dominare neppure il vizio della lussuria e quindi apre la via a tutti gli altri vizi. I sette vizi capitali sono come sette finestre attraverso cui il maligno può entrare nella nostra vita e diventarne padrone; non sarebbe assolutamente giusto né avveduto sottovalutare uno di essi.

Natura e manifestazioni della gola

Consideriamo ora questo vizio nelle sue origini, nelle sue manifestazioni e nel suo complesso, non solo dal punto di vista fisico, ma anche spirituale.

Infatti, è tradizione ormai consolidata che i vizi abbiano sia un risvolto psico-fisico sia un risvolto puramente spirituale: ad esempio, esiste la lussuria a livello fisico e quella a livello spirituale, esiste l'avarizia a livello materiale (di denaro) ed esiste l'avarizia spirituale. Questo duplice livello vale anche per la gola.

Bisogna anche dire che oggi questo vizio comporta aspetti sul piano sociale di non poco conto: pensiamo alle vittime dell'alcolismo e della droga. Proprio questi due fenomeni sociali ci aiutano a capire come questo vizio non sia che l'aspetto esteriore di una malattia esistenziale profonda, l'espressione di una vita nella quale si cerca di addormentare con dei surrogati l'angoscia per l'assenza di Dio.

I riferimenti biblici

I testi biblici a riguardo di questo vizio non sono molti, ma sono tali da farci comprendere la sua gravità. La grande tradizione dei maestri di spirito invece sviluppa ampiamente questo tema nell'ambito della riflessione sul peccato di Adamo e di Eva, che fu un peccato di gola: non tanto perché mangiarono dell'albero, quanto perché furono spinti dalla gola spirituale, cioè dal desiderio di essere come Dio.

Commenti al peccato della gola nei suoi risvolti, nella Bibbia si trovano nel racconto di Esaù, che per un piatto di lenticchie perdette la sua primogenitura (cfr. *Gn* 25, 19-34); nel racconto di Oloferne, che perdette la vita per l'ubriachezza, grazie anche al coraggio di Giuditta (cfr. *Gdt* 12, 20 ss); ma è soprattutto il Nuovo Testamento che mette in evidenza la gravità del vizio della gola, in quanto Gesù stesso afferma che la vita evangelica deve essere libera dalla preoccupazione per il mangiare e per il bere.

L'insegnamento di Cristo raccomanda innanzitutto la libertà interiore per quanto riguarda i bisogni anche legittimi del corpo. Le preoccupazioni materiali ci fanno perdere un aspetto fondamentale della vita evangelica, l'abbandono dei figli al Padre (cfr. *Mt* 6, 25-33). La Bibbia sottolinea anche la necessità di una continua vigilanza, per evitare che i nostri cuori si appesantiscano nell'ubriachezza, nella stanchezza, nella sonnolenza, nelle preoccupazioni della vita (cfr. *Lc* 21, 34); Gesù vede in questo vizio una delle componenti che si oppongono a quella vigilanza che deve caratterizzare l'anima cristiana rendendola sempre pronta al combattimento spirituale. La vita cristiana è una vita da sentinelle vigili, in quanto la carne, il mondo, il demonio sono continuamente in agguato. Di qui la necessità di vegliare e di pregare in ogni momento per non lasciarsi sopraffare dall'ubriachezza dei bisogni fisici e per non lasciare spazio al maligno.

In questa luce, la lotta al vizio della gola è perfettamente inquadrata nel combattimento spirituale. Il vangelo di *Luca*, nella parabola dell'uomo ricco che si credeva sicuro per le ricchezze accumulate (cfr. 12, 16-21) e in quella del ricco epulone (cfr. 16, 19-31), insiste su questo tema. San Paolo si rivolgeva a cristiani che venivano dal paganesimo, come le comunità di Corinto e di Roma: qui, spesso, il mangiare e il bere erano finalizzati al puro godimento, tanto che alcuni ricchi romani, dopo banchetti interminabili, si procuravano il vomito con delle piume di uccello per poter ricominciare a mangiare. A queste persone egli scrive parole di fuoco, affermando che gli ubriaconi non erediteranno il regno dei cieli (cfr. *1 Cor* 6, 10 e 12) e nella stessa lettera (cfr. 11, 17-22) stigmatizza coloro che si accostano al banchetto eucaristico portando cibi e bevande in abbondanza, che consumano prima della cena del Signore.

Nella lettera agli *Efesini* (5, 18) egli scrive che nel vino sta la lussuria, stabilendo il rapporto fra il vizio della gola e quello della lussuria; ma soprattutto significativa è l'affermazione nella lettera ai *Filippesi* (3, 19), che ha fatto scuola perché va alla radice del vizio della gola: ci sono persone « che hanno per dio il loro ventre ». Ognuno di noi ha il suo piccolo dio — la poltrona, il denaro, la donna... —; ci sono molti che vivono per mangiare, anziché mangiare per vivere, e il loro ventre è il loro piccolo dio.

Per comprendere il legame profondo fra il vizio della gola e la malattia provocata nell'uomo dal peccato originale e poi da tutti i peccati personali, vale la pena di leggere anche le parole della *Prima lettera di san Giovanni* (2, 15-17) che considera tutti questi vizi come manifestazione della carne e come opere delle tenebre: « Non amate il mondo, né le cose del mondo! Se uno ama il mondo, l'amore del Padre non è in lui; perché tutto quello che è nel mondo, la concupiscenza della carne, la concupiscenza degli occhi e la superbia della vita, non viene dal Padre, ma dal mondo. E il mondo passa con la sua concupiscenza, ma chi fa la volontà di Dio rimane in eterno ». In questo quadro di idolatria e di manifestazione dell'egoismo, cioè della malattia che nascendo abbiamo contratto con il peccato originale, va collocato il vizio della gola: un vizio che può essere guarito solo dalla grazia e, se non è guarito, porta l'uomo a separarsi da Dio.

I Padri della Chiesa

Per quanto riguarda i Padri della Chiesa, l'unico che abbia scritto un trattato sul vizio della gola è *Giovanni Cassiano* (ca. 360-435), il monaco orientale del quale abbiamo già parlato, che trapiantò in Occidente l'esperienza monastica fatta in Egitto.

Nelle sue due opere, le *Collationes* e le *Institutiones*, sintetizza l'insegnamento della tradizione monastica, che assegna grande importanza alla lotta contro il vizio della gola. Infatti, i padri della spiritualità monastica sono concordi nell'affermare che la gola è il primo dei vizi capitali che deve essere vinto, altrimenti non si può progredire nel combattimento contro gli altri: non nel senso che essa sia la radice di tutti gli altri vizi capitali, dal momento che questa radice viene unanimemente individuata nella superbia, ma nel senso che è il primo da affrontare nel cammino spirituale, forse perché è il più facile da debellare.

L'altro insegnamento importante dei maestri di spirito dei primi secoli è che esiste uno stretto legame fra la gola e la lussuria. Se non si vince il vizio della gola, è più difficile vincere quello della lussuria; e d'altra parte sono proprio gli eccessi del mangiare e del bere che facilitano la lussuria: benché non sempre, tuttavia spesso è così. I Padri stessi insegnano che la temperanza è la virtù che modera sia l'uso della gola sia l'uso della sessualità. A proposito della temperanza, i Padri sviluppano un piano di virtù da coltivare nel combattimento spirituale per vincere il vizio della gola, che sono la sobrietà e il digiuno.

Alcune annotazioni molto pratiche ricorrono nelle loro pagine. Ad esempio, Giovanni Cassiano distingue varie manifestazioni del vizio della gola. Egli dice che il monaco affetto da questo vizio mangia prima dell'ora prescritta dalla comunità per i pasti; annota che, terminato il pasto, è buon segno avere ancora un po' di appetito, altrimenti vuol dire che si è ecceduto nella quantità di cibo, e infine osserva che cede al vizio della gola anche colui che cerca sempre la qualità del cibo.

Anche le osservazioni di papa *san Gregorio Magno* (ca. 540-604), che era un monaco, fanno riferimento soprattutto alla vita monastica e presentano spunti molto realistici. Egli distingue diverse forme di gola, e in qualcuna di esse forse possiamo riconoscerci anche noi.

Alcuni sono tentati dalla fame vera e propria; hanno sempre fame, e sarebbe interessante, con l'aiuto della psicologia moderna, vedere come spesso la fame fisica sia espressione esterna di squilibri affettivi o di ben altra e più profonda fame. « Una delle forme della gola — dice Gregorio — è la fame continua ».

Un'altra forma è quella di persone che non necessariamente mangiano molto, ma sono sempre alla ricerca di cibi fini e delicati. Essi dedicano tempo a preparare o a procurarsi piatti raffinati, ben curati, i soli che siano adatti alle loro esigenze e ai loro gusti.

Ma il vizio della gola, osserva ancora il santo, oltre che nella ricercatezza, si esprime anche nella quantità del cibo. È il vizio di quelli che per mangiare avrebbero bisogno, invece che del cucchiaio e della forchetta, del badile e del tridente.

Poi ci sono quelli che, appena finito di mangiare, hanno bisogno di mangiucchiare. Anche alla base di questo atteggiamento, che Gregorio coglie molto realisticamente, la moderna scienza psicologica, che i Padri dei primi secoli non avevano ancora a disposizione, identifica gravi problemi di carattere affettivo e anche spirituale.

Per noi cristiani, dunque, la vittoria sul vizio della gola che si delinea parte da un'impostazione di fondo: non si vive per mangiare ma si mangia per vivere. I cibi devono essere semplici, non si devono ricercare né la qualità né la quantità, bisogna alzarsi da tavola non completamente sazi e, cosa molto importante, occorre collocare anche la moderazione della gola in un atteggiamento di carità: dice Cassiano che la sobrietà ci induce a pensare che tante persone hanno fame, quindi la vittoria sulla gola aiuta a vincere l'avarizia.

È una vittoria tanto più completa in quanto è la vittoria della carità sull'egoismo.

La gola spirituale

Come abbiamo già accennato, i maestri di spirito sottolineano che i vizi vengono vissuti a due livelli, uno più materiale e uno più spirituale. C'è, ad esempio, un'avarizia spirituale, che consiste nel tenere per sé i doni di Dio, nel non metterli a disposizione degli altri. Anche per quanto riguarda il livello spirituale dell'invidia, dell'accidia, e pure della lussuria, i maestri di spirito fanno delle interessanti considerazioni. Chi ha colto questo duplice versante, uno connesso alla componente psicofisica, l'altro alla componente spirituale del comportamento umano, è *san Giovanni della Croce* (1542-1591), che nella sua opera — breve ma profondissima — intitolata *La notte oscura* descrive come prima si superano i vizi capitali nel loro versante psico-fisico; ma essi poi si ripropongono in una tappa successiva del cammino, e devono essere vinti anche sul piano spirituale.

Il primo autore che presenta delle considerazioni sulla gola spirituale è *Jan Ruysbroeck* (1293-1381), un grande mistico olandese contemporaneo di santa Caterina da Siena, che nell'*Ornamento delle nozze spirituali* tratta questo argomento.

Non è facile definire la gola spirituale. *San Bernardo* (1090-1153), nel *De diligendo Deo*, dice che è l'atteggiamento delle persone che affermano di amare Dio, ma in realtà non lo amano per se stesso, amano Dio per loro medesimi. Sono quelle persone che, invece di amare Dio (e qui ci viene in soccorso santa Caterina da Siena), amano le consolazioni di Dio e i doni di Dio, amano i doni invece del donatore.

Viene spontaneo domandarsi che male ci sia se si punta ad avere i doni spirituali di Dio, le sue gioie e le sue consolazioni. Non c'è alcun male, se tutto questo ci porta a ringraziare il donatore, a uscire da noi stessi, ad andare al di là di ciò che si è ricevuto da Dio per pervenire a un rapporto intimo con lui; non c'è nulla di male se, oltre ad accettare le consolazioni di Dio, accettiamo anche le croci che egli ci manda, che forse sono grazie ancora maggiori. Il male sta nell'atteggiamento egoistico di fondo, per cui si ama Dio non perché egli merita di essere amato, non per contraccambiare il suo amore, ma perché egli dà qualcosa che si desidera, di cui si è golosi. In realtà, chi ha questo atteggiamento rimane sempre centrato su se stesso, mette il suo ego e i suoi bisogni, anche spirituali, al centro di tutto: è un profondo egoismo che falsa tutta la vita spirituale. Giustamente perciò gli autori spirituali mettono in guardia anche da questa particolare ricerca di se stessi, in cui l'egoismo rialza il capo e ridiventa padrone.

Chi è affetto dalla gola spirituale? Forse tutti passiamo da questa tentazione. *Santa Caterina da Siena* (1347-1380) lo dice: prima di arrivare all'amore di amicizia, passiamo dalla fase dell'amore mercenario, che consiste nell'amare Dio per le consolazioni che egli dà, perché si prova tanta dolcezza e si fa l'esperienza delle lacrime nell'attendere alla preghiera; ma quando nella preghiera si incontra l'aridità, ecco che si desiste dal pregare. La gola spirituale è in fondo un modo di scansare la croce. E quando si scansa la croce, non c'è più la sequela di Cristo. La ricerca fine a se stessa delle consolazioni, delle gioie, il rifiuto delle prove e delle difficoltà della preghiera, soprattutto l'aridità, denunciano un ripiegamento su se stessi e quindi una strumentalizzazione di Dio.

La ricerca dello straordinario

C'è un altro aspetto della gola spirituale che vale la pena di mettere in evidenza, in quanto oggi ha assunto una notevole rilevanza: la ricerca dello straordinario, per cui molte persone affermano di essere protagonisti e destinatari di visioni, apparizioni, rivelazioni, grazie speciali, locuzioni interiori. Questi fenomeni straordinari possono anche essere in sé positivi, ma la ricerca di queste cose non lo è. Il rifiuto della via ordinaria della fede — che comporta il sacrificio, la fedeltà, la perseveranza, l'obbedienza alla volontà di Dio —, il rifiuto della via della croce e di quella che san Giovanni della Croce chiama «la lotta oscura della fede», il rifiuto della strada, di cui Cristo ci ha detto: «Chi vuol venire dietro a me, rinneghi se stesso, prenda la sua croce e mi segua» (*Mt* 16, 24), per cercare altre vie più gratificanti, per cercare i segni di una presunta predilezione di Dio, come se avessimo bisogno di emozioni spirituali straordinarie o di «messaggi» particolari, e non ci bastasse la morte di Cristo a testimoniare che Dio ci ama: questa è gola spirituale, è l'ennesimo tranello del maligno, l'ennesimo raggiro con cui egli ci discosta dalla via maestra del rinnegamento di sé, che consiste nel prendere la propria croce e nel seguire Cristo.

Se è pericolosa la gola sul piano fisico, in una società come quella di oggi opulenta, sazia e indifferente a chi ha fame, capace di distruggersi con l'alcool, con la droga, con i piaceri della tavola da cui dipendono tante malattie, tuttavia, per quelli che fanno il cammino spirituale non è meno pericoloso il vizio della gola spirituale. Troppi perseguono la ricerca dello straordinario, troppi rifiutano il nascondimento, l'umiltà, la via ordinaria della fede, quella via in cui Cristo ci chiede di credere senza pretendere i segni che egli ci ama, e di far consistere la santità nel compiere la volontà di Dio. Molti vengono ingannati perché, spinti dalla gola spirituale, inseguono fatti, messaggi, fenomeni straordinari, e il maligno non solo li distoglie dalla via della croce, ma purtroppo li irretisce in esperienze dubbie e discutibili dal punto di vista cristiano.

Se Dio ci ha fatto la grazia di uscire vittoriosi dal vizio della gola e di mettere alla base della nostra vita spirituale la sobrietà, la temperanza e perfino il digiuno, ricordiamo che molto più necessaria, molto più meritoria, come spiega san Giovanni della Croce, per arrivare in cima al monte Carmelo, che è il monte della contemplazione, è la vittoria sulla gola spirituale: perché la ricerca di emozioni, sensazioni, consolazioni alla fin fine denuncia che non siamo ancora entrati nella logica vera del cammino spirituale. Si serve Dio nell'umiltà, nel nascondimento, nell'abbandono, sotto il peso della croce, anche senza nessuna consolazione, se non quella della tua coscienza che ti dice: « Bravo, servo buono e fedele, hai fatto tutto quello che dovevi, ma resti un servo inutile » (cfr. *Mt* 25, 21 e *Lc* 17, 10).

Chi è capace di provare gioia in questa logica ha vinto il suo combattimento nei confronti della gola spirituale.

LE VIRTÙ OPPOSTE ALLA GOLA

La grande tradizione spirituale ha sviluppato alcune virtù opposte al vizio della gola, in particolare la *temperanza*, che modera i piaceri del tatto e del gusto; essa presiede all'uso della sessualità e all'uso del cibo.

Una virtù specifica, all'interno della temperanza, è la *sobrietà*, cioè la capacità di moderarsi nell'assunzione di bevande inebrianti.

Oggi, nella società dei consumi, che esalta l'uso fuori di ogni regola delle facoltà umane, queste virtù sono di grande attualità, perché ci riportano ad essere padroni di noi stessi, a dominare il nostro corpo. La temperanza ci restituisce lo scettro del comando sul nostro corpo attraverso il dominio dell'appetito sessuale e dell'appetito del cibo.

Un discorso a parte merita il *digiuno*. È qualcosa di più grande rispetto alla virtù della temperanza. Non è soltanto una capacità di rinunziare al cibo, è un vero e proprio atto di amore, è una rinuncia faticosa, compiuta per Dio.

Non si può confondere il digiuno con la dieta, e nemmeno con la virtù della temperanza: esso porta in un clima più elevato, spiccatamente religioso. Mentre la temperanza e la sobrietà sono virtù umane che appartengono alla morale naturale e possono essere ben praticate con motivazioni convincenti anche da parte dei pagani (gli stoici, ad esempio, raccomandavano e vivevano queste virtù), invece il digiuno si pone in una sfera religiosa, essendo una rinuncia che la creatura fa per amore di Dio. Anche noi, quindi, per vivere il digiuno nel suo valore autentico, dobbiamo viverlo come è nella Bibbia, come atto di amore.

Capitolo 6

L'INVIDIA

Sembrerebbe un vizio minore, invece è uno dei più mortali per quanto riguarda il cammino spirituale perché, come vedremo più avanti, colpisce l'essenza stessa della vita cristiana che consiste nella carità.

Benché nel linguaggio ebraico non esista un termine che corrisponda esattamente a «invidia», la gravità di questo atteggiamento del cuore emerge da alcuni passi biblici. Nell'episodio di Caino e Abele, dall'invidia nasce l'odio che sfocia nell'assassinio (cfr. *Gn* 4, 3-8); è l'invidia che spinge i fratelli ad attentare alla vita di Giuseppe (cfr. *Gn* 37); nel vangelo di Giovanni, da tutto il racconto della passione emerge chiaramente che Gesù fu ucciso per l'invidia dei sacerdoti (cfr. *Gv* 18-19), e questa affermazione è confermata da *Matteo* (cfr. 27,18) e da *Marco*: «Pilato sapeva bene che i sommi sacerdoti glielo avevano consegnato per invidia» (15, 10). L'assassinio più grave di tutta l'umanità, quello che portò alla crocifissione il più buono dei figli dell'uomo, ebbe come movente l'invidia.

E che l'invidia sia un vizio satanico per eccellenza, lo dice il *Libro della Sapienza* (cfr. 2, 24), il quale afferma che la morte — e qui la parola morte è comprensiva di tutti i mali dell'uomo, indica la morte dell'anima e tutto il disastro della situazione umana — è stata causata dall'invidia del diavolo. È dunque un atteggiamento particolarmente demoniaco: presiede al primo assassinio della storia dell'umanità, quello commesso da Caino, ed è la spinta irrefrenabile all'assassinio di Gesù stesso.

L'invidia nella nostra vita personale

Non si può in nessun modo sottovalutare la gravità di questo vizio. Lo vediamo nella nostra vita spirituale: se non lo blocchiamo per tempo, il nostro cuore pian piano viene conquistato dall'odio. Ne viene espulsa la carità e svanisce ogni traccia di vita cristiana.

È un vizio che cova soprattutto nel segreto, sta nelle profondità di tenebra del cuore umano, e per la sua bruttezza l'uomo cerca di coprirlo: l'uomo avvelenato dal morso satanico dell'invidia cerca di dissimularla, perché lui stesso si vergogna di esserne preda.

Natura dell'invidia

Infatti, che cos'è l'invidia? L'etimologia della parola è il verbo *invideo*, cioè « guardo dentro » in una persona, e provo dispiacere per il suo bene, il suo successo, le sue qualità morali o spirituali. È un vizio particolarmente vergognoso perché è tristezza del bene altrui, considerato come diminutivo del proprio valore personale; ecco perché l'invidia non si manifesta esteriormente se non con la calunnia, la diffamazione e l'assassinio.

Sarà molto istruttivo analizzare a fondo la natura di questo vizio devastante, vedere come si differenzia da altri atteggiamenti, come ad esempio l'indignazione o la gelosia, e capire le cause per cui prospera, così da poterne estirpare le radici.

L'invidia dunque consiste nel rattristarsi considerando gli aspetti positivi della persona o della vita del nostro prossimo, come se le qualità o i beni o i successi altrui oscurassero o diminuissero il nostro valore personale.

Non si può quindi confonderla con la paura che si prova nei confronti di un'altra persona che noi vediamo come ostile e che ci può minacciare in diversi modi. Benché questo atteggiamento ombroso nei riguardi del prossimo (che spesso è una creazione della nostra psiche, priva di fondamento) sia moralmente riprensibile, poiché anche Gesù ci esorta a non aver paura degli uomini (cfr. *Mt* 10, 26), tuttavia non può essere confuso con l'invidia.

Non è neppure l'indignazione che molte volte proviamo, constatando che una persona consegue un successo immeritato. Questa indignazione, anzi, molte volte è perfettamente legittima, è una forma di giustizia. San Tommaso afferma che essa è addirittura sana: pensiamo quante volte vediamo, nel lavoro, avanzamenti di carriera che sono dovuti all'astuzia nel destreggiarsi, alla capacità di trovare gli appoggi giusti, a quella che gli spagnoli chiamano *belotilla*, cioè l'adulazione, e addirittura all'uso della disonestà. L'indignazione in questi casi nasce da una virtù naturale; tuttavia, in concreto, spesso alla sana indignazione si accompagnano anche la gelosia e l'invidia, e quindi, come nota giustamente san Tommaso, una persona che ha raggiunto una dimensione veramente soprannaturale non si scuote né si adira per la prosperità degli empi, dei furbi, degli arrampicatori. Indignarsi in questi casi non è peccato, è un atteggiamento sano; ma, benché non si possa considerare invidia la reazione delle persone oneste davanti a successi immeritati o ottenuti con mezzi scorretti, conservare la propria pace è un atteggiamento soprannaturale superiore.

L'invidia non va confusa neppure con l'emulazione, cioè con quell'atteggiamento che spinge i concorrenti a superarsi reciprocamente. C'è una sana emulazione quando questo desiderio si esplichi con lealtà e con il ricorso a mezzi leciti. Questa sana concorrenza vige, ad esempio, nel campo della produzione dei beni in generale e anche nella crescita personale, quando ad esempio in una classe due o più ragazzi si confrontano nei loro progressi culturali e nei loro risultati scolastici, purché questo avvenga senza atteggiamenti di invidia.

Naturalmente siamo sul piano delle definizioni concettuali, mentre sappiamo che, nella realtà concreta, all'emulazione, alla paura ombrosa, all'indignazione (atteggiamenti che, come abbiamo detto, non sono da identificare con l'invidia) spesso si mescola l'invidia vera e propria.

Invidia e gelosia

L'invidia non si identifica neppure con la gelosia. Il grande scrittore francese *La Bruyère* (1645-1696), nei *Caratteri*, afferma che nella vita reale invidia e gelosia spesso vanno insieme. Tuttavia sono differenti. L'invidia è per definizione una tristezza viziosa: *Aristotele*, il grande autore greco che nel IV sec. a.C. ha analizzato per primo le passioni umane, dice che l'invidia è un sentimento cattivo che nasce da cuori cattivi; invece la gelosia — benché possa pervertirsi — può a volte essere intesa in senso favorevole. Nella Bibbia non si dice mai che Dio è invidioso — gli si attribuirebbe un vizio! — ma si dice più volte che Dio è geloso (ad esempio *Dt* 5, 9; *Es* 34, 14). E *san Francesco di Sales* (1567-1622) sottolinea che l'amore fra marito e moglie ha forme di legittima gelosia.

Quale la differenza fra invidia e gelosia?

Uno è geloso di un bene che è suo. L'invidioso invece è invidioso di un bene che è degli altri.

Sia sulla base dei testi laici, sia sulla base dei testi biblici, è possibile distinguere la gelosia dall'invidia. La gelosia viene attribuita a Dio perché è in molti casi un atteggiamento positivo. È l'atteggiamento di chi vuole difendere un bene, che gli appartiene e su cui ritiene di avere un diritto, dai tentativi di un terzo di appropriarsene: così, un marito è giustamente geloso della moglie, perché ritiene che sia sua, come difatti è; allo stesso modo una moglie è giustamente gelosa del marito, che è suo.

La difesa di questo bene in sé e per sé non è un male, anche se naturalmente può degenerare.

L'invidioso ha un atteggiamento ben diverso: trova intollerabile che un'altra persona gioisca di un vantaggio che lui non ha raggiunto, e a cui lui non ha diritto. Siccome l'invidioso non ama il prossimo, si rattrista nel vederlo felice.

Invece la gelosia nasce da un altro atteggiamento: è perché si ama qualcosa che si ritiene di aver diritto di amare che ci si rattrista di non averlo o che si teme che altri possano prenderne possesso.

Perciò risulta chiara la radicale differenza fra invidia e gelosia, come osserva san Francesco di Sales. Tuttavia, anche la gelosia, per quanto in sé legittima nella misura in cui è difesa di un bene a cui si ha diritto, può diventare una malattia dello spirito.

L'invidia spirituale

Poiché, come già si è detto, l'invidia è tristezza di un bene altrui, a cui non abbiamo diritto e che si ritiene come una diminuzione del nostro bene personale, la forma più alta di invidia, che giustamente è collocata fra i peccati contro la Spirito Santo, è l'invidia spirituale: invidia della grazia altrui, invidia per le grazie che Dio dà agli altri.

I maestri di spirito sottolineano che l'invidia più autentica è quella che riguarda i vantaggi di ordine spirituale concessi da Dio, vantaggi ai quali tutti possono partecipare, senza vedersi sminuiti.

Invidia allo stato puro è quella del demonio per lo stato di grazia e di amicizia di Adamo ed Eva con Dio: qui l'invidia riguarda i vantaggi spirituali di cui godono i progenitori, beni che il demonio stesso aveva avuto, e che egli ha perso per colpa propria.

San Giovanni della Croce (1542-1591) nota che molte volte l'invidia spirituale si esprime con la tristezza che ci invade nel vedere l'avanzamento del nostro prossimo nella virtù: come se togliessero qualcosa a noi o come se anche noi non potessimo progredire spiritualmente! È l'invidia allo stato puro, è un vizio la cui radice è veramente demoniaca: è un peccato contro lo Spirito Santo.

Normalmente, fra la gente comune, sono soprattutto le qualità brillanti e superficiali che attirano l'attenzione dell'invidioso, il quale ha paura che gli altri, a causa delle loro doti, siano applauditi, abbiano successo, si impongano all'attenzione, mentre lui resta nell'ombra. In realtà, l'invidia cresce soprattutto nel cuore delle persone vanitose e di quelle che avvertono un più vivo senso di inferiorità, come i timidi, i depressi, i deboli; il *Lombroso* (1835-1909) — non si sa con quanto fondamento — afferma che la donna è più invidiosa dell'uomo perché più vulnerabile, più incline alla depressione e alla timidezza. Se poi guardassimo nella vita professionale, ci accorgeremmo che presso gli uomini l'invidia prospera, e questo per un motivo molto semplice: perché il cuore umano è malato e inclina all'egoismo, di cui l'invidia è una manifestazione particolarmente significativa.

Infine, osserviamo che l'invidia non riguarda le persone lontane da noi, ma quelle che ci sono vicine, con le quali ci paragoniamo concretamente nella vita di ogni giorno, e delle quali temiamo la concorrenza. Ecco perché paradossalmente — ma realmente — vediamo l'invidia prosperare proprio tra fratelli, sorelle, persone della stessa famiglia.

Nella vita concreta non troviamo mai l'invidia allo stato puro, quindi il direttore spirituale deve essere sempre molto prudente: spesso le persone che si accusano di essere invidiose sono persone che soffrono per frustrazioni, desideri non soddisfatti, banali tentazioni, gelosia. Bisogna valutare quale posto occupa davvero l'invidia nel cuore di una persona, e vedere anche le conseguenze negative che questo atteggiamento ha nella sua vita. Ci accorgiamo che molti dei nostri comportamenti sono venati da un filo di invidia: non sarà un'invidia che si è alimentata fino a impadronirsi del cuore, però il nostro cuore ne è un po' inquinato: chi di noi, per esempio, non si sente un po' contrariato, a volte, nel sentir lodare una terza persona, sia pure perché quegli elogi sono immeritati o eccessivi o fuori posto? Quale povero, a volte, non prova un risentimento nel suo cuore, quando vede il lusso, mentre lui non ha ancora il necessario? Quante volte i ricchi si paragonano fra di loro e questo paragone non suscita in loro un malessere profondo?

L'invidia è dunque un sentimento che può crescere nel cuore umano fino ad impadronirsene, provocando devastazioni a volte irreparabili — e qui siamo di fronte al vizio capitale —; ma c'è un inquinamento generalizzato dei nostri comportamenti, che va tenuto anch'esso sotto la vigilanza della nostra coscienza, perché impedisce alla virtù della carità di crescere e di prosperare.

La gravità oggettiva dell'invidia

Lasciando perdere gli aspetti soggettivi, che devono sempre essere valutati con una grande attenzione alle loro componenti psicologiche, entriamo quindi nel cuore di questo vizio ed esaminiamo la sua gravità oggettiva, specialmente nel caso di invidia spirituale.

Si tratta di un peccato gravissimo contro lo Spirito Santo, in quanto si oppone ai princìpi fondamentali della vita spirituale. Procede dall'orgoglio e misconosce le disposizioni della divina Provvidenza. È l'antitesi delle tre virtù teologali.

È inconciliabile con lo spirito di fede, necessario per accettarsi umilmente, così come si è.

È indifferente ai beni incomparabili che sono oggetto della speranza, i beni spirituali.

È incompatibile con l'oblio di se stessi, e con l'amore che la carità comanda.

Non solo l'invidioso contrasta con le vedute che Dio ha su di lui, per quanto riguarda la sua propria vocazione, ma egli cerca di ostacolare seriamente anche la vocazione degli altri.

Sant'Agostino (354-430), riprendendo *san Cipriano* (ca. 200-258), afferma giustamente che l'invidia è il peccato diabolico per eccellenza, e *san Giovanni Crisostomo* (ca. 345-407) — ripreso poi da *san Bonaventura* (ca. 1217-1274) — afferma, con un'espressione lapidaria, che l'invidia è il più abominevole di tutti i vizi capitali: « *Nihil scelestius, nihil deterius* ».

Effettivamente, si tratta di un sentimento talmente brutto e contrario sia allo stato soprannaturale che alle tendenze fondamentali della natura umana che l'invidioso tende a nascondersi, perché lui stesso percepisce la bruttezza dei suoi sentimenti. Infatti la natura umana è portata a godere del bene dei fratelli, mentre l'invidioso si rode, vuole il male dei fratelli senza ricavarne dei benefici per sé.

Dopo aver visto in che cosa consista l'invidia e quale sia la sua gravità, passiamo a esaminare le cause dell'invidia.

Le cause dell'invidia

Certamente essa affonda la radice nel terreno di coltura di tutti i vizi capitali, quindi nell'orgoglio. Ma è importante sottolineare che l'invidia nella sua essenza è un amore egoista, un'affettività ferita dalla prosperità degli altri.

Una volta definita l'essenza dell'invidia, comprendiamo affermazioni classiche che ne manifestano tutta la gravità. *S. Ambrogio* (ca. 339-397) scrive: « *Invidia directe adversatur caritati* », ossia « l'invidia si oppone direttamente alla carità ». *San Tommaso* (ca. 1125-1274) in altre parole esprime il medesimo concetto: « *Invidia mi-*

sericordiae opponitur directe», cioè «l'invidia si oppone direttamente alla misericordia».

Quindi la radice dell'invidia è l'amor proprio, l'amore egoista, l'io centrato su se stesso, un io che non tollera che gli altri riescano, che vorrebbe essere il solo a eccellere e a suscitare l'ammirazione, per cui si rode per le virtù, il successo, la riuscita degli altri.

Pertanto la causa efficiente, l'occasione che scatena l'invidia è il bene che i nostri fratelli conseguono; il terreno di coltura in cui il vizio si sviluppa è l'affermazione del proprio io, l'elevazione del proprio io a idolo, il culto dell'io che diventa il nostro piccolo dio; l'invidioso applica a sé l'espressione: «Non c'è altro dio fuori di me», e si rattrista se qualche altro io emerge e si afferma.

Se questa tristezza non è bloccata per tempo, può anche portare al delitto, se non con la spada, almeno con la lingua.

Gli effetti dell'invidia nella vita spirituale

Gli effetti di questo vizio sono devastanti. Se l'invidia rimane nel cuore senza manifestarsi all'esterno, ha la potenza di distruggere la vita spirituale, anche se non colpisce gli altri.

Quando si manifesta, colpisce gli altri in tanti modi. Di qui il detto: «Colpisce più la lingua della spada». Quando si è istigati dall'invidia, si fa positivamente il male contro gli altri. Non si tratta più di peccati di fragilità; si tratta di peccati di cattiveria. Si cova l'odio, e poi si dice al fratello: «Vieni nel campo con me ad offrire un sacrificio a Dio», come disse Caino ad Abele, e lo uccise.

GUARIRE DALL'INVIDIA

Come guarire da questo vizio capitale?

Al riguardo i maestri di spirito sono piuttosto pessimisti: una persona che si è lasciata prendere a fondo dal vizio dell'invidia e non l'ha contrastato subito, permettendogli di mettere radici, guarisce con grande difficoltà. Bisogna rimediare per tempo, curando l'invidia con la carità e imponendosi di gioire per i successi dei fratelli, anzi, di aiutare i fratelli a riuscire. In questa lotta ce ne liberiamo.

È necessaria la buona volontà, ma soprattutto è necessario

l'aiuto della preghiera e della grazia. L'invidioso deve avere una particolare luce da parte di Dio per rendersi conto che sta distruggendo se stesso e gli altri, e per comprendere la meravigliosa economia divina che ha disposto che le nostre virtù, le nostre conquiste, i nostri successi non siano mai soltanto per noi, ma ritornino a vantaggio degli altri. Bisogna entrare in questa visione dell'economia di Dio, per cui i beni spirituali possono essere comunicati.

D'altra parte ce lo insegna anche Cristo: tutto ciò che è suo è anche nostro; Cristo tutto ci ha dato: tutta la sua ricchezza, tutto il suo amore. Il Padre ci ha dato tutto, ci ha dato il Figlio, e il Figlio ci ha donato tutto ciò che ha ottenuto. È il dinamismo della carità, per cui il bene è « diffusivo di se stesso »: non può essere posseduto e goduto egoisticamente, per sua natura viene comunicato; il bene degli altri, la santità degli altri, fanno crescere anche te, anche per te sono un dono.

Capirlo, significa entrare in un altro mondo; ed è appunto la partecipazione di questo mondo spirituale che l'invidioso deve chiedere a Dio come grazia.

Capitolo 7

L'ACCIDIA

Eccoci all'ultimo vizio capitale, l'accidia. Forse non è noto a tutti nella sua formulazione, poiché la parola *accidia* non è di uso comune e a molti ne sfugge il significato, ma certamente tutti hanno sperimentato la realtà di questo vizio, che è mortale per la vita spirituale.

Si tratta di un'esperienza esistenziale a cui nessuno sfugge, e che può insidiare il cristiano impegnato nel combattimento spirituale fino all'ultimo istante della sua vita: l'accidia è la poca voglia di combattere, è una resa, è la rinuncia alla lotta.

Dopo aver precisato il valore etimologico della parola accidia, passeremo in rassegna la descrizione che ne hanno dato attraverso i secoli vari maestri di spirito che hanno approfondito il tema del combattimento spirituale, poi prenderemo in considerazione il carattere insidioso di questo vizio, non solo per chi vive in una comunità monastica, ma per tutti i cristiani: perché, se è vero che anche i laici sono chiamati alla santità, come dice il Concilio Vaticano II, anche loro sono chiamati alle vette della vita spirituale, respingendo la tentazione di sistemarsi comodamente nell'inerzia dello spirito.

Il significato del termine accidia

La parola accidia non ha mai avuto un significato unico. Il suo valore etimologico, dal greco *akedìa*, sarebbe quello di noncuranza, trascuratezza, indolenza. In alcuni autori classici pagani la parola indica anche tristezza e noia, e con questo senso essa è usata nella traduzione in greco dell'Antico Testamento, la versione dei Settanta. Dice infatti il libro del *Siracide* (29, 5): « Finché uno riceve, bacia le mani e parla sommessamente delle ricchezze altrui, ma quando deve restituire, prende tempo, parla accidioso (ossia annoiato), e produce scuse ». E nel *Salmo 119* (28), si dice: « Lacrima la mia anima per accidia (cioè per tristezza) ». Quindi il termine, nella Bibbia, comprende una componente di noia e di tristezza. Sempre nella Bibbia greca, la parola significa una certa indolenza dell'uomo nei rapporti con Dio: ancora nel *Siracide* leggiamo: « Guai ai cuori codardi e alle mani accidiose, al peccatore che cammina su due sentieri » (2, 12).

In questa accezione religiosa, come indolenza, trascuratezza nel fare il bene, la parola accidia è usata anche nel *Pastore di Erma*, un'opera della letteratura patristica risalente al II secolo d.C.; essa ricorre anche nei primi scritti di ascesi, soprattutto nei testi dei Padri orientali, che esprimono con questo termine una delle principali tentazioni dei monaci: nella lista delle tentazioni più gravi, che poi ha dato origine all'elenco dei sette vizi capitali, l'accidia occupa la settima od ottava posizione, fra la tristezza e la vanagloria. Dagli scrittori monastici viene chiamata molte volte « tristezza ».

L'accidia nell'insegnamento spirituale dei Padri della Chiesa

Fin dalle origini, nei testi biblici e poi nei primi Padri della Chiesa, l'accidia assume il significato di negligenza, tedio, stanchezza nelle cose spirituali, unito a quello di tristezza: queste sono le due componenti dell'accidia.

Dal V secolo, il concetto di accidia passa dalla spiritualità orientale a quella occidentale per opera di *Giovanni Cassiano* (ca. 360-435), il monaco che, dopo un periodo trascorso in Egitto, si stabilì a Marsiglia fondandovi dei monasteri.

Nella sua grande opera, le *Institutiones*, Cassiano fa un'ampia trattazione dei vizi capitali e, benché scriva per i monaci, la sua analisi delle passioni umane è così realistica da costituire una ricchezza per tutti. Scrivendo dell'accidia, egli la descrive come una specie di ansietà del cuore, che fa dell'uomo un sedentario dello spirito, e in particolare fa del monaco una persona oziosa e incapace di ogni esercizio spirituale: il monaco accidioso, osserva Cassiano, non è mai soddisfatto né delle sue occupazioni né del suo monastero. I suoi doveri lo stancano, i suoi lavori lo annoiano. Vorrebbe cambiare posto e impiego.

L'accidia è una tentazione per tutti, e anche chi vive nel mondo ha molto da riflettere a questo proposito. Tuttavia, dalla tradizione emerge che l'accidia, come negligenza e tristezza, è soprattutto un vizio monacale. *San Bernardo* (1090-1153) ce ne dà le ragioni: i monaci, afferma, devono rivolgere tutta la loro attenzione agli esercizi spirituali e perciò è più facile che questi, assorbendo tutta la vita del monaco, sembrino insipidi. Invece i « secolari », ossia i laici, nemmeno avvertono questo vizio, attenti come sono alle cose del mondo, in mezzo alle quali vivono. Ma io credo che bisognerebbe un po' aggiornare la situazione: l'immergersi dei laici nell'attività, il loro correre da mattina a sera, il loro affannarsi per il fine settimana fuori casa e per le ferie, questo moto continuo, che altro è se non un modo per distrarsi e per sottrarsi al combattimento spirituale? Ha ragione il grande filosofo moralista *Blaise Pascal* (1623-1662), il quale analizza la parola « *divertissement* », cioè divertimento, e ne coglie il senso profondo nell'atteggiamento di svicolare, fare una diversione, cambiare strada, divergere, allontanarsi dall'impegno e dalla fatica del combattimento spirituale.

Certamente l'accidia è una tentazione dei religiosi, che essendo molto impegnati nelle cose dello spirito finiscono per stancarsi, ma è anche un pericolo per i laici, che si immergono nelle cose del mondo perché sanno che il combattimento spirituale è molto più faticoso, e lo fuggono.

Un altro grande Padre della spiritualità, *san Giovanni Climaco* (579-649 ca.), nella *Scala del Paradiso*, dice che l'accidia è l'eterna compagna del monaco solitario, e non lo lascerà fino al giorno della morte: insomma, è una specie di « malattia professionale » del chiostro, tipica di chi attende tutti i giorni alle cose dello spirito. Ricordo di aver conosciuto un bramino che dedicava alla meditazione yoga ore ed ore ogni giorno; invitato in una casa, non si perdeva un programma televisivo: la natura umana si prende le sue rivincite!

Eterna compagna del monaco, l'accidia è così descritta da san Giovanni Climaco: fiacchezza dell'anima, dissoluzione della mente, sciatta trascuratezza nelle pratiche di pietà, nausea della professione; essa è lodatrice delle cose secolari, svergognata accusatrice di Dio stesso, in quanto lo giudica duro e troppo esigente; è languida nella sacra salmodia, svogliata nelle preghiere, restia agli uffici, riluttante ai lavori del monastero, finta nell'obbedienza. Insomma, è il rimpianto delle cipolle d'Egitto: il monaco che non trova gusto nelle cose spirituali e ha nostalgia del mondo è l'uomo animale che non ne vuol sapere delle cose dello spirito.

Il concetto di accidia come tedio ozioso per pigrizia nelle cose dello spirito, elaborato soprattutto dai Padri orientali, entra nell'Occidente cristiano grazie a Cassiano. *San Gregorio Magno* (ca. 540-604) lo arricchisce: nell'opera *Moralia in Job* (letteralmente, « Riflessioni morali a proposito del libro di Giobbe »: un capolavoro di spiritualità e di vita morale), egli parla dell'accidia prima come di una tentazione, poi come di un vizio e infine come di un vizio tentatore, in quanto il cuore, perduto il bene della gioia interiore, va in cerca delle consolazioni esterne, tanto più desideroso di procurarsene quanto meno può attingere nel suo intimo gaudio e pace. Ed ecco quindi che, al concetto orientale di noia per la vita spirituale, si aggiunge quello di tristezza e di mancanza di gioia per le cose di Dio: questa è, secondo san Gregorio Magno, la nota specifica dell'accidia.

Allora, se è così, non è più soltanto un vizio dei monaci, ma è l'atteggiamento di quei cristiani che vivono tristemente il cristianesimo come imposizione e come giogo e non sono lieti nella fede, nella speranza e nella carità. Quindi, tutti quanti, non solo i religiosi, dobbiamo guardare in noi stessi, se ha ragione Gregorio quando identifica l'accidia con la tristezza: se siamo tristi significa che non siamo entrati nella logica della gioia cristiana, quasi che Dio ci costringesse a lasciare il mondo e a rinunciare al male, come se il bene non fosse fonte di letizia; significa che siamo in preda al vizio dell'accidia.

La riflessione medievale

Da san Gregorio Magno, attraverso autori come sant'Isidoro, Pietro Lombardo ed altri, la concezione dell'accidia come tristezza passa nella teologia scolastica del Medioevo, e in tale senso ne parlano gli autori ascetici e i moralisti di quest'epoca. L'Oriente cristiano dunque l'ha presentata sotto l'aspetto di negligenza e di noia per le cose dello spirito, l'Occidente cristiano come tristezza nel dover attendere a Dio.

San Tommaso d'Aquino (ca. 1225-1274), nella *Summa theologica*, riferisce sia la dottrina di Cassiano, che descrive l'accidia come negligenza, sia la dottrina di san Gregorio Magno, che la descrive come tristezza, inclinando tuttavia a questa seconda posizione (cfr. *Secunda secundae, quaest. 35*); egli discute se l'accidia sia un peccato mortale, se sia o no un vizio capitale e, considerando il problema alla luce della virtù teologale della carità e della gioia che ne consegue, afferma che è un vizio capitale perché si oppone alla carità e alla gioia che deriva dalla carità, in quanto l'accidia è tristezza.

La grande teologia del Medioevo, che ha i suoi massimi esponenti in san Tommaso e in *san Bonaventura* (ca. 1217-1274), non tralascia l'aspetto generico di ozio e di pigrizia nel definire l'accidia, ma ne coglie soprattutto l'aspetto specifico di tedio e di tristezza prodotti dalle cose spirituali per lo sforzo che costano. Così l'accidia viene presentata come una tristezza che rende l'uomo lento nell'esercizio delle cose dello spirito: le quali esigono uno sforzo psico-fisico eccezionale.

Le cause dell'accidia

Perché così poche persone attendono alla santità? Perché niente è più faticoso dello sforzo per diventare santi.

Si ha la vera accidia quando l'astensione dagli impegni doverosi, per volontaria accettazione della naturale ripugnanza alla fatica da essi richiesta, si concretizza nella vita spirituale in modo tale che l'accidioso, invece di trovare gusto e gioia nelle cose dello spirito, incontra piuttosto disgusto e tristezza, che a loro volta appesantiscono l'anima e deprimono l'uomo rendendo la sua esistenza tediosa, indolente, vagabonda. Insomma: l'accidia è lo sbadiglio dell'anima. Questa descrizione dell'accidia la rende ben riconoscibile. Non la si può confondere, ad esempio, con l'aridità spirituale: questa molte volte è semplicemente una prova che Dio ci dà per purificarci, ma dove la volontà è ben tesa verso la perfezione.

Nel nostro cammino spirituale l'accidia ha conseguenze devastanti, per questo è un vizio capitale. Abbiamo accennato al fatto che il cammino di santità è arduo, impegnativo, laborioso. La vita interiore è assai dura per la natura umana decaduta. Esige una concentrazione di energie su pratiche che sono fuori delle ordinarie attività. È ovvio che i sensi, l'uomo animale (fratello asino!), e specialmente la fantasia, si distraggano con facilità. Perciò la vita dello spirito richiede una lotta continua contro i sensi, che fanno valere i loro diritti. Soprattutto per il monaco e l'uomo di preghiera sarà un combattimento incessante contro le distrazioni. Ecco perché già *Origene* (ca. 185-253) disse che «la preghiera è non piccola lotta ma rude combattimento». Tuttavia, non è soltanto lo sforzo inerente alla preghiera che causa l'atteggiamento accidioso; vi sono altre cause, che possono essere di ordine psicologico e anche fisico. Ad esempio, l'amore dell'agio e del quieto vivere, una concezione troppo facile e rilassata della vita interiore, il non ritenere giusto o necessario privarsi di soddisfazioni umane che non sono peccaminose, però sono comode: tutto questo guasta il gusto spirituale e la gioia dello spirito. Significa tenere il piede in due staffe, significa essere servitore di due padroni: vorresti deciderti per Dio senza avere il coraggio di lasciare il mondo, così non gusti il mondo e ti stanchi di Dio.

Quando affezioni troppo sensibili, anche se non peccaminose, prendono possesso dell'uomo, allora i beni spirituali perdono attrattiva, diventano fastidiosi, perché sono contrari a quelli carnali. Quando i sensi sono molto svegli, in noi nasce l'accidia, e si perde il gusto per le cose spirituali.

Oltre alla sensualità, vi è la curiosità, cioè la voglia di sapere come vanno le cose del mondo, che porta alla dissipazione e di conseguenza alla distrazione. Pensiamo per esempio che danno può produrre alla preghiera e al rapporto con Dio il tempo passato davanti al televisore perché non si vuole fare la fatica di stare con Dio. Anche questa è una vittoria dell'accidia.

Tuttavia, nel cammino spirituale occorrono sempre molta prudenza e molto equilibrio. Quando si vogliono fare sforzi eccessivamente severi, quando si vuole togliere tutto alla natura, la natura si ribella e noi crolliamo. Anche al nostro composto psicofisico bisogna chiedere ciò che può dare. Volenti o nolenti, non possiamo lasciare frate asino a digiuno completo, un po' di biada gliela dobbiamo offrire! Da una parte l'eccessiva sensualità, la curiosità e l'attaccamento al mondo, e dall'altra il sottoporre la natura a privazioni eccessive, causano la noia, il disgusto, la stanchezza per le cose spirituali e per le pratiche di pietà, con conseguente scoraggiamento. Se, ad esempio, preso dal fervore, incomincio a recitare tre rosari al giorno, dopo tre settimane sono stanco e smetto di pregare. Sarebbe stato meglio iniziare con qualche Ave Maria al giorno, perché non si può chiedere subito tutto a una natura malata; bisogna chiederle ciò che può dare in quel momento.

Ecco perché nei religiosi e nei sacerdoti le cause dell'accidia possono essere l'eccesso di preoccupazioni e di responsabilità, il lavoro febbrile, l'impegno esagerato in opere apostoliche, che consumano e assorbono tutte le energie, con la conseguenza della disaffezione e del crollo. Anche l'eccesso di impegni spirituali può causare l'accidia: uno si stanca perché si aspetta troppo e non sa richiedere a se stesso il giusto con la necessaria gradualità; e questo, dicono i maestri di spirito, fa cadere in uno stato di sonnolenza paralizzante.

Pertanto, anche nella vita spirituale è bene non caricarsi di troppe pratiche, ma solo di alcune fondamentali.

Dobbiamo anche lasciare a Dio la libertà di intervenire lui nella nostra vita e di organizzarla a suo piacimento. Quando si intaccano i nostri rapporti con Dio o perché siamo sovraccarichi di preoccupazioni e interessi secolari o perché siamo soffocati dagli impegni pastorali, le conseguenze per la nostra vita spirituale e morale sono disastrose: quando uno crolla ed entra in uno stato di abulia, di negligenza e di tristezza, tutto il tesoro delle virtù viene dissipato. Infatti l'accidia si oppone alla speranza, alla fortezza, alla sapienza, e soprattutto alla devozione, al fervore, all'amore di Dio e al gaudio di lui.

I suoi effetti sono deleteri: la dissipazione, cioè un illecito e insoddisfacente vagabondaggio dello spirito, la pusillanimità, il torpore, la malizia, ossia l'odio verso i beni spirituali, la disperazione.

I RIMEDI DELL'ACCIDIA

Il primo rimedio contro questa insidiosissima malattia spirituale è lo spirito di vera *penitenza*, perché tiene l'anima sveglia, alacre e pronta al servizio di Dio, tiene fedeli all'osservanza sia i semplici cristiani sia i religiosi.

È anche utile mantenere la giusta misura nel lavoro, per prevenire la noia nelle pratiche di pietà e la nausea per le cose divine.

Inoltre, si oppongono a questo vizio i sacramenti della confessione e dell'eucarestia, ai quali accostarsi frequentemente, ma anche con metodo ed equilibrio; la lettura spirituale quotidiana, praticata con moderazione, e la meditazione, in particolare quella sui novissimi: questo è il tempo della lotta, dopo verrà il tempo della gioia senza fine. Mettere sempre la nostra vita nella luce dell'eternità ci impedirà qualsiasi abdicazione nel combattimento spirituale.

Un suggerimento del vangelo

Potremmo completare questi suggerimenti accogliendo un invito evangelico: fare della propria giornata la misura stessa della vita (cfr. *Mt* 6, 34).

Perché ci stanchiamo nella vita spirituale? Perché molte volte ci stanchiamo della preghiera? Perché ci stanchiamo del combattimento spirituale?

Ce lo dice *sant'Ignazio di Loyola* (1491-1556): dopo la conversione, quando aveva trentacinque anni, nel suo ritiro di oltre un mese a Manresa, durante il quale si dedicava a digiuni e preghiere, il tentatore gli sibilava: « Come farai a vivere così fino a settant'anni? ». E in questo modo cercava di disarmarlo facendolo cadere nell'accidia, cioè nell'ozio spirituale, nella tristezza, nello scoraggiamento.

Come reagire a questa tentazione? Facendo della giornata il vero campo di battaglia, non pensando al domani — perché dipende da Dio che ci sia o non ci sia un domani —, non rappresentandoci il futuro della nostra vita, come se dipendesse da noi. Rappresentiamoci invece la giornata e organizziamola in modo equilibrato, così che ci sia il tempo della preghiera, il tempo del lavoro e anche il tempo per il giusto riposo e per la conversazione con il prossimo. Consapevoli che non siamo né angeli né animali, ma uomini, disponiamo le attività della nostra giornata rispettando la realtà della nostra condizione (e nelle esigenze della natura umana rientrano anche il mangiare, il dormire, il conversare...: che non sono certo peccato!), concedendo il giusto spazio all'impegno del cammino spirituale; non facciamo programmi a troppo lunga scadenza, ma ricominciamo ogni giorno.

Facciamo della giornata il nostro campo di battaglia: in questo modo sfuggiamo allo scoraggiamento — arma tremenda del demonio — che paralizza con la noia e il tedio tutta la nostra vita spirituale.

INDICE

« È come se Dio ci avesse perduto,
è come se noi ci fossimo smarriti
lungo i sentieri della finitezza
e dei falsi amori...

Maria in preghiera
è la vita umana
che ha raggiunto il suo fine ».

In pagine di commovente dolcezza e di solida teologia, l'Autore, attraverso le parole del Magnificat, *ci invita a contemplare l'anima di Maria e ad affidarci a colei che, essendoci sorella in quanto creatura e madre per dono di grazia, ci guida all'incontro con quel Dio che « ha eletto l'uomo a suo Paradiso ».*

Sono forse giunti i tempi della fine?
Sulla scorta dei testi biblici e dell'insegnamento della Chiesa, padre Livio rilegge il profetico ammonimento di due autori, Soloviev e Benson, che, circa novant'anni fa, vedevano ormai prossima la venuta dell'Anticristo; e rintraccia, nell'esasperato soggettivismo dei nostri giorni, nel mito dell'onnipotenza della scienza, nella diffusione di una religiosità di tipo panteista, nel tentativo di omologare il cristianesimo a pura filantropia, i tratti di un'umanità che, sul piano dei valori in gioco, sta forse vivendo — come dice il Catechismo della Chiesa cattolica *— « la massima impostura religiosa, (...) quella dell'Anticristo, cioè di uno pseudo-messianismo in cui l'uomo glorifica se stesso al posto di Dio e del suo Messia venuto nella carne ».*
Per il cristiano è tempo di vigilanza, ma non di paura del futuro: la storia degli uomini, nonostante tutte le apparenze contrarie, è saldamente nelle mani di Cristo.

Chi è satana? Una figura appartenente a un mondo culturale ormai tramontato o un essere reale, misterioso ma ben presente nella vita degli uomini? Il libro risponde a questa domanda, che oggi in molti — anche cristiani — suscita o un sorriso di distaccata superiorità o, al massimo, qualche brivido di superstizioso timore. Sulla scorta della Bibbia e del Magistero della Chiesa, l'Autore illustra la dottrina cristiana sul demonio, richiamando con vigore alla necessità della vigilanza e del combattimento. Satana, l'avversario di Dio e il nemico dell'uomo, è tanto più pericoloso quanto più nascostamente svolge la sua opera, insinuandosi nelle pieghe della vita quotidiana per spingerci al peccato, ridurci in schiavitù e consegnarci alla perdizione eterna. La sua incessante seduzione, presentando il male sotto forma di bene e approfittando della nostra fragilità, costituisce un pericolo gravissimo che occorre smascherare e vincere con una lotta dura e perseverante. L'amore misericordioso di Cristo, che ha trionfato sul demonio, è nello stesso tempo il sostegno e il premio di questa fatica.

Chi era Bernadette Soubirous, la fanciulla che, nel 1858, ebbe il privilegio di diciotto apparizioni durante le quali la Madonna, definendosi l'Immacolata Concezione, rivelò il suo essere più profondo? Dopo quei fatti, Lourdes, in un crescendo di devozione, è diventata la meta di un incessante pellegrinaggio in cui preghiera e opere di misericordia si intrecciano in modo essenziale. Ma della piccola veggente quasi si perdono le tracce, e la sua breve vita, non appena concluso il compito di comunicare l'evento straordinario di cui ella era stata testimone, appare segnata dal desiderio di scomparire agli occhi del mondo. Ha così inizio un cammino di santità vissuto come impegno a corrispondere al dono straordinario di Dio con il dono totale di sé. Come non riconoscere l'impronta della santità stessa di Maria in questa santità che — senza miracoli e senza carismi particolari — resta quasi un segreto tra l'anima e Dio? Come non vedervi un forte richiamo a corrispondere alla grazia di cui la nostra esistenza sovrabbonda, con una generosità e un abbandono che soli ci colmano di pace?

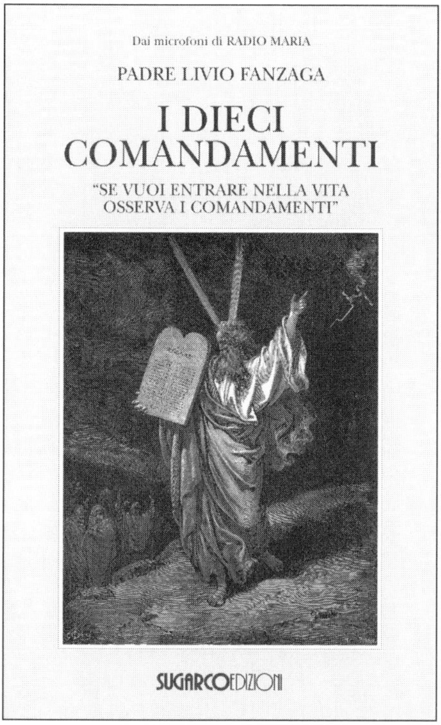

«I dieci comandamenti schiudono davanti a noi l'unico futuro autenticamente umano e questo perché non sono l'arbitraria imposizione di un Dio tirannico. Jahve li ha scritti nella pietra, ma li ha incisi soprattutto in ogni cuore umano quale universale legge morale valida e attuale in ogni luogo e in ogni tempo.

«Questa legge impedisce che l'egoismo e l'odio, la menzogna e il disprezzo distruggano la persona umana. I dieci comandamenti, con il loro costante richiamo alla divina alleanza, pongono in luce che il Signore è l'unico nostro Dio e che ogni altra divinità è falsa e finisce per ridurre in schiavitù l'essere umano, portandolo a degradare la propria umana dignità» (GIOVANNI PAOLO II).

Sapienza, intelletto, consiglio, fortezza, scienza, pietà, timore di Dio: i sette doni dello Spirito Santo. In questo volume padre Livio mette in luce non solo l'influsso dello Spirito nell'opera di santificazione, ma anche, e in modo dettagliato, il carattere specifico di ognuno dei suoi sette doni, che costituiscono il coronamento della vita divina nelle anime. Un capitolo particolare è dedicato all'intimo rapporto fra lo Spirito Santo e la Vergine Maria. Colei che per opera dello Spirito Santo ha generato il Capo, è chiamata allo stesso modo a generare anche le membra di tutto il corpo mistico.

In appendice: Dominum et vivificantem, *lettera enciclica di Giovanni Paolo II sullo Spirito Santo nella vita della Chiesa e del mondo.*

Finito di stampare per conto della Sugarco Edizioni S.r.l.
dal Consorzio Artigiano « L.V.G. » - Azzate (Varese)
Marzo 2003